社会福祉学

人間福祉とその関連領域

硯川 眞旬 監修

河内 昌彦・立石 宏昭 編著

執 筆 者

※硯川　眞旬　熊本大学　（監修のことば）
＊河内　昌彦　広島国際大学　（序章）
井村　圭壯　岡山県立大学　（第1章—第1節）
伊藤　秀樹　愛知県新城大谷大学　（第1章—第2，3節）
＊立石　宏昭　広島文教女子大学　（第2章）
福本　幹雄　高野山大学　（第3章）
中野　伸彦　長崎ウエスレヤン大学　（第4章）
杣山貴要江　兵庫大学短期大学部　（第5章）
坂本　雅俊　長崎国際大学　（第6章）
黒須　依子　九州保健福祉大学　（第7章）
間　哲朗　大阪体育大学　（第8章）
井岡由美子　広島福祉専門学校　（第9章）
吉弘　淳一　福井県立大学　（第10章）
村上　学　東京理科大学　（第11章）
滝口　真　西九州大学　（第12章）
中川　義基　広島福祉専門学校　（第13章）
柿本　誠　日本福祉大学　（第14章）
佐々木正廣　福岡経済大学　（第15章）
下薗　誠　日本メディカル福祉専門学校　（第16章）
西島　衛治　九州看護福祉大学　（第17章）
尾場　均　長崎国際大学　（第18章）

（執筆順．※は監修者，＊は編者）

監修のことば

　本書は,「社会福祉の仕事」に就くことをめざして学ぶ方々の「基礎的な学習教材」として刊行するものである.

　周知のとおり,現代の日本においては社会経済の変動,たとえば,人口の高齢化の進行にともない,生活上の障害・困難はますます多様化・深刻化しており,「福祉ニーズ」の質量的な深化・増大がみられる.とりわけ,所得,年金・保険,保健・医療,介護等に関するニーズへの対応が喫緊の課題となっている.

　また,これらに対応する社会福祉施策の動向は,「社会福祉基礎構造改革」の名のもとに,国民大衆の自己責任による「自立」の大切さを強調するとともに,自助・相互扶助の進展を期待している.そして,「福祉」の達成があたかも自己努力・親族相扶,近隣・住民連帯によって可能になるかのような価値観の定着を想定していると指摘するものも少なくない.併せて,これまでの「措置」方式から,「市場原理」導入による自由契約型の施策に転換をさせ,いわゆる「売り買い」の社会福祉方式となった.

　こうした進行は,生活者である国民大衆の人権を擁護する観点から申せば,大変危惧される状況にある.ますます,国民大衆に代わって代弁するアドボカシー機能と,社会福祉サービスの第三者評価による適正化のためのモニタリング機能が不可欠な状況にあることを忘れてはなるまい.また,ソーシャルアクション機能の必要性を強調しておかねばならないであろう.

　なぜなら,社会福祉の発展と「福祉社会」の確立は,国民大衆の自助・親族

扶助の努力や地域相扶等の活動だけでは到底不可能である．いわずもがな，このことは歴史が物語るところであり，それは幻想に近い．いうまでもなく，「社会福祉問題」は資本主義社会のもつ構造的必然としての産物である．これに対応するために，先述の自助精神・自己責任原則を発展的に改良した方策・方式として，社会保障・社会福祉が誕生するに及んだことを再認識すれば，「幻想」であることは明々白々である．

　本書出版は，このように複雑化・多様化した日本社会福祉について，実際的（現状）に，そして学問的（あり方）に抑え，以って，専門職としての素養を培うことを期待して共同執筆をしたものである．

　ところで，本書の書名を「社会福祉学」としたのは次のような理由による．

　今日，社会福祉の学の性格は必ずしも明瞭であるとはいえない．①単独の個別科学として独立して確定しうるのか，既に確立できているといえるのか．それとも，②何か特定の単一個別科学をベース（基礎科学）に確立されるべきものなのか．あるいはまた，③必要となる複数の学問から，命題を借りて来ての混成・合成による，総合的なものとして確立すべきなのか等々の考え方が成り立つ．本書の書名を「社会福祉学」とするにあたっては，これら三者のどれをも踏まえて決めた．そこで，人間行動科学ほか，より密接・隣接の学問（個別科学）について，本書では，そのいくつかを第2部においても改めて取り上げたのである．なお，社会福祉の学を「社会科学として位置づける」ことについては，揺るぎのない不動のものとして確認をし，本書執筆を進めたことをお断りしておきたい．

　以上のような意味から申せば，本書の書名は「社会福祉学」ではなく，「社会福祉の学」とすべきであったろう．したがって，本書の「社会福祉学」とは「社会福祉の学」というような意味合いとして表記していることをご理解いただきたい．

　さらにまた，「社会福祉学」という学問として確立すべき根拠はどこにあり，その必要性・必然性をどこに求めるのか．併せて，何故に独立的に体系化され

ねばならないのかといったことについても，大いに論議し，その論拠を明確にすべきであることも注記しておかねばならない．

次に，有意義な支援・援助としての社会福祉の「実践」のためには，「科学的実践でなければならない」ということについてである．このことに異論はないが，哲学を失念した科学的実践は，人間的・歴史的実践には発展しにくく，結局は利用者本位の実践にはなりえない．そこで，「社会福祉」に関する科学知識・技術を体得し，これらを「哲学する」ことによって「知恵」へと高揚させ，専門職としての社会的実践に発達せしめること（本書でいう「人間福祉」の視点をもつこと）が，社会福祉へのアプローチの基本的な姿勢であると，執筆者一同考えていることを明記しておく．

そしてさらに，学習・実践に際してとくに留意しておくべきことは，まず，「社会福祉」概念の確かな規定が不可欠であり，併せて，社会福祉サービスの対象規定が曖昧であってはならない．つまり，社会福祉の「本質」規定を誤ったり，支援・援助対象の存在性の論拠（存在根拠）を忘却したりすることがないようお互いに十分いましめあいたい．

したがって，社会福祉の学習・実践の目標は，次のような人間的・専門的な力量を身につけることであるといえよう．これらの点の自己点検が不可欠である．

① 社会科学による社会福祉問題の「本質」を的確に把握する力と，社会的・歴史的に見通す力
② 緻密な理論の構築力と，原理・原則の応用力
③ いわゆる「技術万能主義・実践至上主義」に陥らない自己覚知力

要するに，「社会福祉の仕事」に就こうとするものにとって大切なことは，生涯学習（科学的態度）と積極的研修（哲学的姿勢）である．また，社会福祉専門職の職業的地位の安定は，専門資格の所持そのものや諸々の法制度整備そのものだけではなく，むしろ，この職業に就くものの仕事に向かう科学的態度・哲学的姿勢いかんにかかっていることを常時認識し，そのような専門職業

人として成長することをめざすべきである．

　本書は，このような願いをもって著した次第である．いささかばかりでも，読者の方々の学習・研修，実践の参考になれば至上の喜びである．忌憚のないご意見を寄せてくださるよう謹んでお願いするばかりである．

　なお，本書出版にあたり，特段のご高配をいただいた学文社様に心より御礼を申し上げたい．

　平成19年1月1日大安吉日

自坊報恩寺書斎にて　　硯　川　眞　旬

目　次

序　章　求められる新たな「人間福祉」の視点 …………………… 1
第1節　社会福祉を学ぶ基本的視点　1
1．社会福祉の現状・課題と新しい展開　1
2．社会福祉の本質とその科学的認識　5
第2節　「人間福祉」の視点とそのアプローチ　8
1．「人間福祉」の意義　8
第3節　人間福祉における人間観や人間理解　12
1．人間観や人間理解へのアプローチ　12
2．社会的存在とその関わり　13

第Ⅰ部　社会福祉の基礎知識 ………………………………… 17

第1章　社会福祉へのアプローチ ……………………………… 18
第1節　社会福祉の歴史　18
1．「学」としての歴史研究　18
2．内在的研究　19
3．研究上の価値　19
第2節　社会福祉の定義・理念　20
1．社会福祉の理念　21
2．社会福祉の定義　21
第3節　社会福祉の倫理・価値　23
1．社会福祉専門性の3要素　23

2．価値と倫理について　24

第2章　社会福祉と生活を取り巻く現状とあり方 ……………27
第1節　現代社会と生活　27
　　1．現代社会と社会問題　27
　　2．現代社会と子ども・青年　28
　　3．現代社会と教育　29
第2節　社会福祉と現代社会　31
　　1．社会福祉の概念　31
　　2．社会福祉と地域福祉　31
　　3．地域福祉と福祉教育　32
第3節　生活環境の変化　34
　　1．社会構造の変化　34
　　2．家族構成の変化　38
　　3．生活環境の変化　42

第3章　現代日本の社会福祉システムの現状とあり方 …………46
第1節　社会福祉と社会保障　46
　　1．社会保障の概念　46
　　2．社会保障の範囲　49
第2節　社会福祉の法律　50
　　1．日本国憲法と社会福祉の法体系　50
　　2．主な社会福祉の法律　51
第3節　社会福祉の制度と施策　53
　　1．社会福祉制度と施策の関係法　53
　　2．新しい制度の動き　57

第4章　セーフティネットと公的扶助の現状とあり方 …………60
第1節　セーフティネットの役割と歴史的経緯　60
　　1．セーフティネットとは何か　60
　　2．セーフティネットの歴史的経緯　61

    第2節　セーフティネットとしての公的扶助制度　65
        1．公的扶助の範囲　65
        2．生活保護の法制度　66
        3．その他の低所得者対策　74
        4．生活保護の現状と傾向　76
    第3節　セーフティネットの課題と展望　78
        1．セーフティネットの課題　78
        2．セーフティネットの今後の展望　79

第5章　子ども・家庭の福祉の現状とあり方 ……………………86
    第1節　子ども・家庭の福祉の概要　86
        1．子ども・家庭の福祉の視点　86
        2．子ども・家庭の福祉の展開　87
    第2節　子ども・家庭の福祉の法制度　88
        1．児童福祉法（1947年公布，1948年施行）　88
        2．その他の法律　94
        3．子ども・家庭の福祉施策　96
    第3節　今後求められる姿・展望　97
        1．平均経済水準の保障　97
        2．地域社会と次世代育成支援　98
        3．子どもの自立と児童の権利　98

第6章　高齢者の保健と福祉の現状のあり方 ……………………100
    第1節　高齢者の保健と福祉の概要（意義，歴史的経緯，背景）　100
        1．高齢者への福祉のあゆみ　100
        2．高齢者の生活支援のこれまで　102
    第2節　高齢者の保健と福祉の法制度（法，制度，施策）　104
        1．高齢者の保健と福祉の仕組み　104
        2．高齢者の生活面からの社会福祉関連の側面　107
    第3節　今後求められる姿・展望　111

第7章 障害者の生活を支える福祉の現状とあり方 ……………… 113
第1節 障害者福祉の概念と障害者の暮らし　113
1．障害者福祉の目的と障害の概念　113
2．障害の種類と法的定義　114
3．障害者の生活状況　116
第2節 障害者福祉における脱施設化施策の現状と課題　118
1．ノーマライゼーション思想の流入　118
2．日本の脱施設化施策の動向と課題　119
第3節 障害者自立支援の動向　124
1．障害者自立支援法制定の経緯　124
2．改革のねらい　125
3．障害者自立支援法の概要　126
4．障害者自立支援の課題　129

第8章 地域福祉の現状とあり方 …………………………………… 134
第1節 求められる地域福祉の概要　134
1．地域福祉の意義　134
2．地域福祉推進団体の歴史的経緯　135
3．背　景　140
第2節 求められる地域福祉の法制度　141
1．社会福祉法上の地域福祉　141
2．地域福祉の推進団体　142
3．制　度　144
4．施　策　145
第3節 今後求められる姿・展望　146
1．住民の生活基盤の安定と制度・サービス利用支援　146
2．住民の自主的活動の活発化と社会連帯心の醸成　147
3．社会資源の整備（在宅，施設サービス，環境整備）とネットワーク　147
4．専門職の養成・確保と実践力の練磨　147

第9章　社会福祉援助技術・方法の現状とあり方　　149
第1節　社会福祉援助技術・方法の意義　149
1. 社会福祉援助技術・方法の歴史　150
2. 社会福祉援助の意義　151
第2節　社会福祉援助技術の体系　151
1. 社会福祉援助技術の体系　151
2. 社会福祉援助技術の内容　152
第3節　社会福祉実践を支える社会福祉援助技術　164

第10章　社会福祉の担い手の現状とあり方　　167
第1節　社会福祉の担い手とは　167
1. 社会福祉従事者の現状　167
2. 社会福祉従事者の職種　168
第2節　社会福祉の職種　171
1. 国家資格にかかわる主な職種　171
2. 任用資格にかかわる職種　174
第3節　求められる社会福祉職とスーパービジョンの必要性　175
1. 社会福祉施設におけるスーパービジョンの現状　175
2. スーパービジョンの概要と類似機能について　176
3. 今後の課題　177

第Ⅱ部　社会福祉の隣接学問　　179

第11章　社会福祉と哲学　　180
第1節　社会福祉学にとって，哲学とは何か　180
1. 社会福祉全体を見渡す活動として　180
2. 哲学的に考える　181
3. 社会福祉活動に従事する「私」　182
第2節　社会福祉従事者にとっての哲学的課題　183
1. ビジョンの共有：「社会福祉とは何か」を繰り返し問う　183

2．マニュアルからの開放　185
　　3．倫理：社会福祉従事者の人格　185
　第3節　社会福祉実践に求められる哲学　186
　　1．哲学的センス：独善を超えて　186
　　2．哲学を学ぶ　187

第12章　社会福祉と教育学　189
　第1節　社会福祉と教育学の関係性　189
　　1．社会福祉と教育の学問的近似性　189
　　2．社会福祉と教育の相違性　190
　　3．社会福祉と教育の接近　190
　第2節　社会福祉と特別支援教育　192
　　1．障害への理解　192
　　2．新たな特別支援教育のあゆみ　192
　第3節　社会福祉実践に求められる福祉教育　193
　　1．福祉教育の意味　193
　　2．社会福祉活動の留意点　194

第13章　社会福祉と医学　199
　第1節　医学とは　199
　　1．医学の起源　199
　　2．近代医学への布石　200
　　3．感染症との戦いと医学の進歩　200
　　4．現代医学の展開　201
　第2節　社会福祉と医学　202
　　1．社会福祉と医学の接点　202
　　2．医療ソーシャルワーカーの業務　203
　　3．医療ソーシャルワーカーの視点　203
　第3節　社会福祉実践に求められる医学　205
　　1．医療倫理　206
　　2．医事・社会福祉法制　207

3．疾病と障害　207

第14章　社会福祉と法学 …………………………………………… 209
第1節　社会福祉と法学　209
　　1．社会福祉法の体系　209
　　2．社会福祉法と公法・私法の関係　211
第2節　法学とは　212
　　1．法の背景　212
　　2．法の目的と体系　213
第3節　社会福祉実践に求められる法学　215
　　1．社会福祉実践力と法制度　215
　　2．社会福祉実践力と立法技術　215

第15章　社会福祉と経済学 ………………………………………… 218
第1節　社会福祉と経済学　218
　　1．社会福祉と経済学とのかかわり　218
　　2．資本主義経済の仕組み　219
　　3．政府の役割　220
第2節　社会福祉の経済的問題　222
　　1．社会福祉の経済的側面　222
　　2．経済的問題　224
第3節　社会福祉におけるこれからの経済的視点　225

第16章　社会福祉と心理学 ………………………………………… 228
　はじめに　228
第1節　心理学のあゆみと分野　228
　　1．心理学のあゆみ　228
　　2．心理学の分野　231
第2節　社会変化のなかでの援助　233
　　1．社会福祉援助と心理療法の目的と役割　234

第17章　社会福祉と建築 ·· 238

第1節　社会福祉と建築学　238
　1．建築計画の始まり　238
　2．海外の建築計画　239
　3．居住福祉のキーワード　240

第2節　建築学とその研究分野　242
　1．建築学の研究分野　242

第3節　社会福祉実践に求められる建築学としての居住福祉　243
　1．居住福祉の始まり　243
　2．居住福祉の問題　244
　3．居住福祉の課題　244

第18章　社会福祉と情報学 ·· 246

第1節　社会福祉と情報学　246
　1．業務支援とサービス情報の提供　246
　2．情報通信機器の活用による社会参加　247

第2節　情報学とは　249

第3節　社会福祉実践に求められる情報学　250
　1．ウェブアクセシビリティの確保　251
　2．デジタルディバイドの解消　251
　3．ITによる生活の支援　252
　4．メディアリテラシーの育成　252

索　引 ·· 255

序章 求められる新たな「人間福祉」の視点

第1節　社会福祉を学ぶ基本的視点

1．社会福祉の現状・課題と新しい展開

　社会福祉を学ばれる皆さんに，まず，ここでの社会福祉の学習のポイントを述べておきたい．社会福祉の学習を深めるための取り組みとしてどのような基本視点をもつべきなのか，また，それをどのように理解し認識したらよいのか，あるいは，社会福祉を学ぶにあたって，考えなければならないことは何かなど，現在，わが国の社会福祉はどこに視点が置かれ，何を大切にしているのか，また，その実践としてどのような活動が展開されているのかなど，社会福祉の現状についての学びを通して，社会福祉をどのように捉えるのか，本来，社会福祉は，どこに基本視点を置き，何を大切にしなければならないか，また，その実践展開として何が必要かなど，社会福祉の本質となる課題に取り組むとともに，今後の社会福祉のあるべき姿について探究していただきたい．また，その学びを生かした社会福祉の実践展開にいたることを期待したい．

　まず，その社会福祉という言葉の要点について考えてみたい．社会福祉は，社会福祉というひとつの用語として存在し，解釈することができるが，他方では，社会と福祉の2つの用語の組み合わせとして，その意義を深め解釈することもできる．また，とかく，社会福祉を取り上げ，その学習を進める場合，それは，その歴史，法律，政策，制度，施策，援助技術・方法，活動・事業，組織，構造・仕組み等，社会福祉のある取り組みやその現象に注視される傾向に

ある.確かに,そうした視点から,それぞれの意味や意義について理解することも大切なことであり,その価値,倫理,知識等の社会福祉固有の学問の存在内容としてのそうした論点を学ぶ意義もある.さらに,心理学,社会学,医学,法学,教育学,情報学,建築学ほか,社会福祉実践では幅広い知識が求められており,本書で構成する内容の学問領域など,体系的かつ学際的にそれらの学習を深めていくことも重要である.

次に,社会福祉の社会ということについて考えてみたい.社会は,私たち人間が,日々,生活者として関わり,それ自体が人びとによってつくられている環境の全体であり,また,それは変容するということである.このことを,まず認識しておきたい.私たちの社会は,その時,その時代の人びとによってつくられ,生活の基盤となる環境であり,また,それは,その時の人間集団のある種の風潮や思想の現れであり,その人間心理やそれに基づく行動の結果である.いわば社会は,人間の何らかの働きかけによって構築されるものが社会であり,その社会構築に向けての人びとの目的や行為,その過程が問われ,それも注視されるべき点である.つまり,社会は,その時代に生きているその人びとの知恵・知識の結晶により,人間として充実した人生や生活を送られるような望ましいあるべき姿の生活環境(住民の連携,社会的セキュリティネット,生涯学習など幅広く含む)を見極め,構築するものである.そこでは,人びとが,いかなる思想をもって,いかに関わり,いかにそれを具現化していくか,ということが大きく問われるところである.

次に,社会福祉という言葉をわが国の歴史からみると,第2次世界大戦後1947(昭和22)年に施行された日本国憲法のなかでその名称がはじめて使われたのである.その当時の社会状況は,戦後の混乱期にあり,社会全体を通して社会的諸制度の法的な制定や施策展開が求められるという背景があり,社会福祉もそうした社会的に必要な制度のひとつの領域であったのである.社会福祉を社会制度として展開する場合,法的にその実施根拠となる位置づけも必要であり,こうした制度の取り組みが社会福祉の推進を支えてきたことは確かなこ

とである.

　しかし，戦後から60年以上経過した今，社会福祉は，これまでと同様の考え方で良いのであろうか，と疑問を抱く．戦後の社会福祉の取り組みは，いわば，まずその制度の創設を最重要視し，その制度に伴う施策展開が社会福祉をすすめてきたのである．社会福祉を発展的に捉えると，今日の社会福祉の段階はそうした制度などを最重要視することから一歩前進し，人間を本位とした社会福祉の創造としての新しい福祉文化を構築する動きをつくることが大切である．近年の一連の社会福祉制度改革の流れのなかで，社会福祉は，制度としての社会福祉の位置づけの大きさを感じざるを得ない状況にある．いわば，社会福祉サービスを利用する人も，社会福祉サービスの実践現場でも，その制度改革により，たとえば，制度改革前には利用できていたサービスが，改革後は利用できなかったり，利用するサービスが制限されるなどという状況がみられる．つまり，制度改革によって社会福祉サービスの実践現場は，利用者のニーズに適応した利用者本位のサービス体系ではなく，制度による制度のためのサービス体系の社会福祉展開であるために，その制度改革の流れそのものによってサービス展開のあり方が変わり，利用者の安定した生活状態に悪影響を及ぼす内容をみる状況にある．

　図表序―1は，社会福祉制度におけるサービスとその利用者との関係性を示したものである．A図は，そうした制度やサービスとその利用者との関係を示したものである．制度やサービスが利用者と乖離しており，有機的な関係性の弱いものとなっている．この状況では，制度が一人歩きの社会福祉となっていることも理解できる．サービスは，利用者本位で，なおかつ利用者とともに，創造され，心安らぐサービスが展開されなければならない．

　社会福祉は，利用者のニーズに適応した心安らぐサービス実践の展開が本来の姿である．わが国の社会福祉の心は，どこにあるのであろうか．その心とは，社会福祉の核となる確固たる社会的に認識された本質や理念や信念であり，また，福祉社会の文化としての礎として考えられるものである．現実とし

図表序—1 社会福祉制度におけるサービスとその利用者の関係性

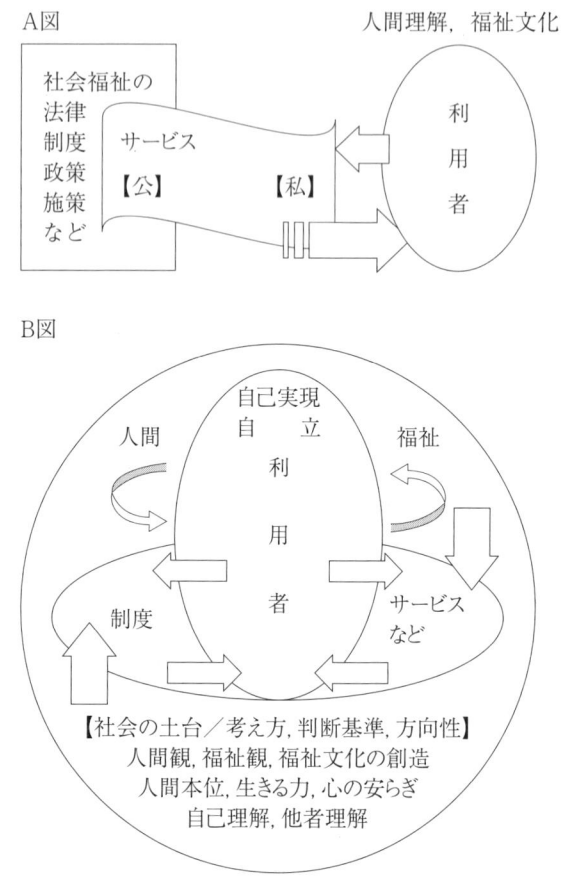

て、わが国の社会福祉をみてみると、未だ、その社会的基盤や位置づけが脆弱であり、福祉文化も確たるものがみられない状況であるといわざるをえない。そうした状況の下、社会福祉制度が変われば、社会福祉の実践現場にもそれが波及し、利用者の生活状況にしわ寄せとなる影響が出るのである。社会福祉の実践現場は、ある意味で、長い間、措置制度のなかで、いわば制度に温存した展開をしてきたという一面も、そうした背景を生じていると考える。

今後、新しい段階としての真の社会福祉を確立していくためには、B図に示

したように，確固たる福祉観と人間観，いわば人間として互いに生きる力を育み，人生の安らぎや潤いなど人間本位としての人間福祉の視点を社会の土台として根づかせ，それを福祉推進の核とすることである．その基盤が社会に確かなものとなれば，福祉文化の構築にもつながるのである．そうした確固たる考え方や判断基準や方向性などが社会のなかで明確に位置づけられ，かつ，それが社会基盤にあるならば，あるひとつの制度改革の流れにおいても社会福祉サービス利用者への負の影響は少ないものとなるであろう．先に述べたことは，今，改めて，わが国の社会福祉の本質は何か，ということを考えざるを得ない状況である．また，その憂いとともに，わが国の福祉文化の姿なき状況も感じるのである．こうしたなか，まさに，今，社会福祉の新たな創造として，社会福祉の本質とその実態を抜本的に問い直し，福祉文化の創造とその構築に向けて，また，社会福祉サービス利用者本位やその権利擁護など，最近の社会福祉を取り巻く動向も含めて，それらのさらなる充実展開に取り組むとともに，わが国の真の社会福祉の発展的かつ前進的な新たな系譜への道が築かれなければならないと考える．そうした創造的かつ開拓的な社会福祉の取り組みがなされることによって，本来の社会福祉の価値の一面となると考える．

2．社会福祉の本質とその科学的認識

　社会福祉は，社会の福祉化の推進とその創造や構築ということに視点をあてて考えると，その課題は大きく2つある．ひとつには，人びとが，いかに福祉の本質を捉え，福祉の観点をもち，それを理解するかであり，福祉教育や福祉学習の取り組みが生涯学習社会のなかで位置づけられることが求められる．2つには，そうした本質と観点などから，福祉社会づくりに向けての実践という具体的な関わりとしていかに取り組むかである．そこでは，いわゆる福祉への関心をいかにもち，その参加（画）と協働に向けての人びとのモチベーションや意識をいかに高めるか，ということにも関係する．また，それらの必要性についても理解し認識をもたなければならない．

社会福祉は，そうした実践での取り組みの意義が大きい．なぜならば，福祉という「幸せ」あるいは「幸福」な人生や生活という状態には，時として変化があり，現実としてその変化は，その本人の考えや意識とともに身をもって実感するものであるからである．福祉は，その思想や制度や施策のみでは，利用者にとって実利があるとはいえない．福祉は，人間社会のなかで現実に人びとの心身の生活状態に肯定的に受け入れられなければ意味のないものである．その意味で社会福祉は，実践のなかで，いかに生活問題が把握され，その問題の解決への取り組みがいかになされているのか，また，一連の関わりや関係性がどのように有機的となっているのか，また，固有の社会福祉の知識や技術・方法などをもってその実践を検証し，その実証を踏まえることなど，常に，科学的な考察や探究がその実践段階で求められる．こうした科学的な取り組みによって，社会福祉の実践レベルは，向上し発展するのである．その意味で社会福祉は，実践科学として，また，実証科学としての位置づけがなされる．社会福祉の実践ではこの2つの科学の視点をもちながら，その実践と実証をしていくこと，そして，その過程からより高次の社会福祉の実現を図るという意義をもっている．このようにある面から社会福祉を科学的視点から捉えると，社会福祉の科学という独自の認識もできるのではなかろうかと考える．

　しかし，社会福祉の根幹をなすのは，社会福祉の本質を問い，それを明確にすることである．社会福祉は，社会にも視点をおき，その全体を捉え福祉の推進をはかることの必要性をもっている．そこで，認識すべき福祉の本質やその観点などが明確であり，それが確固たるものとして社会に位置づけられているならば，そのことが社会福祉推進の道標となり，さまざまな課題や壁にあたっても，その明確さをもって課題解決がなされ，一貫した揺らぎなくしっかりとした福祉基盤を築くことが可能となると考える．そうした背景の下，自ずとして福祉文化も社会に根づいてくる．

　近年，社会福祉制度改革が進められ，社会福祉に関係する分野の法律も改正や制定がなされているが，それらの改革は社会福祉の制度を中心に見据えなが

らの視点である．そうした流れのなかで，社会福祉は制度のための社会福祉の位置づけが大きくなっているように感じる．果たして，本来の社会福祉の姿はそうであるのか，改革の基本視点は一体何かなど，一連の動向を注視し，そのことを現状課題として問いかけなければならない．先に述べた福祉への明確さや確固たるものの必要性のあらわれである．その明確さをもって福祉基盤を築くことは，それがやがて福祉文化として根づくとともに福祉国家形成にもつながっていくものと考える．逆に，その明確さがなければ，本来のあるべき望ましい福祉の姿は存在しないものと危惧される．何ごとにもいえることであるが，本質を誤るとまったく違ったものとなる．また，そのことにより，さらに好ましくない影響を生じさせることも考えられる．ここで，福祉の本質やその視点についての重要性を投げかけているのは，そうした課題があり，福祉を推進するうえで基本的に認識しておかなければならない重要性があるからである．

　社会福祉を学習する上で重要なことは，社会福祉という用語の陰に隠れている要点があるということに注視しなくてはならないということである．その要点は，「人間」であり，福祉は人間のためにあり，という基本的視点としての社会福祉の本質を問うものである．社会は人間がつくり，その社会は第一義として人間のための社会といえよう．これからは，その福祉の意義を見据えて人間福祉の体系を構築しなければならないと考える．社会福祉はいわば人間福祉であるという視点を捉え理解し認識することが，社会福祉の本質を学ぶにあたり重要な学びの視点となる．

　人間福祉への考え方の第一歩は，何をもって人間福祉とするか，ということを問い，そのことを明確にしなければならない．しかし，人間福祉の，人間とは何か，ということについては，学問の始まりとされるギリシャ哲学から今日に至るまで，いつの世も問いつづけられており，ここでも人間福祉の基本視点となる人間については，ひとつの考え方として述べるにとどまるであろう．この点について，本書がその学びの視点を深めるための一助となれば幸いであ

る．

第2節 「人間福祉」の視点とそのアプローチ

1．「人間福祉」の意義

　人間福祉は，いま，なぜ必要なのか，なぜ，人間福祉ということを問わなければならないのか，ということと同時に，人間観や福祉観とは何か，どのような人間観や福祉観が求められるのか，また，人間理解とは，一体，人間の何を理解しないといけないのかなど，問いへの投げかけから始まり，さらに，それらの視点や観点をいかにもち，また，そのことを人間社会におけるさまざまな生活実態のなかの視点や観点としていかに位置づけたり，そのことをいかに日々の暮らしのなかに浸透させるか，このことが，人間福祉への基本的取り組みにあたっての重要なアプローチである．

　人間福祉とは，個人が，人間としての社会生活の営みやライフステージのなかで，自己実現の具現化と有用性を発揮できるよう，いつでも，どこでも，心潤い安らかに生き活きと幸せに暮らすこと（生活）やその人生の享受が可能となる環境構成の全体を意味する．そこでは，社会的に，個人的に，人間観，人生観，福祉観，幸福観などの理念として確立し，その位置づけやその意義を真摯に考察し追究する姿勢が重んじられる．

　人間福祉の価値体系の基本として，人はすべて人間である，という哲学あるいは人間学としての認識を必要とする．その人間である，というキーワードとともに，人間として尊ばれること（尊厳／SOL：Sanctity of Life）と，人間として生き活きと暮らすこと（生存）の意義がある．さらに，それはQOLの基本視点をもって，いわゆる，生存，生命，生活，人生などの質的意義の重要性を問いかけるとともに，個人の生活における人間としての関係性や社会的文化的存在と人間として生きることの意義への理解と認識を重要視するという特徴をもっているといえよう．

人間福祉への考え方やその取り組みの課題を整理すると，次の5つがあげられよう．

そのひとつには，「人間福祉」の位置づけが福祉そのものの本質である，ということである．この点については，先に述べたが，社会福祉が人間福祉であるということを重要な視点として人間社会のなかで人間本位の福祉を位置づけ，認識し，その構築に向けて取り組むということである．また，この人間本位を福祉の本質として，わが国の社会福祉の基盤となる福祉文化の創造とその確立につなげていく実践活動が求められる．

2つには，「人間福祉」は，人間本位の福祉であることを最重要視し，人間として，その個人のあるべき幸せな姿を基準に，個人の望ましい人生や生活に視点を置いた福祉観とその実現ということである．そのためには，さまざまな福祉実践活動を通して，学び，人間観や福祉観への理解を深め，涵養することが大切である．そのためには，福祉教育や福祉学習の意義や実践のあり方が問われる．そこでは，個人の人生や生活のさまざまな実態を捉え，その問題と課題解決，そこでの関わりへの振り返りなど，一連の過程での人間観や福祉観の視点を基本に据え，多角的な見方，考え方，捉え方，表し方・行動・展開など，人間社会で取り組まれている福祉の全体視点の基本を人間に置くことである．

3つには，「人間福祉」は，その確固たる福祉の本質を踏まえ，人間福祉としての基盤を確立し，実践展開が定着することによって，やがて福祉文化構築への道が開かれる．よって，人間福祉の位置づけと，それに深く関係する福祉文化の創造をはかることである．

4つには，「人間福祉」は，人間学や哲学，さらに，人間科学の視点を重要視しながらも，諸科学との学際的なアプローチをすすめながら，実践科学として，また，実証科学としての探究をより一層はかることである．人間本位の福祉の重要性と科学性をもって，制度や政策，福祉計画など，その包括的な福祉展開や福祉実践にあたって，その考え方を生かすことである．

5つには，「人間福祉」の推進と福祉文化の構築に向けての取り組みである．そのためには社会の福祉化をはからなければならない．また，福祉の普遍化のためには，学校教育や地域のなかで福祉教育や福祉学習への具体的な展開が求められる．たとえば，年齢や発達段階に応じた教育や学習の内容を明確にしたカリキュラム作成とその方法やあり方などの検討やそのための養成が必要である．

なお，人間福祉と社会福祉を取り巻く関係について図表序―2に示したので参照されたい．

人間福祉は，人間として個人の幸せな人生や生活のあるべき姿をその個人とともに探求し，個人として安らぐ暮らしに最大限配慮することと，その具現化への取り組みということについても重要な意義がある．

人間福祉の視点は，人間そのものの存在性，その意義や役割，人間を特徴づける心身の状態，性格，意識，行動，関係性，存続性，発達性ほか，人間として考えられる諸側面についての理解と認識をもつことの重要がある．また，福祉は実践科学や実証科学としてみれば，それらの理解と認識をもって人間性のもつ多角的観点から有効な個人や社会への関わりをいかにもち，そのことをいかに具現化するか，ということを問い，実践の過程のなかで評価や研究を行い，より高次の段階に向けて建設的な取り組みに繋げていくことである．そこでは，人間としての心安らぐ豊かな人生や，潤いのある生活，生命や健康の確保，それらの環境を築くためのある程度の福祉標準や福祉目標を定め，その人の人たる生活のなかでの人間性をより高次なものに成長させ発展させていくさまざまな関係的存在とのあり方やそこでの関わりなどについての諸側面を重要視し，それらの実効性を確保する視点をもっての取り組みである．この具体的な取り組みにあたっては，専門性をもって関わる人材養成の課題や人間福祉の本質との関係性のなかで理解され，社会のなかで福祉文化のひとつの側面として位置づけられることが望まれる．

図表序—2　人間福祉と社会福祉を取り巻く関係図

人間福祉
人間としての幸せ／人間形成・生きがい／人たる成長・発達
生活の安心と充実・人生の潤いと豊かさ・生命の健康と輝き
生きる力・生活能力の発揮／自立・自律

福祉の本質　哲学，文化　人間観の探究

社会福祉
福祉国家・社会の創造と構築／福祉の法律
制度・施策の整備と充実／地域福祉重視／情報
福祉の専門支援展開／福祉とその関連分野の連携

人間と社会の環境とその変容への適応

【福祉理解と認識】利用者本位・参画／人権尊重／権利擁護／コミュニケーション・関わり／価値・倫理・知識／使命・責任／専門性
welfare／well-being／happy／spiritual／security／relief／reassure／art

【人間の英知など】
| 感性 | 観点 | 思考 | 意識 | 学習 | 理解 | 認識 | 意欲 | 肯定 | 夢 |
| 希望 | 動機 | 躍動 | 行動 | 情熱 | 開拓 | 科学 | 分析 | 決断 | 創造 |

【人間としての背景】
・人間（自・他）理解，人間の存在性
・意識，人への関わり，人間関係性
・心理（精神）と身体の特徴の把握
・思想や哲学と感受性の涵養
・人間としての成長，発達
・生活文化への関わりと学（楽）習性
・自己実現，自己覚知
・人間観，人生観，生命観，生活観

【社会的背景】
・国際情勢，グローバル化，地球村
・政治，経済，産業，文化，IT
・法律，制度，政策，施策，マスコミ
・少子高齢，社会風潮，地域構造
・自治，公共，住民参加（画）
・公私協働，ネットワーク，連携
・フィランソロピー，時代の流れ
・機関，組織，団体等の役割，機能

【人類の共存】
人間の存在性／共生・共栄／世界平和／学術・研究・開発の推進／国際関係・国際秩序・国際協調／国際理解・国際協力／疾病・飢餓・食糧などの対策／真善美／伝統文化の継承／自然保護／資源・環境保全／宇宙開発ほか…

第3節　人間福祉における人間観や人間理解

1．人間観や人間理解へのアプローチ

　人間福祉における人間観や人間理解へのアプローチは，先に述べたところの社会福祉とは何か，あるいは，社会福祉をどのように捉えるか，など社会福祉の現実展開の視点から基本的に問い直し，真の意義について考えるとその課題がみえ，理解しやすいと考える．そこでのキーワードは，社会，福祉，人間であり，それぞれがもつ意味やそれら相互の関係性を踏まえ，理解することは大切であり，この学習の機会をもつことは，社会福祉の原点に立ち返って，本質的かつ重要な人間福祉という視点を問うなかで，社会福祉の人間学的な側面からの考察を深めることになる．そして，人間社会における今後の社会福祉に位置づける人間としての幸せな人生や生活の営みやその関わりというあるべき姿の課題提起にもつながるものでもある．

　さて，社会福祉において，人間という視点が欠如すると，先述したように，社会福祉はそれを利用する人びとの立場での社会福祉制度ではなく，ただ単に制度のための社会福祉となる．

　社会福祉を捉える場合，どのような視点からどのように考察するのか，社会福祉専門職として，その意識のあり方や考え方への姿勢は，社会福祉の実践の有効性を大いに左右するのである．有効性を左右するということは，社会福祉実践が適正なる効果をあげるための科学的認識をもたなければならない，ということにもつながる．たとえば，社会福祉は介護であるという考えをもつ人は，介護面に傾注し，そこに重点を置くであろう．あるいは，社会福祉の制度や政策面に力点を置く人は，往々にしてとらわれる視点がその制度や政策面に傾注される．こうした状況は，それぞれの立場からの実践の姿勢であると解釈されるが，その場合においても，福祉の本質を見据えた取り組みが求められる．人は，そうした偏りをもつということも認識し，常に，その任務とともに，いわば，人間福祉という視点や観点を実践上もつことが重要である．

私たちは，日頃の暮らしのなかでさまざまな人と接し，さまざまなものをみているし，さまざまな声を聞いている．それらは，人間世界で意識あるいは無意識のなかで展開されている．しかし，社会福祉専門職として，本質的に観なければならないことと，聴かなければならないことがあり，それらは意識的に福祉専門職の姿勢として求められる．福祉専門職として，何を観ているか，何を聴いているか，また，それらを通して何を感じているか，そして，そこから何を考え，何をどのように実行しているか，など問いかける課題は多い．

　福祉専門職は，その実践展開において直接あるいは間接に「人が人に関わること」を基本とし，人がいかに人間としてその人らしく生き活きと幸せな人生や生活を送れるよう心安らぐ支援を行うものであり，人間としての生活の全体を見据えて専門的に関わり，生きる力や生活能力を高める環境をともにつくることが大切である．

2．社会的存在とその関わり

　私たち人間は日頃の生活の営みのなかで，何らかの社会的な関わりやその役割をもっている．アリストテレスは「人間は社会的な動物である」といっている．ここで，人間としてのその関係的存在をみてみると4つある．

　ひとつは，自分が自分にどのように関わるか，である．これは，自分という人間としての存在や自分自身の心理（精神）と身体の特徴を理解し認識すること，いわば自己覚知である．また，ライフステージを経て自己実現ということにも関係するものであり，自己という主体性や自主性をもった生活のあり方やその生活観を問うものである．自分の人生や生活は，あくまでその人のものであり，自分がどのような生きがいをもち，どのような生き方をするのかなど，探求することでもある．また，それは，人間としての自分なりの生命観や人生観をもち，人間としての自己の価値やその存在性を認識した生き方をすることである．

　2つは，他者にどのように関わるか，である．他者も，人間として生きてい

る。人間としての尊厳性をもっているし、人間として尊重されなければならない存在であり、相互理解が大切である。地域生活のなかでは、人間のもつ心理や情緒面に配慮し、互いに信頼性を築き、他者との共存共栄や互助という関係性を深めることが重要である。

3つは、社会との関わりである。人間は社会的な生きものであるが、日々の生活のなかで、社会をどのように捉え、社会とどのように関わっているか、を問うことが求められる。社会生活では、種々の人間関係が存在し、人との関わり、物事や情報やお金の流れなど、その生活環境のなかで展開される。また、人は社会的な役割をもち、社会への働きかけとして、暮らしよい社会づくりやその環境資源の開発をすることも可能である。いわば、人間としての社会生活とその環境づくりへの視点をもち、加えて、社会のなかで、使命や責任や倫理性などを認識することも求められる。

4つは、人生や生活のなかで、芸術など文化、自然、宗教などへの関わりである。また、真善美やそれらに関する生き方や意識にも関係する。これらへの関わりの姿勢をもつことは、人間のもつ感性を高め、人間としての成長や発達を促すのである。また、その過程では、学習性をもつことによって、生活上、さまざまな洞察力や判断力を養い、生活へのモチベーションを高め行動性へとつながり、人間として豊かな人生や生活の創造や開拓へと道が開ける。

社会福祉は、直接あるいは間接に「人が人に関わる」行為である、というところに大きな意義のひとつがある。この関わりは、福祉は人なり、といわれるように、人としての関わりが社会福祉の成否のかぎを握るのである。社会福祉を学ぶにあたって、社会福祉の特徴である「人が人に関わる」という側面を認識することが人間福祉の基本視点として大切である。「人が人に関わる」という側面は、その人をどのように理解し、どのように心温かく福祉専門職として接するか、ということを問う重要な一面をもっている。それは、人間が本来有している情緒的関与であり、人間がもっている特性への関係づけをいかに図るか、という表面的な技術レベルのみの課題ではなく、人間として、いかにその

人の人格やその人がおかれている立場や生活環境を理解し，その人なりの豊かで幸せな人生や生活をいかに創造していくか，という人間福祉の視点をもった関わりであるということを見据えておかなければならない．

　福祉は，英語で意味する welfare「快い暮らし」や well-being「よく生きる」として解釈される．これらの意味の根底を捉えると，「快い暮らし」や「よく生きる」ということは，人として心安らぎ，また，その人のもつ感性やその豊かさということへの探究と人間としての「生き方」や「生きる力」そのものを問い，どのような人間観や人としての心をもって，人としての幸せ，幸福な人生や生活の意義や価値を認識し，また，人間理解や人間に関する理解をいかに問い，いかにそれを実践のなかで位置づけるか，ということが，人間福祉の重要かつ当面の課題となる．

【参考文献】
時実利彦『人間であること』〈岩波新書〉岩波書店，1970 年
マスロー，A. H. 著，上田吉一訳『人間性の最高価値』誠信書房，1976 年
ガエタノ・コンプリ『人間を考える』ドン・ボスコ社，1994 年
河内昌彦・船津守久・石田一紀編『介護における人間理解─心安らぐかかわりを求めて─』中央法規出版，1999 年
河内昌彦・船津守久・李木明徳編『介護等体験における人間理解』中央法規出版，2001 年
硯川眞旬監修『国民福祉辞典』金芳堂，2003 年

第Ⅰ部

社会福祉の基礎知識

第1章　社会福祉へのアプローチ

第1節　社会福祉の歴史

1.「学」としての歴史研究

　池田敬正は「歴史における社会福祉[1]」において，社会科学における「規範分析」と「歴史分析」を社会福祉に導入し，人間の福祉に貫通的理念，自立と連帯を共存させる社会関係への歴史的発展についての分析を強調している．池田は，「この歴史や規範の分析を避けた現状分析は，社会科学を技術主義的モラル・フィロソフィをもたない科学に堕せしめよう[2]」と警告している．

　しかし，近年の社会福祉においては，効果的，即効的研究，言い換えれば福祉サービスに直接的に役に立つ，あるいは現状の福祉政策への提言となる技術革新，調査研究技術に重きがおかれていることは確かである．上記の効果的，即効的研究は人間が人間を支援するために不可欠であり，社会福祉の技術革新に貢献していることは確かである．とくに本書の「第Ⅱ部　社会福祉と隣接学問」等との連携によって社会福祉は向上し，学際的側面からの「社会福祉領域」としての発展を誰もが否定できないであろう．ただし，この点は「領域」としての発展であり，「分野」と表現してもよい．つまり，「学」としての発展に直接結びつけることは安易な論考である．「社会福祉学」の研究上の視点においては，上記の論点からふまえていくと，池田の警告を軽視することはできない．

2. 内在的研究

　社会福祉の歴史は，社会福祉学を構築する上で重要な研究領域であることは否定できない．なお，研究には方法論が存在する．社会福祉の歴史研究は原理論に貢献し，その方法論は内在的実態史に繋がっている．もちろん，内在的実態史は客観性を保持した科学的方法論である．同時に社会福祉の歴史研究には，政策的機能，実践的機能，思想的機能，より広義にいえば，人類学的機能を内包した方法論的研究が必要であるが，それはフィールドワークとしての実践上の対象をもつ科学としての内在的機能が不可欠である．

　内在的機能とは，科学の対象である内実の存在，つまり社会福祉においては対象としての利用者，それを支援する実践者を抜きにすることはできないことを意味する．同時に，国家としての政策主体を包含している．いわば政策主体に規制される側である対象側からの分析，これを内在的一面と位置づけられる．歴史分析には価値観を前提にして史実を掘り起こすか，逆に価値自由の形で実態史を明らかにするか，研究者によって多様な方法論が存在する．なおここでは，研究方法として「人間」をみる内側からの内在的研究の重要性を指摘しておく．

3. 研究上の価値

　内側からの内在的研究とは，たとえば施設史を考えてみよう．施設の具体的な営みを考えた場合，簡潔に構成すれば，国としての「政策主体」，施設の「実践者」，そして「生活者」が存在する．施設はこの3者の関連した営みのなかで機能していると考えられる．もちろん，地域社会，住民等との関連もある．

　現代に生きるわれわれは，現在の状況を正確に分析するために，過去の状況を実証として科学的究明を試みる．それは現在的評価に立った分析の視点が必要であり，施設が歴史的に変遷している以上，そこにおける内実を明らかにするという主体者の「価値」が存在する．つまり，内実を振り返る，あるいは変

遷を実証しようとする行為としての「研究上の主体者」が機能しているからである．

　政策主体，実践者，生活者の営みを歴史的方法論として主体者によるメスの入れ方という主体的学問上の評価を考えなければならない．歴史的変遷のなかで，国の政策によって施設は影響を受けるという現実的営みは繰り返されている．その変遷には歴史貫通的に生活者，実践者への影響があり，研究上の主体者はそれを研究の枠組みから研究視点を構築していく以上，そこに価値という評価は必然的に生まれてくることになる．

　主体者のメスの入れ方とは，簡潔な表現をすれば，政策主体によって規制される生活者，実践者の実態を先に示した3者の営みである構造的な関連のなかで探求していかなければならない方法論であることを示している．こうした構造的関連を踏まえることにおいて，社会福祉における施設の歴史研究に意味が存在することになる．もちろん，「価値自由」あるいは「没価値性」による科学への貢献は否定しない．原史料を掘り起こし，実態を実態として明らかにすることの重要性は科学の求めるところである．同時に，社会福祉の歴史には人間が人間を支援する，あるいは弾圧を受ける，差別を受ける等という機能上の実態に対して上記，主体者による方法論（切口）があり，それは人間が生きてきた歴史的現実への研究上の価値理論が社会福祉学における歴史研究であることを問いかけているのである．

【注】
1）池田敬正「歴史における社会福祉」『二十一世紀の社会福祉をめざして』ミネルヴァ書房，2002年
2）同上書，p.56

第2節　社会福祉の定義・理念

　社会福祉の定義については，多くの研究者が，その時代に即応した社会福祉

のあり方などを踏まえ自説を表明しているが，ここでは戦後から現代に至るまでの時代の流れを通して社会福祉の定義を概観していくことにする．

1．社会福祉の理念

　社会福祉という言葉が公用語としてはじめて登場したのは，1946（昭和21）年に制定された日本国憲法である．この第25条において，「すべて国民は，健康で文化的な最低限度の生活を営む権利を有する」「国は，すべての生活部面について，社会福祉，社会保障及び公衆衛生の向上及び増進に努めなければならない」と国民の生存権的基本権とその国家責任に関する基本理念が，社会福祉の理念としてはじめて明記された．

　生存権的基本権という概念は，1946（昭和21）年の国家学会の「新憲法の研究」において我妻栄が「基本的人権」と題する講演で使用した造語であり，我妻は生存権的基本権を国家のなす敗残者に対する思慮ではなく，社会に生を受けた者の当然の権利であって，それは単に生きていくという程度ではなく，「人間に値する生存」でなければならないと主張した[3]．

　このような経過を経て戦前の慈恵的・恩恵的な救済保護から国民の基本的権利としての社会福祉への移行が始まった．

2．社会福祉の定義

　わが国において，社会福祉を最初に定義づけた公の文書は，戦後の1950（昭和25）年に社会保障制度審議会が出した「社会保障制度に関する勧告」である．

　この勧告によると「社会福祉とは，国家扶助の適用を受けている者，身体障害者，児童，その他援護育成を要する者が，自立してその能力を発揮できるよう，必要な生活指導，更生補導，その他の援護育成を行うことをいうのである」とされている．

　また，1950（昭和25）年に国連の社会事業会議は，「社会事業（社会福祉）と

は，正常な一般生活の水準より脱落，かい離し，またそのおそれのある不特定の個人，または家族に対し，その回復，保全を目的として，国家，地方公共団体，あるいは社会保険，公衆衛生，教育などの社会福祉増進のための一般対策と並んでこれを補い，あるいはこれに代わって，個別的，集団的な保護，助長あるいは処置を行う社会的，組織活動である[4]」と定義している．私たちの生活問題に対して社会保障という一般対策を講じながら一人ひとりのニーズにあった援助体系を社会福祉であると同会議は説明している．

　高度成長期を経て低経済成長期に入った1976（昭和51）年，全国社会福祉協議会・社会福祉懇談会が「これからの社会福祉—低成長下におけるそのあり方—」を出した．これによると，「従来の社会福祉は，長らく貧困者，あるいは，自力で生活ができない要援護者を対象とした…中略…，しかし，その後の社会福祉の発展によって，社会福祉の対象たる要援護の内容は変化し，必ずしも，一部の貧困者あるいは自立できないものだけに限定されなくなってきた[5]」と社会福祉の対象の拡大についての提言を行った．

　1982（昭和57）年に社会保障長期展望懇談会が出した「社会保障の将来展望について（提言）」では「社会福祉の目標は，従来の低所得者層を対象とした防貧対策から，所得の多寡を問わず福祉サービスの対象を国民一般に拡大する…以下略[6]」と，さらに社会福祉の対象の拡大が提言された．

　以上のように戦後の貧しい社会から高度経済成長を経て今日にいたる変化のなかで，社会福祉の対象は，貧困層を中心としたものから国民一般層へと拡大し，福祉ニーズも貨幣的ニーズから非貨幣的ニーズへと変化を引き起こし，それとともに社会福祉の定義も変化していった．

　今日では太田義弘が，社会福祉とは，利用者の生活支援を目標にした施策の総称であると位置づけている[7]．彼は社会福祉の制度や施策について，それが単に整備されて存在するだけでは意味がなく，社会福祉援助活動（ソーシャルワーク）を通じてはじめて目的が実現されるものであると述べている．そして，社会福祉を以下のように整理している．

① 社会福祉としての理想や目標を指す目的概念
② サービスの仕組みや内容を意味する構造概念
③ 具体的な制度や政策を指す施策概念
④ 社会福祉の本来あるべき姿や現実を指す実体概念
⑤ サービスや活動の過程や成果を意味する実践概念

以上であるが，最後に一番ケ瀬康子の定義について紹介していくことにする．一番ケ瀬は，「社会福祉とは，国家独占資本主義期において，労働者階級を中核とした国民無産大衆の生活問題に対する「生活権」保障としてあらわれた政策のひとつであり，他の諸政策とりわけ社会保障（狭義）と関連しながら，個別的にまた対面集団における貨幣・現物・サービスの分配を実施あるいは促進する組織的処置である」[8]と定義している．

第3節　社会福祉の倫理・価値

第2節では社会福祉の定義・理念について紹介ならびに説明してきたが，この節では社会福祉の専門を支える重要な要素である倫理・価値について述べていく．

1．社会福祉専門性の3要素

社会福祉における対人援助の専門性を支える要素として，次の3つが主要な構成要素としてあげられる．

① 福祉倫理：福祉観，人権の尊重，自立・自己実現の援助などの視座，秘密保持など専門職としての必要な価値観
② 専門知識：歴史，理論，知識，公私社会福祉制度，隣接科学に関する知識
③ 専門技術：社会福祉固有の援助方法，技能

2. 価値と倫理について

　専門の知識や技術は，それ自体では機能が果たせない．それを活用する人がいてこそ本来の価値が発揮できる．ところが知識や技術は活用する人によって有効にもなれば，ときにはマイナス方向に作用することさえある．つまり正しい知識や技術とともに，その目的や方向性が人間尊重の倫理観に基づいたものであるかといった「価値」が問われる．このように倫理・価値は，人間の思考や行動を規定するものであり，社会福祉を行う上でもきわめて重要なものであるし，人間を生まれながら価値ある存在として尊重する人間尊重の価値観，生存権幸福権の達成と自己実現の達成やノーマライゼーションの保障などの価値は，専門的援助過程の根底に位置づけられてこそ，本来の機能が発揮される．

　利用者と援助者との専門的援助関係は，利用者との密接な関係をもとに行われる．お互いの信頼関係を深めるということは，感情を表現し合うという側面ももっている．また，利用者の生活問題は，介護問題や，貧困，離婚，児童虐待，家庭内不和など，人に触れられたくない内容を多く含んでいる．さらに，利用者の多くは，社会的に弱い立場にいる人や弱い状態にいる人である．そういったことから援助過程で表現される内容や結果は，その人のもっとも弱い部分や人間存在に深くかかわる部分を含んでいることが多くある．援助の場に臨んで，援助者としての身を戒めなければならない理由はここにある．誰に指摘されるまでもなく，進んで自己を律する専門職こそが専門性を発揮できるのである．専門職集団が倫理を明らかにした代表的な例として，1986（昭和61）年に作られた「日本ソーシャルワーカー協会倫理綱領」がある．この前文では，「われわれソーシャルワーカーは，平和擁護，個人の尊厳，民主主義という人類普遍の原理に則り，福祉専門職の知識，技術と価値観により，社会福祉の向上とクライエントとの自己実現をめざす専門職である」と宣言している．利用者の自己実現をめざすという価値と援助にかかわる上で自戒としての倫理綱領は，専門性を構成する要点でもあり，1993（平成5）年には，日本社会福祉士会が同綱領を会の綱領として採択した．その後，倫理綱領の改訂作業が行わ

れ，2005（平成17）年5月には，ソーシャルワーカーの倫理綱領（改訂）が出された．ここでは，その前文と定義について紹介する．

《前　文》
　われわれソーシャルワーカーは，すべての人が平等であり，価値ある存在であること，人としての尊厳を有していることを深く認識し，人権と社会正義の原理に則り，サービス利用者本位の質の高い福祉サービスの開発と提供に努めることによって，社会福祉の推進とサービス利用者の自己実現をめざす専門職であることを言明する．
　われわれは，社会の進展に伴う社会変動が，ともすれば環境破壊を伴う人間の疎外（反福祉）をもたらすことに着目する時，この専門職が福祉社会の維持，推進に不可欠の制度であることを自覚するとともに，専門職ソーシャルワーカーの職責についての一般社会の理解を深め，その啓発に努める．
　われわれは，われわれの加盟する国際ソーシャルワーカー連盟が採択した，次の「ソーシャルワークの定義」（2000年7月）を，われわれのソーシャルワーク実践に適用され得るものとして認識し，われわれの実践の拠り所とする．

《定　義》
　ソーシャルワーク専門職は，人間の福利（ウェルビーイング）の増進を目指して，社会の変革を進め，人間関係における問題解決を図り，人々のエンパワーメントと解放を促していく．ソーシャルワークは，人間の行動と社会システムに関する理論を利用して，人びとがその環境と相互に影響し合う接点に介入する．人権と社会正義の原理は，ソーシャルワークの拠り所とする基盤である．
　われわれは，ソーシャルワークの知識，技術の専門性と倫理性の維持，向上が専門職の職責であるだけでなく，サービス利用者は勿論，社会全体の利益に密接に関連していることを認識し，本綱領を制定してこれを遵守することを誓約する者により，専門職団体を組織する．

　　注）この定義は，2000年7月27日モントリオールにおけるIFSW総会において採択，日本語
　　　訳は日本ソーシャルワーカー協会，日本社会福祉士会，日本医療社会事業協会で構成する
　　　IFSW日本国調整団体が2001年1月26日決定した定訳です．

【注】
3）高橋重宏・宮崎俊策・定藤丈弘編著『ソーシャルワークを考える』川島書店，1981年，p.90
4）福祉士養成講座編集委員会編『社会福祉概論』中央法規出版，2000年，p.9
5）全国社会福祉協議会編『社会福祉関係施策資料集2』全国社会福祉協議会，1986年，p.45

6）同上書，p.191
7）太田義弘『ソーシャル・ワーク実践とエコシステム』誠信書房，1992年，p.23
8）一番ケ瀬康子・真田是『社会福祉論』有斐閣双書，1986年，p.47

【参考文献】

吉田久一『日本社会事業の歴史』勁草書房，1960年
右田紀久恵ほか『社会福祉の歴史』有斐閣，1977年
一番ケ瀬康子ほか『講座社会福祉②　社会福祉の歴史』有斐閣，1981年
仲村優一『社会福祉概論』誠信書房，1984年
池田敬正『社会福祉の展望』法律文化社，1992年
井村圭壯『社会福祉調査論序説』学文社，2001年
井村圭壯『養老事業施設の形成と展開に関する研究』西日本法規出版，2004年

第2章　社会福祉と生活を取り巻く現状とあり方

第1節　現代社会と生活

1．現代社会と社会問題

　昨今は，少子高齢化の進展，地域帰属意識の希薄化，環境問題の深刻化を諸相に，家族機能の衰退，対人関係能力の稚拙，地域の教育力の低下など，いい尽くせないほどの社会問題が山積みされている．

　子ども文化（テレビゲーム，コミック，アニメ，キャラクターグッズ等）や青年文化（音楽，映画，ファッション，風俗等）の一端では，不登校やいじめの増加，非行の低年齢化，能力主義教育の激化，学力・思考力の低迷に加え，インターネットやニューメディアの進展により，目にみえないかたちで人と人のコミュニケーションのとり方に大きな変化をもたらしている．また，ニート，フリーター，パラサイト・シングル，引きこもりという言葉に表出されるように，職に就かず，教育機関に所属しない，一般的に三無主義という無気力・無関心・無責任や，標榜する視角により無感動・無意識・無反応・無目的・無差別・無節操など，個性の重視と相反して社会性の形成が脆弱化している．

　その一方で，子ども・青年を養育する母親のなかには，「生まれてくるはずのない子ども」「間違って生まれてきた子ども」「しかたなく生んだ子ども」という言葉を投げかけ，「母親に愛されることのない人間」「存在する価値のない人間」と自尊心を損なうというケースもみられ，かつてないほど共生社会を支

える主体形成のあり方が焦眉の課題となっている．このような社会問題が飛び交う現代社会は，批難こそあれ賛美することは少なく，困憊すべき対象以外の何ものでもないかのような感すら与えられる．

2．現代社会と子ども・青年

現代社会は，物質的に豊かな社会であるという見方もあるが，モノやカネが優先される社会，社会連帯感の薄い社会，努力が報われない社会，平等・機会均等でない社会，他人のことには無関心な社会，精神的にゆとりのない社会になったという指摘がある．なかでも，子ども・青年が引き起こす学校への暴漢の進入，子どもたちの誘拐，連れ去り事件など，未成年者による殺傷事件が発生し，立法・行政・マスメディアを中心に少年事件・犯罪に関するニーズがあとを絶たないのも事実である．

2006年『犯罪白書』によると，全国の少年院の新収容者は4,878人で，男女別内訳は，男子が4,299人（構成比88.1％），女子が579人（同11.9％）となっており，前年（総数：5,300人：男子4,772人，女子579人）に比べ男子は減少傾向にあるが女子は増加している．また，男女別の非行名別構成比は，男子は窃盗（43.2％）がもっとも高く，次いで傷害（11.1％），強盗（9.8％），道路交通法違反（9.5％），女子は覚せい剤取締法違反（21.6％）がもっとも高く，次いでぐ犯（19.3％），窃盗（16.4％），傷害（15.4％）の順となっている。このような収容人数で，少年犯罪が減少しているとは一概にいえないが，少年による凶悪な犯罪が社会の耳目を集め，低年齢の少年による犯行動機や犯行形態が複雑化しているように思える。

2006年『青少年白書（平成18年版）』によると，いじめの様態（公立学校）について，「冷やかし・からかい（小学校の構成比45.7％，中学校の構成比48.0％，高等学校の構成比45.7％，盲・聾・養護学校の構成比28.6％）」が10,207件（47.1％）ともっとも多く，次いで，「言葉での脅し（小学校の構成比25.1％，中学校の構成比24.9％，高等学校の構成比31.1％，盲・聾・養護

学校の構成比 36.9％）」5,551 件（25.6％），「暴力を振るう（小学校の構成比 21.1％，中学校の構成比 19.9％，高等学校の構成比 30.5％，盲・聾・養護学校の構成比 33.3％）」4,613 件（21.3％）と続く．また，警察庁の調べでは，2005 年にいじめに起因する事件は 165 件，検挙・補導した少年（犯罪少年および触法少年）は 326 人で，前年に比べ 4 件，検挙・補導人員 10 人増加している．また，不登校については，2004 年度に 30 日以上学校を欠席した不登校児童生徒数は小学校全児童数 7,197,458 人のうち 23,318 人（0.32％），中学校 3,626,415 人のうち 100,040 人（2.76％）と 1995 年小学校 8,370,246 人のうち 16,569 人（0.20％），中学校 4,570,390 人のうち 65,022 人（1.42％）に比べかなり増加している．

現代社会における子ども・青年文化は，反社会的・非社会的な諸相が取り出され，いつ生命の安全が脅かされ，どのようにして人権を守るかが問われる．そこで，子ども・青年の発達の歪みと健全な育成を図ることが広く市民を守り，現代社会の平和と民主主義社会を創造することになるが，大橋謙策は[1]，子ども・青年の発達の歪みの特徴として，① 対人関係能力・自己表現力の脆弱化，② 社会的有用感の喪失，③ 成熟感・達成感の喪失，④ 集団への帰属意識の希薄化，⑤ 生活技術能力の脆弱化などがあると整理している．いうなれば，このような現代社会のなかで子ども・青年の成長・発達を支えるためには，社会問題の歪みを複眼的に解明する学校および家庭ならびに地域の互恵の精神に基づく対応が強く求められるということである．

3．現代社会と教育

人の成長・発達を支える教育は，重層化した社会問題のなかで生きる人びとにとって重要な意義をもっている．教育について，国の統治の根本原則を定めた憲法第 26 条の 1 では，「すべて人は，教育を受ける権利を有する」，同条 2「教育は，人格の完全な発展ならびに人権および基本的自由の尊重の強化を目的としなければならない」と規定している．また，教育基本法第 1 条には，

「教育は，人格の完成をめざし，平和的な国家および社会の形成者として，真理と正義を愛し，個人の価値をたつとび，勤労と責任を重んじ，自主的精神に充ちた心身ともに健康な国民の育成を期して行わなければならない」と記述されている．

つまり，成長・発達の途上にあるすべての国民は受教育権が保障され，生涯にわたって人間らしい生活を営む社会権を有しているということである．では，教育の本質はそもそも何であり，どのようにあるべきなのかという問いが不可避となる．教育について堀尾は，「教育は，一人ひとりの子どもの能力の可能性を全面かつ十分に開花させるための意図的営みであり，教材を媒介として子どもの発達に照応した学習を指導し，発達を促す営みである．そしてそのことを通して社会の持続と発展をはかる社会的営みである」[2]と言及している．

このように教育は，われわれの生活のなかで重要な意義をもつが，民法820条の「親権を行う者は，子の監護及び教育をする権利を有し，義務を負う」とあるように，親には子どもを養育する第一義的責任がある．また，親は，「① 子どもの積極的保護，② 情動の安定と豊かな感情の教育，③ 社会化と自立への教育，④ 生き方の教育」[3]を行うという責務をもっている．つまり，教育の原点は，家庭教育を中心に，親子は縦の関係，友だちは横の関係，きょうだいは斜めの関係といわれるように地域社会のなかで展開するものである．その地域社会には，家庭教育を支える教育機関があり，知識の伝達や思考の訓練はもとより，社会人として生き抜く力の推進や，発達段階に応じた教育が顕在化している．昨今の教育機関を鑑みると，自ら問題を発見し，考え，判断し，行動する資質・能力が求められ，生涯にわたる道程の充実が図られてきている．これからの広範する教育は，① 豊かな「人間性」の育成，② 社会を切り開く「主体性」の育成，③ 人格形成を図る「福祉の心」の育成など，創造力に富んだ社会生活を送ることができる教育環境の充実が現代社会に求められるキーワードといえる．

第2節　社会福祉と現代社会

1．社会福祉の概念

　そもそも社会福祉という言葉が使用されるようになったのは，1946年，日本国憲法第25条1項で「すべて国民は，健康で文化的な最低限度の生活を営む権利を有する」という国民の生存権が明記され，2項で，「国は，すべての生活部面について，社会福祉，社会保障および公衆衛生の向上および増進に努めなければならない」と，生活保障の義務化が進み関係するサービスを利用することは国民の権利とされたことに始まる．

　しかし，社会福祉が何を意味するかについて定説があるわけではないが，大橋は，「社会福祉とは，人間が有している特性を最大限に発揮した自立生活を営めるよう追求するにあたって，万が一その自立生活実現にある種の欠損，不足，停滞が生じた時，それを補い，より増進させ，豊かな自立生活が営めるように個々人への直接的な対人援助を軸にして，社会的に自立生活を支援・増進させる制度の活用およびそれに必要な物理的，精神的環境醸成を図ることを総合的，統合的に展開する援助方法」[4]と言及している．つまり，社会福祉の理念を推し量ると，平等と尊厳を基本とした社会を形成する人のしあわせを追及する概念であり，自立（自律）した生活を実現できるように，ヒューマンサービスを中心とした社会的援助を提供することといえる[5]．

2．社会福祉と地域福祉

　社会福祉の実践は，1970年代に入り福祉見直し論から福祉コミュニティ論や地域組織化論を背景に，地域社会で展開する自助・互助に重みが置かれ地域福祉が推進していった経緯がある．そして，コミュニティ・ケアやノーマライゼーションの考え方も加わり，在宅福祉や地域福祉に関する事業が発展していった．

　1980年代になると，高齢化の進展が顕著となり，公・民による保健・医

療・福祉サービスの連携による体制の整備が進められ，地域福祉への関心がさらに高まっていった．1990年，社会福祉事業法の改正（第3条の2）では，社会福祉を目的とする事業を実施するには地域住民などの理解と協力を得ることに努めなければならないことが明記され，福祉行政や教育行政のなかに地域福祉の実践が具体的に取り組まれるようになった．施策の面でも，「高齢者保健福祉推進10か年戦略（ゴールドプラン）」「今後の子育て支援のための施策の基本的方向について（エンゼルプラン）」「障害者プラン―ノーマライゼーション7か年戦略」の3プランが，国，都道府県・市区町村の計画として地域性を考慮した計画が推進されることになる．

つまり，すべての国民が人間の尊厳にふさわしい自立した地域生活を送るためには，個々が有する主体性を最大限に生かす社会の福祉化を企図し，社会的環境の相互適応を援助しつつ，市民・地域住民の参画による地域福祉計画を策定する協働実践の視角が重要ということである．そのためには，地域社会における人材，組織，施設，制度，資金など社会資源を活用しつつ，地域社会を醸成する工夫が必要不可欠となる．

3．地域福祉と福祉教育

現代社会は，社会福祉の領域が施設を中心とした支援の形態から，地域を基盤とする在宅における援助へと変化している．社会福祉法第4条（地域福祉の推進）には，「地域住民，社会福祉を目的とする事業を経営する者および社会福祉に関する活動を行う者は，相互に協力し，福祉サービスを必要とする地域住民が地域社会を構成する一員として日常生活を営み，社会，経済，文化その他あらゆる分野の活動に参加する機会が与えられるように，地域福祉の推進に努めなければならない」と記されている．また，第107条（市町村地域福祉計画），第108条（都道府県地域福祉支援計画）が法文化され，行政主体による形式的な住民参加ではなく，地域住民が行政とともに協働して参画する地域福祉計画が推進されるようになった．このように，社会福祉を推進していくため

には地域福祉の充実が必要であるが，大橋は，「社会全体の高齢化・少子化の現象が拍車をかける新たな福祉課題の解決方法は，制度や施設の整備だけでは対応は困難である[6]」とし，地域福祉の主体形成という枠組みの重要性を強調している．

また，1994年，厚生省社会・援護局長通知「福祉活動への参加の促進について」は，都道府県，市区町村において住民の福祉活動への参加の促進を図るべき基本項目が取りまとめられ，「福祉教育推進事業実施要領」には，「地域住民の福祉活動への理解と関心を深めるため，幼少期から高齢期に至るまで生涯を通じて幅広く福祉教育・学習の機会を提供し，体験・交流活動等を推進することにより，地域住民各層の福祉マインドの醸成を図ることを目的とすること」としている．地域福祉の時代の福祉教育は，生涯学習の一環として，市民の社会福祉への理解と関心を深める教育と，ともに学ぶという学習の面をともに創造する福祉教育観を理論化し実践化することをめざすことといえる．もちろん，これらの福祉教育のみで病理現象の温床を食い止める特効薬はもとよりないが，福祉教育の視点である，①人権教育を重視する福祉教育，②健康やいのちの大切さを学ぶ福祉教育，③主体性を確保する福祉教育，④ノーマライゼーションの考え方に立った福祉教育，⑤福祉文化の創造と福祉のまちづくりをめざす福祉教育，⑥住みよいコミュニティを創るための福祉教育などは，現代社会の精神的・情緒的なゆがみを修正するひとつの手段となるのではないだろうか．

福祉教育の視点で現代社会の諸相を鑑みると，市民的教養として期待が集まるのは自然のことであり，①学校教育や家庭教育の領域に限定しない，②公的役割による在宅福祉サービスの提供拡充にとらわれない，地域住民を巻き込んだ非営利活動や当事者活動など，生活問題を解決していく相互支援活動を活性化する住民自身の主体形成の推進が要請される．しかし，地域住民が社会福祉問題を解決する力をもち，要援護者自身も自己実現を醸成する地域福祉型による福祉教育の主体形成の関与なしには実体化は困難である．そこには，地域

社会のなかで生涯にわたって展開される制度的な福祉教育と，非制度的な福祉教育の結節点へと導く道程を展開する実践方法の進展が肝要となる．

第3節　生活環境の変化

1．社会構造の変化
1）人口構成

わが国の人口ピラミッド（5歳ごとの人口構成を男女別に表す）は，1950年半ばぐらいまで，若い世代の人口層が厚く裾野の広い安定した「富士山型」の形状を保っていた．しかし，1947（昭和22）〜1949（昭和24）年の第1次ベビーブーム，1971（昭和46）〜1974（昭和49）年の第2次ベビーブームが終息するあたりから，高齢者の割合がやや高く若年者の割合がやや低い「つりがね型」となった．そして，出生率の急減と高齢者の死亡率の低下により，老年人口が多く，年少人口が少ない「つぼ型」へと変化していった．

2005年現在，第1次ベビーブーム世代が56〜58歳，第2次ベビーブーム世代が31〜34歳であるが（図表2－1），2025年には，第1次ベビーブーム世代は70代後半，第2次ベビーブーム世代は50代前半と，老年人口の増加が続き，①戦争や感染症などによるものではない，②人口構成そのものが小さくなるのではない，バランスの悪い「すり鉢型」となることが予想されている．

2）人口動態

わが国の総人口は，2005年10月1日現在で1億2776万人である．国立社会保障・人口問題研究所が行った「日本の将来推計人口」の中位推計を年齢3区分別でみる（図表2－2），年少人口の推移は，2010年には13.4％，2020年12.2％，2030年11.3％，2040年11.0％，2050年10.8％まで低下することが予想されている．一方，老年人口は，2010年には22.5％，2020年27.8％，2030年29.6％，2040年33.2％，2050年35.7％であり，高齢化率（老年人口

図表2－1　わが国の人口ピラミッド

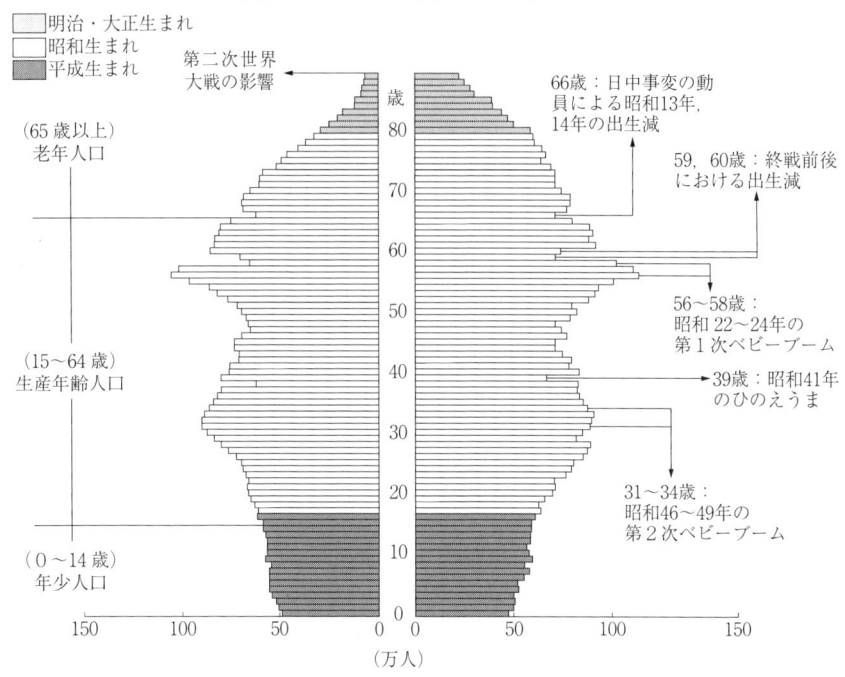

凡例：
- 明治・大正生まれ
- 昭和生まれ
- 平成生まれ

（65歳以上）老年人口
（15～64歳）生産年齢人口
（0～14歳）年少人口

注記：
- 第二次世界大戦の影響
- 66歳：日中事変の動員による昭和13年，14年の出生減
- 59，60歳：終戦前後における出生減
- 56～58歳：昭和22～24年の第1次ベビーブーム
- 39歳：昭和41年のひのえうま
- 31～34歳：昭和46～49年の第2次ベビーブーム

横軸：（万人）　縦軸：歳

注）90歳以上人口については省略した
資料）総務省統計局「平成17年国勢調査抽出速報集計結果」
出所）厚生統計協会『国民の福祉の動向』2006年，p.10

が総人口に占める割合）でみる分子は長命化により急増するものの，少子化により分母が減少しているため，高齢化に拍車がかかることが予想されている．

　高齢化は「静かな革命」「長命革命」ともいわれ，国際連合では，高齢化率が7％を超えた社会を高齢化社会，14％を超えると高齢社会と定義している．わが国の高齢化率は，1970年に7％，1994年には14％を超え，西欧諸国（フランス115年，スウェーデン85年，イギリス47年）に比べわずか24年という短期間で高齢化社会から高齢社会となり，2005年には21.0％となっている．このような高齢化には，衣食住に関する生活水準の向上，医学・医療技術の発展，公衆衛生の敷衍，感染症対策の充実など，社会環境が急成長したことが理

図表2−2　将来推計人口（中位推計）

(2000〜2050年)

	人口（千人）		年齢3区分割合 (%)			指数 (%)			
	総数	うち65歳以上	0〜14歳	15〜64歳	65歳以上	年少人口	老年人口	従属人口	老年化
平成12年（'00）	126,926	22,041	14.6	68.1	17.4	21.4	25.5	46.9	119.1
22（'10）	127,473	28,735	13.4	64.1	22.5	20.9	35.2	56.1	168.3
32（'20）	124,107	34,559	12.2	60.0	27.8	20.3	46.4	66.7	228.9
42（'30）	117,580	34,770	11.3	59.2	29.6	19.0	50.0	69.0	262.7
52（'40）	109,338	36,332	11.0	55.8	33.2	19.7	59.6	79.3	302.3
62（'50）	100,593	35,863	10.8	53.6	35.7	20.1	66.5	86.7	330.8

資料）国立社会保障・人口問題研究所「日本の将来推計人口（平成14年1月推計）」
出所）厚生統計協会『国民の福祉の動向』2006年，p.16

由としてあげられる．従来の多産多死の時代から多産少死の時代へ，そして，いまでは少産少死の時代となり，急激な人口動態の変化に応じた社会・経済システムの構築が喫緊の課題となっている．

3）平均寿命

　わが国の平均寿命（0歳の時点での平均余命のこと）は，1921（大正10）〜1925（大正14）年は男性42.1歳，女性43.2歳であったが，1935（昭和10）〜1936（昭和11）年には，男性46.92歳，女性49.63歳となった．また，臨時国勢調査をもとに作成された生命表によると（図表2−3），1947（昭和22）年は，男性50.06歳，女性53.96歳と人生50年時代をむかえ，1950（昭和25）年には女性が61.5歳，1951（昭和26）年には，男性が60.8歳と男女ともに60年を超えた．1960（昭和35）年になると女性70.19歳，1971（昭和46）年には男性も70.17歳となり，1984（昭和59）年には女性は80.18歳，2005年（平成17）年にいたっては，男性78.53歳，女性85.49歳とまさしく人生80年時代となった．

　もちろん，○○歳になったから，還暦を迎えたから，孫が生まれたから，定年したから，年金受給者となったからなど，実際に人生80年のなかで「高齢

第2章 社会福祉と生活を取り巻く現状とあり方 37

図表2－3 平均寿命の推移

		男	女			男	女
昭和22年＊	('47)	50.06	53.96	昭和51年	('76)	72.15	77.35
23	('48)	55.6	59.4	52	('77)	72.69	77.95
24	('49)	56.2	59.8	53	('78)	72.97	78.33
25	('50)	58.0	61.5	54	('79)	73.46	78.89
25～27＊	('50～'52)	59.57	62.97	55＊	('80)	73.35	78.76
26	('51)	60.8	64.9	56	('81)	73.79	79.13
27	('52)	61.9	65.5	57	('82)	74.22	79.66
28	('53)	61.9	65.7	58	('83)	74.20	79.78
29	('54)	63.41	67.69	59	('84)	74.54	80.18
30＊	('55)	63.60	67.75	60＊	('85)	74.78	80.48
31	('56)	63.59	67.54	61	('86)	75.23	80.93
32	('57)	63.24	67.60	62	('87)	75.61	81.39
33	('58)	64.98	69.61	63	('88)	75.54	81.30
34	('59)	65.21	69.88	平成元年	('89)	75.91	81.77
35＊	('60)	65.32	70.19	2＊	('90)	75.92	81.90
36	('61)	66.03	70.79	3	('91)	76.11	82.11
37	('62)	66.23	71.16	4	('92)	76.09	82.22
38	('63)	67.21	72.34	5	('93)	76.25	82.51
39	('64)	67.67	72.87	6	('94)	76.57	82.98
40＊	('65)	67.74	72.92	7＊	('95)	76.38	82.85
41	('66)	68.35	73.61	8	('96)	77.01	83.59
42	('67)	68.91	74.15	9	('97)	77.19	83.82
43	('68)	69.05	74.30	10	('98)	77.16	84.01
44	('69)	69.18	74.67	11	('99)	77.10	83.99
45＊	('70)	69.31	74.66	12＊	('00)	77.72	84.60
46	('71)	70.17	75.58	13	('01)	78.07	84.93
47	('72)	70.50	75.94	14	('02)	78.32	85.23
48	('73)	70.70	76.02	15	('03)	78.36	85.33
49	('74)	71.16	76.31	16	('04)	78.64	85.59
50＊	('75)	71.73	76.89	17	('05)	78.53	85.49

資料）厚生労働省「簡易生命表」「完全生命表」
注）1．＊印は完全生命表
　　2．昭和20，21年は基礎資料が不足につき，本表から除いてある．
　　3．昭和46年以前は沖縄県を除く値である．
出所）厚生統計協会『国民の福祉の動向』2006年，p.14

者＝老い」という不可避的な基準で区別することはできない．加齢による老化そのものは，すべての人びとに平等にみられる普遍的な現象であり，気づく老化，気づかない老化に限らず，心身機能の低下とすれば20歳代には老化は緩やかに進行するものである．もし，身体的な老化が始まっていたとしても精神的な力や知的能力は加齢に応じ高い水準に達することも多く，老いによる肉体と精神は，相互依存的に減損するものではない．あくまで，個々のパラダイムにより老化は肯定的要素と否定的要素の両義性が表出するものである．

2．家族構成の変化

1）出生率

出生率は，1年間の出生数を人口で除して 1,000 倍した値である．2005 年の厚生労働省「人口動態統計」によると（図表2－4），1970年は約193万4千人，1980年は約157万7千人，1990年は約122万2千人，2000年は約119万1千人となり，2005年には約106万2千人にまで減少傾向は続いている．

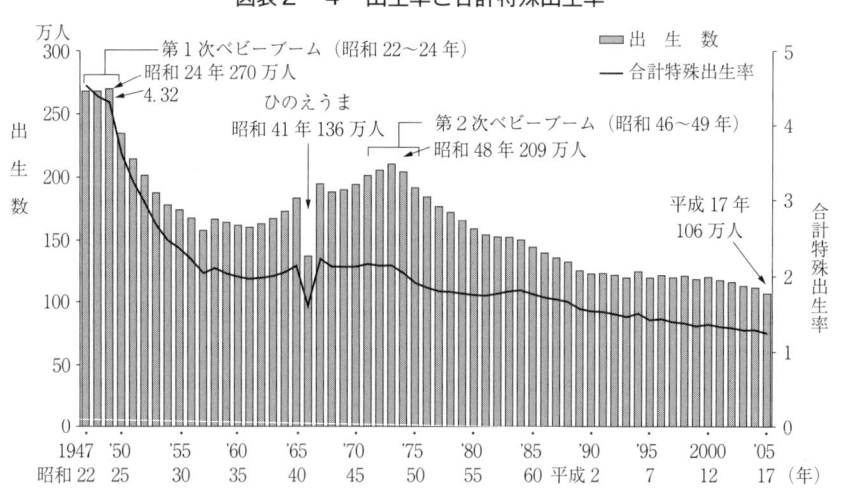

図表2－4 出生率と合計特殊出生率

資料）厚生労働省「人口動態統計」
出所）厚生統計協会『国民衛生の動向』2006年，p.39

また，15～49歳の女性の年齢別出生率を合計し，1人の女性が生涯に産む子どもの数を平均した合計特殊出生率は，第1次ベビーブーム期は4.32であったが，1920年代後半あたりから急減し1956年にいたっては2.22となった．その後，1966年の「ひのえうま」では1.58となったが緩やかに上昇し，第1次ベビーブーム期（「団塊の世代」とよばれている）の人びとが出産適齢期に入ると，エコー効果により1971～1974年にはやや小規模な第2次ベビーブーム期（団塊ジュニア世代）を迎えた．しかし，1975年以降の合計特殊出生率は漸減し続け，2006年には1.25となっている．このような少子化問題に対して，晩婚化や非婚化という社会現象が取り出されているが，都市部の住宅事情，家族計画の普及，教育費の増大，出生力の低下など，現役世代の負担を軽減するための対策に期待が寄せられる．

2）家族形態

家族について森岡清美は，「夫婦・親子・きょうだいなど少数の近親者を主要な成員とし，成員相互の深い感情的かかわりあいで結ばれた，幸福（well-being）追求の集団である」[7]と表現している．その家族形態は，国民生活基礎調査によると（図表2－5），2005（平成17）年の世帯総数は4,704万世帯，平均世帯人員は2.68人となっている．そこで，世帯構造別にみると，核家族世帯の総数は，1986（昭和61）年の60.8％から2005（平成17）年の59.2％と大きな変化はないが，「夫婦のみの世帯」は14.4％から21.9％へ，「単独世帯」も18.2％から24.6％へ増加している．また，「夫婦（ひとり親）と未婚の子のみの世帯」は46.4％から37.4％へ，「三世代世帯」は15.3％から9.7％へ減少し，家族員の数が縮小化している．このような家族形態の変化は，家族機能の脆弱化を伴い，多様な場面で家族の生産的機能が低下し，機能分化を外部化する傾向が見受けられるようになった．

図表2—5　世帯構造別にみた世帯数の推移

		総数	単独世帯	核家族世帯			三世代世帯	その他の世帯	平均世帯人員
				総数	夫婦のみの世帯	夫婦(ひとり親)と未婚の子のみの世帯			
		推計数（千世帯）							
昭61年	('86)	37,544	6,826	22,834	5,401	17,433	5,757	2,127	3.22
平元	('89)	39,417	7,866	23,785	6,322	17,463	5,599	2,166	3.10
4	('92)	41,210	8,974	24,317	7,071	17,245	5,390	2,529	2.99
7	('95)	40,770	9,213	23,997	7,488	16,510	5,082	2,478	2.91
10	('98)	44,496	10,627	26,096	8,781	17,315	5,125	2,648	2.81
13	('01)	45,664	11,017	26,894	9,403	17,490	4,844	2,909	2.75
16	('04)	46,323	10,817	28,061	10,161	17,899	4,512	2,934	2.72
17	('05)	47,043	11,580	27,872	10,295	17,577	4,575	3,016	2.68
		構成割合（%）							
昭61年	('86)	100.0	18.2	60.8	14.4	46.4	15.3	5.7	・
平元	('89)	100.0	20.0	60.3	16.0	44.3	14.2	5.5	・
4	('92)	100.0	21.8	59.0	17.2	41.8	13.1	6.1	・
7	('95)	100.0	22.6	58.9	18.4	40.5	12.5	6.1	・
10	('98)	100.0	23.9	58.6	19.7	38.9	11.5	6.0	・
13	('01)	100.0	24.1	58.9	20.6	38.3	10.6	6.4	・
16	('04)	100.0	23.4	60.6	21.9	38.6	9.7	6.3	・
17	('05)	100.0	24.6	59.2	21.9	37.4	9.7	6.4	・

注）平成7年の数値は兵庫県を除いたものである．
資料）厚生労働省「国民生活基礎調査」
出所）厚生統計協会『国民衛生の動向』2006年，p.35

3）ライフサイクル

　ライフサイクルは，乳幼児期，学童期，青年期，壮年期，老年期，終末期を迎える人生周期のことである．厚生労働省大臣官房統計情報部「人口動態統計」によると（図表2—6），全年齢の総数の割合でみれば「悪性新生物」「心疾患」「脳血管疾患」「肺炎」「不慮の事故」などが上位を占めている．とくに，1950年（昭和25）年と比べると結核による死亡が減少し，3大死因（悪性新生

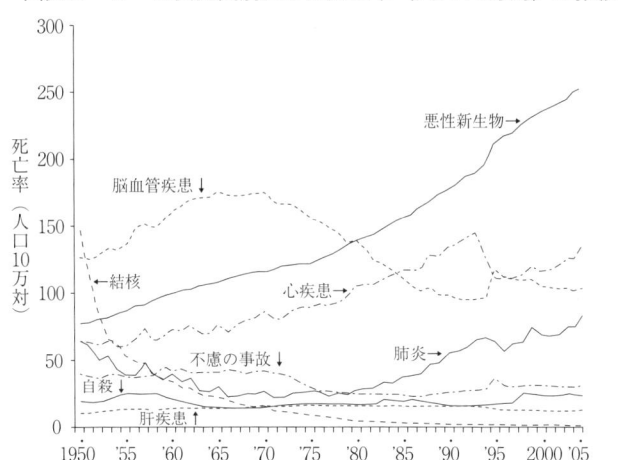

図表2−6　主要死因別にみた死亡率（人口10万対）の推移

注）平成6年までは旧分類によるものである．
資料）厚生労働省「人口動態統計」
出所）厚生統計協会『国民衛生の動向』2006年，p.44

物，心疾患，脳血管疾患）に大きく変化したことがわかる．

　年齢層別では，乳児（0歳）は，「先天奇形，変形および染色体異常」「周産期に特異的な呼吸障害等」「乳幼児突然死症候群」と続き，乳児（1〜4歳）では，「不慮の事故」「先天奇形，変形および染色体異常」「悪性新生物」が多い．また，学童期（5〜14歳）は，「不慮の事故」「悪性新生物」「自殺」，青年期（15〜29歳）は，「不慮の事故」「自殺」「悪性新生物」が多く，外因死の割合が大きい．また，20〜39歳では，「自殺」によるものが第1位なり，「不慮の事故」「悪性新生物」と続く．40〜54歳は，「悪性新生物」「自殺」「心疾患」が多く，55歳以上では，三大死因による死因が大きな割合を占めている．なお，老年期においては，身体機能低下による発病や発病後のケアが長期化・重度化する可能性も高くなるが，心身の健康や生活習慣に対する視点は年齢に即したものではない．生活習慣病の増加，感染症への対策，食品供給の安全性など，長期化したライフサイクルのなかで多面な健康リスクを伴ってい

る.年齢を問わず,よりよいライフサイクルを送るためには,疾病の予防策や心身の健康保持・増進をいかに図るかが課題となっている.

3.生活環境の変化
1)産業構造

　産業構造について総務省統計局が行った「国勢調査」によると(図表3-7),就業者数に占める産業別構成割合は,第1次産業(農林業および漁業),第2次産業(鉱業,建設業および製造業)が減少するなか,第3次産業(電気・ガス・熱供給業・水道業,運輸・通信業,卸売・小売業,飲食店,金融・保険業,不動産業,サービス業および公務)の割合が高く,職業構造に変化が生じてきている.とくに,第3次産業は,「サービス業」,「卸売・小売業,飲食店」,「運輸・通信業」と続き,専門的・技術的職業従事者の高付加価値化と高度な知識・能力を保持する産業構造が経済社会全体の生産性を拡大・発展している.

　また,行政上の市の地域を都市とすると都市化率(都市地域の人口の割合)は,急速に進んでおり,大都市圏への人口流入,地方中核都市への人口集中,過疎地域での人口減少は依然として続いている.過密化する都市部は,過密住宅,ごみ問題,交通問題,騒音,大気汚染など,人口の集中に伴う生活環境に大きな影響が生じ,過疎化する地域では,保健,医療,福祉,教育,交通などの運用が鈍化するところも現れている.

　なお,ここでいう「過疎」と「過密」は市区町村の総人口のことではなく,人口集中地区別統計(DID:Densely Inhabited District)における人口密度が約4,000人/km²以上が生活をしている地域をひとつの基準としているため,合併により形式的な市が誕生した地域や小規模市町村であっても過疎化・過密化した地域も存在することを付記しておく.

図表2—7　産業別就業割合の推移

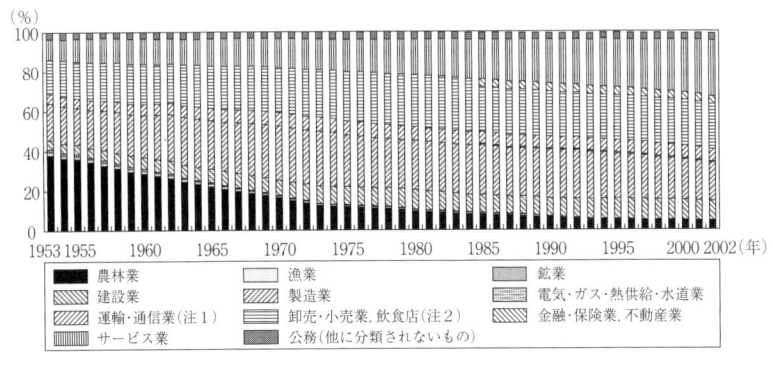

(%)

凡例：
- 農林業
- 漁業
- 鉱業
- 建設業
- 製造業
- 電気・ガス・熱供給・水道業
- 運輸・通信業(注1)
- 卸売・小売業,飲食店(注2)
- 金融・保険業,不動産業
- サービス業
- 公務(他に分類されないもの)

資料）総務省統計局「労働力調査」
(注1) 1953～1984年の「運輸・通信業」には電気・ガス・熱供給・水道業の値が含まれる．
(注2) 1953～1984年の「卸売・小売業,飲食店」には，金融・保険業,不動産業の値が含まれる．
出所）厚生労働省『厚生労働白書』2006年，p.42

2）雇用情勢

　1945年，わが国は第2次世界大戦の敗戦のなかから戦後復興期を経て，1970年代初めに高度成長期をむかえた．しかし，1973年の第1次オイルショック，1979年の第2次オイルショックにより経済成長は減速し低成長期となる．また，1980年半ばから1990年代初頭のバブル経済期には，勤労者世帯の実収入が増加するもののバブル崩壊後は景気低迷期をむかえ，日本経済の平均成長率は厳しい局面を続けている．

　総務省統計局「労働力調査」，厚生労働省職業安定局「職業安定業務統計」によると，1948年以降の完全失業率は，バブル経済崩壊後は急激に上昇し，1995年以降3％を上回り2002年には5.4％に達した。2005年には4.4％に低下したものの，60～64歳の完全失業率は近年急激に低下している。このようななか，女性の家事の軽減化と雇用環境の社会化により，家庭と雇用の両立をめざす男女雇用機会均等法や，育児・介護休業法の改正など，法制度面の充実により女性雇用者数が増加している．さらに，雇用形態も変化しつつあり，正規の職員・従業員が減少し，パートタイム労働者，派遣労働者，独立的な請負

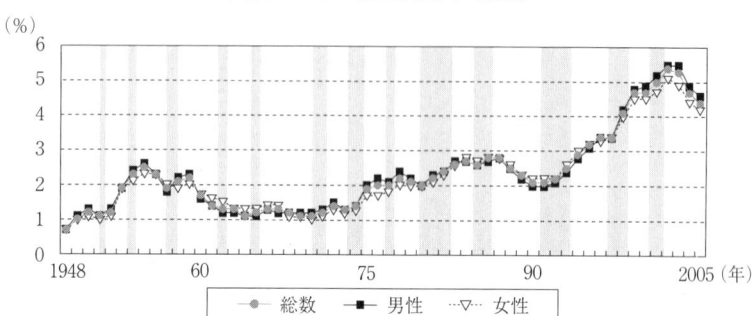

図表2—8　完全失業率の推移

資料）総務省統計局「労働力調査」，厚生労働省職業安定局「職業安定業務統計」
注）グラフのシャドー部分は景気後退期
出所）厚生労働省『厚生労働白書』2006年，p.43

事業者など，非正規の職員・従業員の割合が上昇するという傾向もみられるようになってきている．

3）安心と安全

昨今は，再興感染症（結核，マラリアなど）や新興感染症（エボラ出血熱，AIDS，SARSなど）の対策，食品や医療・医薬品の安全など，日常生活による「安全と安心」という認識が高まっている．『『安全』とは，障害を起こすリスク要因に対して事前および事後の対策が施され，障害の発生を未然に防ぐことができる，または障害の程度を許容範囲に止めることができる状態を指す．また，『安心』とは，個人の主観によって決まるものであり，「安全であると信じている」状態を指している」．

また，健康に対する安全と安心への関心も高まるなか，心の健康は，家族，知人，学校，職場，地域における対人関係を中心としたストレスが発病に影響しているといわれ，うつ病や摂食障害が増加している．WHO（世界保健機関）は，「健康とは肉体的，精神的および社会的に良好な状態であり，単に疾病または虚弱の存在しないことではない．到達しうる最高基準の健康を享受することは人種，宗教，政治的信念または経済的もしくは社会的条件の差別なしの万

人の有する基本的権利の1つである」と謳っている．一人ひとりが心身の健康に対する安心と安全を図るため，保健（予防）・医療（治療）・福祉（社会生活）の連携・協働を強め，保健と医療（健康増進等），医療と福祉（リハビリテーション等），福祉と保健（生活習慣等）のように，各専門領域のヒューマン・サービスのネットワーク化に期待が寄せられている．

【注】
1) 大橋謙策編集代表，田村真広・辻浩・原田正樹編集『福祉科指導法入門』中央法規出版，2004年，p.12
2) 堀尾輝久『教育入門』岩波新書，1989年，p.95
3) 吉田昇・長尾十三二・柴田義松編『教育原理』有斐閣，1990年，p.174
4) 大橋謙作編集代表，前掲書，p.10
5) 宮崎徳子・立石宏昭編『保健・医療・福祉ネットワークのすすめ』ミネルヴァ書房，2005年，p.121
6) 大橋謙策『地域福祉の展開と福祉教育』全国社会福祉協議会，1991年，p.45
7) 森岡清美・望月嵩『新しい家族社会学（四訂版）』培風館，2002年，p.4
8) 厚生労働省監修『厚生労働白書』2004年，p.14

【参考文献】
大防邦夫・安藤清志編『社会の中の人間理解』ナカニシヤ出版，1993年
硯川眞旬・佐藤豊道・柿本誠編『福祉教科教育法』ミネルヴァ書房，2002年
阪野貢監修・新崎国広・立石宏昭編『福祉教育のすすめ』ミネルヴァ書房，2006年
内閣府編『国民生活白書』内閣府，2006年
日本統計協会『日本統計年鑑』日本統計協会，2006年
文部科学省編『文部科学白書』国立印刷局，2006年
社会福祉の動向編集委員会『社会福祉の動向2007』中央法規出版，2007年

第3章　現代日本の社会福祉システムの現状とあり方

第1節　社会福祉と社会保障

1．社会保障の概念

　社会保障という言葉が初めて使用されたのは1935年に制定されたアメリカの「社会保障法 (The Social Security Act)」であり，これは医療保険と労災保険の存在しない不完全なものであった．次に用いられたのは，ニュージーランドの「社会保障法」(1938年)で，これは総合的で体系的な社会保障制度を構築していた[1]．しかし，より一般的に用いられるようになったのは1942年のイギリスにおける「ベバリッジ報告」からとされている[2]．この報告は第2次世界大戦後チャーチル英国首相の「ゆりかごから墓場まで」という社会保障を説明する有名な言葉となり，他の国々にも大きな影響を与えた．

　そして，ILO「フィラデルフィア宣言」(1944年)，国連「世界人権宣言」(1948年)，EC「ヨーロッパ憲章」(1961年)，「社会保障憲章」(1961年)，国連「国際人権規約」(1966年)などの人間の生存権尊重と，そのための社会保障権，社会福祉権尊重とその制度的実現が国際的に明らかにされた[3]．日本においても新憲法 (1946年制定) 第25条で正式に社会保障という言葉が使われるようになった．世界的には社会保障という言葉の定義は統一されていない．ここでは，いくつかの社会保障に関する概念を紹介しておく．

1）「社会保障への途」(ILO（国際労働機関）1942年)
　「社会保障は，社会がしかるべき組織を通じて，その構成員がさらされている一定の危険に対して与える保障である」さらに「国のすべての政策は社会保障と何らかの関係はもっているが，病気の予防や治療のための給付や，収入が得られなくなった時に扶助し，収入の得られる活動にもどすための給付を，人びとに支給するような機構だけを社会保障サービスとみることが便利である」とされている．

2）「ベバリッジ報告」(別称：『社会保険および関連サービス』1942年)
　「『社会保障』とは失業，疾病もしくは災害によって収入が中断された場合にこれに代わるための，また老齢による退職や本人以外の者の死亡による扶養の喪失に備えるための，さらにまた出生，死亡および結婚などに関連する特別の支出をまかなうための，所得の保証を意味する」と社会保障の範囲（ナショナル・ミニマムの保障）を規定した．今日においてもイギリスの社会保障体系の基本とされている．

3）「50年勧告」(日本の社会保障制度審議会『社会保障制度に関する勧告』1950年)
　「社会保障制度とは疾病，負傷，分娩，廃疾，死亡，老齢，失業，多子その他困窮の原因に対し，保険的方法または直接公の負担において経済保障の途を講じ，生活困窮に陥った者に対しては，国家扶助によって最低限度の生活を保障するとともに，公衆衛生および社会福祉の向上を図り，もってすべての国民が文化的社会の成員たるに値する生活を営むことができるようにする」ことであり，この勧告は日本国憲法第25条に拠ったもので，現在でもこの考え方は維持されている．

4）「95年勧告」(社会保障制度審議会「社会保障体制の再構築〈勧告〉」1995年)
　「社会保障制度は，みんなのために皆でつくり，皆で支えていくものとして，

21世紀の社会連帯のあかしとしなければならない．これこそ今日における，そして21世紀における社会保障の基本理念である」と明言し，社会保障の理念，概念，公私の役割等の見直し社会保障体制の再構築をめざすこととなった．

以上のように，社会保障の概念の捉え方は時代とともに変遷してきたが，ILO「社会保障への途」や「ベバリッジ報告」などは社会保障の個人・家族への機能を前面に据えた生存権・最低生活保障の理念につながった規定といえよう．「世界人権宣言」や「50年勧告」の当時は第2次世界大戦後の経済的な混乱と国民生活の困窮のなかで，いかに最低限度の生活を保障するかが社会保障の最大の目的であった．社会保障を窮乏に対する所得保障制度として捉えるか，あるいは，その他の生活障害に対する社会的方策施設をも包括する総合的な制度として広義の社会保障として理解するかによって異なってくる．

日本国憲法の第25条では「すべての国民は，健康で文化的な最低限度の生活を営む権利を有する．②国は，すべての生活部面について，社会福祉，社会保障および公衆衛生の向上および増進に努めなければならない」と規定している．当時の厚生省や社会保障制度審議会は，日本国憲法第25条に準拠した「50年勧告」のように，所得保障に加えて医療サービス，社会福祉サービス，保健・公衆衛生サービスを含む概念として社会保障という用語を用いている．上述した広義の社会保障として理解する立場をとっている．

しかし，社会保障制度審議会の「95年勧告」は，「健康で文化的な最低限度の生活を保障される国民の権利を国家責任で達成するという理念を見直して，国民の連帯による助け合いにした」[4]もので，「社会連帯を生存権と並ぶ社会保障の基本理念とみる見解が，最近有力になっている」[5]とされるように，50年以上続いた社会保障の概念を一変させるものとなっている．ここで，社会保障の言葉をもう少し身近な表現にすれば，「社会保障とは，人生の途上で生じる社会的リスクに対する経済的安定の保障のみならず，社会の成員だれもが，普通の人が普通に行っている生活ができること——ノーマライゼーションの実現——

をめざすもの」と概念化しておきたい．

2．社会保障の範囲

　社会保障制度審議会が，図表3—1に示すように，社会保障の概念を3つに分けている．①は狭義の社会保障であり，社会保険，公的扶助（国家扶助），老人保健社会福祉（福祉サービス）および公衆衛生および医療から構成される．②はこれに恩給と戦争犠牲者援護を含めて広義の社会保障とよんでいる．③は住宅等および雇用（失業）対策関係であり，公的支出を社会保障関連支出とよんでいる．なお，失業手当は①の社会保険に含まれる．

　すでに述べたように，社会保障制度審議会の「50年勧告」では，社会保障を包括的に，制度システムとして理解する見方に立っている．

　国際労働機関（ILO）の国際比較の基準では，社会保障および関連制度を社会保険，家族手当，公務員の特別制度，公共保健サービス，公的扶助，社会福祉，戦争犠牲者給付の7部門としていた．しかし，今日の時点では社会保障の分野を区分すると，その分野は，所得保障，医療保障，介護等の保健福祉サービス保障などである．

　社会保障の範囲は国によって，また時代によって違いがあるが，イギリスでは社会保障という言葉を所得保障の広い意味で用いられることが多く，社会保

図表3—1　わが国の社会保障の概念

② 広義の社会保障	① 狭義の社会保障	公的扶助 社会福祉 社会保険 公衆衛生および医療 老人保健
	恩給 戦争犠牲者援護	
③ 社会保障関連制度		住宅等 雇用（失業）対策

出所）福祉士養成講座編集委員会編集『第3版　社会保障論　5』中央法規出版，2005年，p.24

第2節　社会福祉の法律

1．日本国憲法と社会福祉の法体系

　社会福祉の概念も，社会福祉保障の概念と同様に現在のところ確定した解釈や通説はない．むしろ，さまざまな視点で概念の体系を構築しているのが現状であるといえよう[8]．

　日本国憲法第25条2項における狭義の「社会福祉」「社会保障」および「公衆衛生」の3つの制度施策を含む総合的な法体系の理念であり，これを保障するのは国家の責任と定めた．さらに，憲法第13条（幸福追求権），憲法第14条（平等保障）の憲法諸規定の理念実現にむけて法制度が体系化されるようになった．

　図表3−2のごとく，わが国の社会福祉の法体系は「広義の社会保障」と「社会福祉関連制度」という制度施策から構成されている．「広義の社会保障」は「狭義の社会保障」つまり「公的扶助」，さらに「社会保険」「狭義の社会福祉」「医療・公衆衛生」および「恩給・戦争犠牲者援護」から構成されている．

　わが国の社会福祉サービスにかかわる法は単一の法ではなく複雑で多くの法の寄せ集めの状態にある[9]．さらに，この法体系は多岐に渡る法律と政令や省令，規則，通知等があり福祉サービスの実施に大きな影響を与えているのである．

　歴史的にみると，わが国はもちろん先進諸国においては，戦後初期の社会福祉は生活保護（公的扶助）を軸とした貧困対策が中心であった．社会保障と社会福祉とは実質的にオーバーラップしている段階でもあった．日本の場合，高度経済成長期に社会保障の基礎が確立し，国民皆保険皆年金制の下に，後述するような福祉六法の体制となった．次に日本における主な社会福祉の法律について概観してみたい．

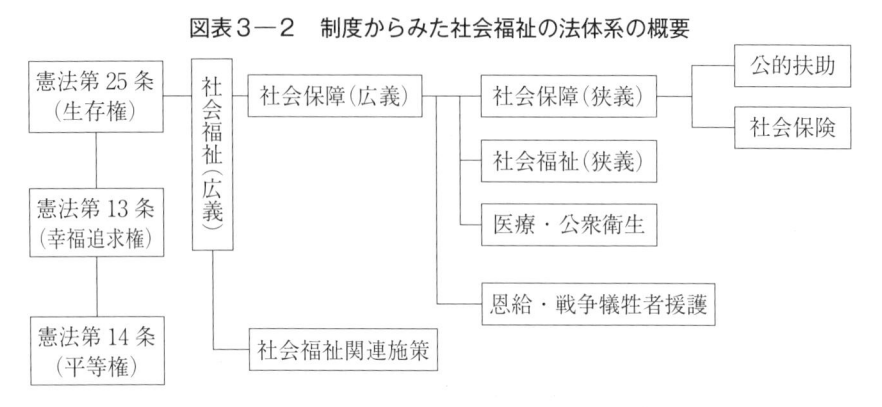

図表3—2　制度からみた社会福祉の法体系の概要

```
憲法第25条                           ┌─ 公的扶助
(生存権)    ┌ 社会保障(広義) ─┬ 社会保障(狭義) ─┤
           │                  │                 └─ 社会保険
憲法第13条  社                 ├ 社会福祉(狭義)
(幸福追求権) 会                │
           福                 ├ 医療・公衆衛生
           祉                 │
憲法第14条 (広義)              └ 恩給・戦争犠牲者援護
(平等権)   └ 社会福祉関連施策
```

出所）佐藤進「社会福祉の法体系」『NHK 社会福祉セミナー』日本放送出版会 2002年4～6月号および三浦文夫・宇山勝儀『社会福祉通論30講』光生館, 2003年, p.136を参考に筆者作成

2. 主な社会福祉の法律

1) 社会福祉法 (2000年に改正)

　この法律は1951年に制定された社会福祉事業法が，社会福祉基礎構造改革によって2000年の改正によって名称が変更されたものである．社会福祉法第1条には，「社会福祉を目的とする事業の全分野における共通的基本事項を定め，社会福祉を目的とする他の法律と相まって，福祉サービスの利用者の福祉サービス利用の契約制度化をはかった利益の保護および地域における社会福祉（以下「地域福祉」という）の推進を図るとともに，社会福祉事業の公明かつ適正な実施の確保および社会福祉を目的とする事業の健全な発展を図り，もって社会福祉の増進に資することを目的とする」と目的が明記されている．

　さらに同法第2条による定義では社会福祉事業を，①第一種社会福祉事業（主として入所施設）と，②第二種社会福祉事業（主として通所・在宅サービス）に分類している．

　第一種社会福祉事業は，救護施設，特別養護老人ホーム等の福祉六法中心の入所施設等である．このように社会福祉法は，福祉全般にわたって共通の社会福祉サービスの施策と運営や事業範囲を規定する基本法として重要な役割をも

っている．

2）社会福祉六法

　社会福祉サービスの内容を規定する単一の法律は，わが国には存在しない．社会福祉六法とよばれる6つの法律が社会福祉サービスを規定する．社会福祉六法の概要は次のとおりである．

　① 　**生活保護法**（1950年制定施行）

　日本国憲法第25条の規定に基づき，生活に困窮するすべての国民に対し，国が必要な保護を行い，最低限度の生活を保障するとともに，自立を支援することを目的とするものである．生活扶助・教育扶助・住宅扶助・医療扶助・出産扶助・生業扶助・葬祭扶助と2000年の介護保険法の施行によって，介護扶助が加わり，8つ扶助からなっている．生活困窮者の要保護性を明らかにするため資力調査（ミーンズ・テスト）が行われる．

　② 　**児童福祉法**（1947年）

　第1条の児童福祉の理念は，「すべての国民は，児童が心身ともに健やかに生まれ，かつ，育成されるように努めなければならない．②すべての児童は，ひとしくその生活を保障され，愛護されなければならない」とされ，身体障害児の療育指導，育成医療の給付，補装具の給付，児童福祉施設への入所措置などがある．

　③ 　**身体障害者福祉法**（1949年）

　身体障害者の自立と社会経済活動への参加を促進するために援助を行い，身体障害者の福祉の増進を図ることを目的としている．都道府県は，身体障害者における更生援護の利便のため，また市町村の援護の適切な実施支援のため，身体障害者更生相談所を設けることになっている．

　④ 　**知的障害者福祉法**（1960年）

　自立と社会経済活動への参加を促進するために，その更生を援助するとともに，必要な保護を行い，自立に必要な福祉を図ることを目的としている．都道

府県は，知的障害者の更生相談所と知的障害者福祉司を置かなければならない．なお，1999年から精神薄弱者から知的障害者に名称変更になった．

⑤ **老人福祉法**（1963年）

高齢者に対し，その心身の健康の保持および生活の安定のために必要な支援を行うことを目的としている．国および地方公共団体は，高齢者の福祉を増進する責務を負い，高齢者の福祉に関係のある施策を講じるとされ，サービスは，ホームヘルプサービス，デイサービス，ショートステイ，日常生活用具給付・貸与等がある．

⑥ **母子及び寡婦福祉法**（1981年）

母子福祉法（1964年）から母子及び寡婦福祉法に改定された．母子家庭および寡婦の福祉に関する原理を明らかにするとともに，母子家庭および寡婦に対し，生活の安定と向上に必要な措置を講じ，それらの福祉を図ることを目的としている．都道府県には，母子相談員を置くことになっている．

3）福祉六法以外の社会福祉に関連する法律

わが国において，社会福祉制度を構成する基本法として，次のような法律があげられよう．社会福祉士及び介護福祉士法，社会福祉・医療事業団法，民生委員法，母子保健法，精神保健福祉法，障害者基本法，地域保健法，老人保健法などがある．詳しくは次節を参照されたい．

第3節　社会福祉の制度と施策

1．社会福祉制度と施策の関係法

第1節，第2節で社会保障と社会福祉の法体系をみてきたが，これを具体化するための制度と施策の関係法をみておきたい．図表3―1で示した広義の社会福祉の制度と主な施策の関係法を次ページの「わが国の社会保障制度と法制度の体系」（図表3―3）でみることができる．

1）社会保険制度

　広義の社会保障の中核をなしているもので，国民皆保険皆年金制度の下に，ほとんどの国民がなんらかの社会保険の適用を受けている．図表3—3の「法制度の例」のとおり，それぞれの保険法によって給付内容は統一性を欠いている．社会保険には，疾病・負傷・出産などに対して一時的給付行う医療保険，老齢・障害・死亡などに対して本人や遺族に長期的・継続的給付を行う年金保険，労働者の業務上の傷病や死亡などに対して給付を行う労働災害補償保険（労災保険），失業などに対し雇用保険や加齢に伴い要介護状態になった場合に給付を行う介護保険の各制度がある．

　主な関係法は図表3—3の「法制度の例」のとおりであるが，その他に確定給付企業年金法，確定拠出年金法などがある．

2）社会扶助（公的扶助）制度

　健康で文化的な最低限度の生活を維持しえない生活困窮者を保護するもので「生活保護法」によって具体化されている．主な関係法は生活扶助を中核とし，各種の社会手当があり，概略は図表3—3の「法制度の例」のとおりである．

3）社会福祉制度

　給付内容が福祉サービスであって現金給付でないことなどが社会保険制度や社会扶助（公的扶助）制度とは異なっている．具体的には，すでに述べた福祉六法がある．その全体にかかわる法制度として「社会福祉法」や「民生委員法」などがある．

　その他主な関係法：社会福祉士及び介護福祉士法，児童虐待の防止に関する法律，高齢者虐待防止法，母子保健法，障害者基本法，身体障害者補助犬法，心身障害者福祉協会法などがある．

図表3―3　わが国の社会保障制度と法制度の体系

		所得保障	医療保障	社会福祉	法制度の例
社会保険	年金保険	老齢年金 遺族年金 障害年金			国民年金法 厚生年金保険法 国民年金基金法 厚生年金基金法 農業者年金基金法 各種共済組合法
	医療保険	傷病手当金 出産手当金 出産育児一時金 葬祭費等	医療給付		国民健康保険法 健康保険法 各種共済組合法 船員保険法
	介護保険			施設介護サービス 在宅介護サービス 福祉用具貸与 住宅改修等	介護保険法
	雇用保険	失業等給付 雇用保険三事業			雇用保険法
	労働者災害補償保険	休業補償給付 障害補償給付 遺族補償給付等	療養補償給付		
老人保健			医療給付 保険事業		老人保健法
社会扶助	公的扶助	生活扶助 教育扶助 住宅扶助	医療扶助	介護扶助	生活保護法
	社会手当	児童手当 児童扶養手当 特別児童扶養手当			児童手当法 児童扶養手当法 特別児童扶養手当等の支給に関する法律
	社会サービス　児童福祉		育成医療	保育所サービス 児童健全育成 児童養護施設等	児童福祉法
	社会サービス　障害児者福祉		更生医療	在宅サービス 施設サービス 社会参加事業等	身体障害福祉法 知的障害福祉法 児童福祉法
	社会サービス　老人福祉			老人福祉施設 生きがい対策 生活支援施策等	老人福祉法
	社会サービス　母子寡婦福祉	母子（寡婦）福祉資金貸付		自立支援 生活指導等	母子及び寡婦福祉法

出所）山縣文治・岡田忠克編『よくわかる社会福祉 第2版』ミネルヴァ書房, 2004年, p.107

4）医療・公衆衛生

　日本国憲法第25条第2項において，国はその向上に努力すべき義務があると規定されている．具体的には，生活環境関係法，環境保全関係法，学校保健関係各法，労働衛生関係法など，健康の維持に必要な法制度が幅広く整備されている．

　主な関係法：医療法，医師法，歯科医師法，薬事法，薬剤師法，地域保健法，保健師助産師看護師法，母体保護法，精神保健及び障害者福祉に関する法律，食品衛生法，農薬取締法，覚せい剤取締法，水道法，下水道法，温泉法などがある．

5）恩給・戦争犠牲者援護

　受給者が減少して長期的には消滅していく制度である．

　主な関係法：恩給法，戦傷病者戦没者遺族等援護法，戦没者の妻に対する特別給付金支給法，戦傷病者特別援護法，未帰還者留守家族等援護法などがある．

6）社会保障関連施策

　労働，教育，住宅，環境などに関する生存権の具体化も重要である．これらのニーズを充足するための関係各法が制定されている．現時点での主な関係法は次のとおりである．

　①労働：労働組合法，労働関係調整法，労働基準法，最低賃金法，船員法，労働安全衛生法，雇用調整法，職業安定法，男女雇用機会均等法，育児休業，介護休業等

　育児または家族介護を行う労働者福祉に関する法律，障害者の雇用の促進等に関する法等．

　②教育：教育基本法，学校教育法，私立学校法，私立学校振興助成法，社会教育法，教育免許法，地方教育行政の組織および運営に関する法律，教育公

務員特例法など．

　③住宅：住宅建設計画法，公営住宅法，地方住宅供給公社法，住宅金融公庫，高齢者の住宅の安定確保に関する法律，ハートビル法など．

　④環境：公害健康被害の補償に関する法律，人の健康に係わる公害犯罪の処罰に関する法律，騒音規制法，悪臭防止法，大気汚染防止法，水質汚濁防止法などがある．

7）その他主な関係法

　任意後見契約に関する法律，後見登記等に関する法律，消費者保護基本法，消費者契約法，割賦販売法，不当景品類および不当表示防止法，製造物責任法（PL法），児童売春，児童ポルノに係わる行為等の処罰および児童の保護に関する法律，配偶者からの暴力の防止および被害者の保護に関する法律（DV法），ホームレスの自立の支援等に関する特別措置法，交通バリアフリー法など．

2．新しい制度の動き

　「国から地方へ」「官から民へ」といった国家的な構造改革の理念に基づいて社会福祉分野においても少子化対策および年金制度のあり方や福祉サービス利用の「措置から契約」「保護から選択」の介護保険制度，支援費制度の見直し（障害者自立支援法）等をめぐる動きが活発化し，さらに多くの課題に直面している．われわれは21世紀の「持続可能な社会保障システム」の視点に立ちしっかりと将来を見据えておく必要がある．ここでは，近年，関心を集めている新しい制度に関して簡単に述べておきたい．

　① 介護保険制度

　2000年4月にスタートしたもので，従来の措置制度による福祉サービスの受給が，利用者主体の選択と自己決定を基本に福祉サービスを購入，利用費負担の契約に基づく制度となった．年金保険，医療保険，雇用保険，労働災害保険に次ぐ5番目の社会保険制度ともいわれる．この制度の目的は，加齢に伴っ

て要介護状態になった人に対し社会的介護を行うものである．2006年4月には介護保険制度改正が行われた．[10]

② 新成年後見制度

2000年4月にスタートしたもので，高齢者への対応および知的障害者・精神障害者等の福祉の充実の観点から，自己決定の尊重，残存能力の活用，ノーマライゼーション，権利擁護等の新しい理念と従来の本人の保護の理念との調和をむねとして，本人の権利が守られるように各人の個別性の状況におうじた対応をする制度である．[11]民法「成年後見制度」を導入し，判断能力が不十分で契約締結が困難な者に対してその判断力を補う「法務省管轄」の制度である．

③ オンブズパーソン制度

認知症高齢者など自己決定能力の低下した者の福祉サービス利用を支援するため，契約の履行をめぐる紛争に当たって都道府県の社会福祉協議会内部の「運営適正委員会」が公正中立な第三者機関として処理するとされているが，この機関とは別に，苦情処理解決のために「オンブズパーソン制度」が各地に創設されている．

④ 支援費支給制度と障害者自立支援法

2003年4月から実施された障害者福祉措置制度に代わるサービス給付の仕組みである．選択と競争に基づく利用者本位のサービス提供体制の確立にあった．介護保険制度と比べると支援費制度は租税方式であり，要介護認定がない，支給の要否は市町村が決定する，応能負担である，など相違点が多くあった．しかも大幅な財政赤字で，この制度は破綻し，大幅な見直しが行われ2006年4月に「障害者自立支援法」が施行されることとなった．3障害共通の障害福祉サービスを一元化などの整備，しかも，この法律は介護保険制度に近づけたものになっている．[12]

【参考文献】

佐口卓・土田武史『社会保障概説（第4版）』〈社会福祉選書4〉 光生館，2003年

芝田英昭編著『社会保障の基本原理と将来像』法律文化社，2004年
加藤智章・菊池馨実・倉田聡・前田雅子著『社会保障（第2版）』有斐閣，2003年
福祉士養成講座編集委員会編集『第3版　社会保障論5』中央法規，2005年
山縣文治・岡田忠克編『よくわかる社会福祉　第2版』ミネルヴァ書房，2004年
福祉士養成講座編集委員会編集『第2版　公的扶助論6』中央法規，2003年
厚生統計協会編『国民の福祉の動向』厚生統計協会，各年版
厚生労働省監修『厚生労働白書』ぎょうせい，各年版

【注】
1) 芝田英昭編著『社会保障の基本原理と将来像』法律文化社，2004年，p.5
2) 仲村優一『社会福祉概論（改訂版）』誠信書房，2001年，p.20
3) 佐藤進『社会保障と社会福祉の法と法政策』誠信書房，1990年，p.7
4) 真田是『社会保障論（21世紀の先導者）』かもがわ出版，1998年，p.21
5) 加藤智章・菊池馨実・倉田聡・前田雅子『社会保障（第2版）』有斐閣，2003年，p.56
6) 都村敦子「社会保障の意義」『NHK社会福祉セミナー』12～3月，日本放送出版協会，2001年，p.36
7) 福祉士養成講座編集委員会編集『社会保障論　5』中央法規出版，1995年，p.27
8) 宇山勝儀・森長秀編著『社会福祉を志す人のための法学』光生館，2003年，p.281
9) 佐藤進『社会保障と社会福祉の法と法政策』誠信書房，1990年，p.158
10) 全国社会福祉協議会編『こう変わる介護保険plus』全国社会福祉協議会，2005年，p.8
11) 小林昭彦・大鷹一郎編『わかりやすい新成年後見制度（新版）』有斐閣，2000年，p.2
12) 全国社会福祉協議会編『障害者自立支援法の解説』全国社会福祉協議会，2005年，p.13

第4章　セーフティネットと公的扶助の現状とあり方

第1節　セーフティネットの役割と歴史的経緯

1．セーフティネットとは何か

　近年，私たちの暮らしは，教育や住環境や交通・通信網等のインフラ整備によってかなりの利便性や快適さを享受できるようになってきた．だが，人の一生涯を通じてみていくと，これらの一般的な公共施策がどれだけ整備されても，すべての人が平穏無事な人生をまっとうできるとは限らない．なかには人生の半ばで，予期せぬ事故や災難，地震や風水害，突発的なケガや病気，失業や犯罪，家族の死亡などの状況に遭遇し，物質的にも精神的にも大きな痛手を負うことで平穏な日常生活が維持できなくなる場合がある．仮に順調な人生を過ごしていたとしても老後の生活費や介護などへの不安をいだく人びとは少なくない．私たちの暮らしにつきもののこうした災難や不安については，通常，そうした状況に直面した本人や家族または親族が相互に支援し合うことで問題を解決しようとしてきた．ところが課題の量や質が，家族や親族さらには近隣関係の助力を超える場合，社会はより確実なセーフティネット（安全網）を家族や地域の周辺部に配置しておく必要性がでてくる．こうした必要性のなかから自覚的に作られてきた支え合いの仕組みが社会福祉や社会保障制度であり，これらの制度が国家的な責任のもとに設置・運営されねばならないことを法的に明記したものが憲法第25条である．その条文はこう記している．

すべて国民は，健康で文化的な最低限度の生活を営む権利を有する（第1項）．

国は，すべての生活部面について，社会福祉，社会保障及び公衆衛生の向上及び増進に努めなければならない（第2項）．

公的な社会福祉や社会保障制度が，雇用や教育や住環境や交通網の整備などの一般的な公共施策のみではカバーできない突発的な生活課題に対し，その補完的役割を担う意味で，あまねく国民を対象とした国家的セーフティネットであることがこの条文から読みとれる．なかでも社会保障の中核に位置づけられる社会保険は，老後の年金や介護サービスをはじめ万一の病気や事故や失業などへの予防的な備えとしてさまざまな補償・給付制度を用意しており，私たちの暮らしに一定の安心感を提供してくれる大事なセーフティネットでもある．

だが，こうした社会保険制度が用意されていても，それだけで暮らしのすべてがカバーできるとは限らない．あくまで保険制度である以上，制度の維持のためには財源としての保険料負担と給付水準とのバランスが重視されることで，給付額や給付期間などについて一定の制限枠が設けられることになる（たとえば，老齢厚生年金の給付額は現役世代の平均年収の5割程度とか，雇用保険の給付額は失業前賃金の平均日当の5〜8割程度で給付期間も最長で330日までなど）．このことから，国が「健康で文化的な最低限度の生活」をあまねく国民に保証するためには，社会保険のネットをもすり抜ける生活困窮課題に対する最終的な受け皿としてのセーフティネットがもうひとつ必要になってくる．これが生活保護に代表される公的扶助（public assistance）の役割であり，この制度が"最後の砦"とよばれるゆえんでもある．

2．セーフティネットの歴史的経緯
1）英国救貧法

公的扶助の源流を世界史的にみていけば，1601年に制定された英国のエリ

ザベス救貧法に遡ることができる．周知のように，この法は中世封建社会の崩壊に伴って創出された大量の無産貧民などへの国家的セーフティネットを規定した世界初の法律であるが，その内実は，貧民や浮浪者を労働能力の有無によって，①労働能力のある貧民，②労働能力のない貧民，③扶養能力なき貧民の児童，の3つに分類した上で，浮浪の禁止とその違反者に対する過酷な処罰を規定し，社会防衛的見地からの抑圧的な管理や就労義務の強制をせまるものであった．

その後，産業革命期を経て初期資本主義の時代を迎えることで労働環境が変貌するなか，1834年には救貧法を大幅に改正した新救貧法が制定される．だがその内容は，惰民養成を防ぐ意図のもと，①劣等処遇（The Principle of Less Eligibility）の原則，②労役場（work house），③全国共通の救済水準，などが新たに規定されたことで，労働能力のある貧民の救済は，労役場内（院外救済は禁止）での強制労働に限られることになる．しかも"救済制度を利用する者の地位は，独立労働者の最低生活以下の水準にとどめられることで，侮蔑的で過酷な生活を余儀なくさせる"というみせしめ的な劣等処遇の原則が全国共通の救済基準として適用されていくことになる．こうした救済観の根底には，貧しい者を道徳的に怠け者であり人間的には劣者であるとする人の見方があった．つまり，貧困は自らの怠惰に原因があり，基本的には個人の責任に帰すべき問題なので，個人の勤労や努力によって解決すべき事がらであると捉えられていたことになる．

2）恤救規則

こうした貧困観や救済観は明治期の日本においても同様にみられるものであった．明治維新以降，富国強兵，殖産興業の推進は，国策としての国力増強と資本主義の育成をねらいとしたものであったが，時代の進展とともに高率小作料に悩む農民階層や低賃金重労働にあえぐ労働者など，国民の生活全般に窮乏化を招く結果となった．当時，こうした窮民のうち，労働能力のない高齢者や

障害者などに限り一定の米代を国の慈恵として支給することを定めた恤救規則が，わが国初の国家的なセーフティネットとして1874（明治7）年に制定された．だが，適用外となる多くの窮民に対する実質的な救済は家族や住民の助け合い（人民相互の情誼）に委ね，仮に公的な救済が必要な場合は，労働能力のなくなった放置できない極度の貧困状態の者（無告の窮民）に限るなど，救済の対象と公の役割は極度に限定されていたために，構造的な貧困層を救済する措置としてはきわめて不十分であった．このため，貧困層の蔓延化や自然災害，大火，凶作，悪疫の流行などが相次ぐなか，民衆の社会不安は，解消されるどころか一層助長されていくことになる．

3）救護法

こうした不安感を背景として，大正期に入ると米騒動（大正7年）が全国規模で勃発し，やがて関東大震災（大正12年）が追い討ちをかけることになる．これに昭和初年にかけての経済界の不況が重なったことで大量の失業者や罹災者が生み出されていく．民衆は生活不安や不満感を小作争議や労働争議という手段で噴出させ救済の国家的対応を迫った．これに対し政府は，社会防衛的見地から，また労働運動対策として新しい救貧政策の成立を余儀なくされ，1929（昭和4）年，恤救規則にかわる救貧法として救護法が成立した．救護法は，その前身である恤救規則と比較した場合，救済を国家責任とした上で扶助の種類も拡大されるなど各所に今日の生活保護法の原型が認められ，近代的な公的扶助制度へのワンステップを踏み出すものとして評価される反面，基底に流れる貧困観については依然として劣等処遇観に基づく前近代的な制限主義が貫かれていた．

4）欧米諸国の展開

こうした救済観が日本において大きく改善され，今日に通じる生活保護法の内容を整えるのは第2次世界大戦後のことである．この間，英国では，C.ブ

ースやS.ラウントリーによって貧困の発生原因が雇用や環境問題などの社会システムの側にあることが実証的に明らかにされ，さらにはS.ウェッブの提唱するナショナルミニマム論などに影響を受けたW.H.ベバリッジが，救貧政策の国家的対応を迫る「社会保障および関連諸サービスに関する報告書（ベバリッジ報告）」（1942年）を提出したことで，その後のセーフティネットのあり方は大きく前進することになる．

一方，ドイツでは1880年代に早くも医療・年金・労災などの社会保険制度を世界に先がけて策定させ，1919年にはワイマール憲法のなかに世界初の「生存権保障」を規定した．これに対し米国では，世界恐慌さなかの1935年，経済不況と大量失業の克服をめざすニューディール政策の一環として「社会保障法」が成立．米国民の最低生活を保障する公的扶助の仕組みが国の法律として明記されたことで，戦後日本の公的扶助の仕組みにも少なからぬ影響を与えることになっていく．

5）生活保護法の成立

第2次世界大戦による敗戦の結果，当時の日本では戦災者や傷痍軍人およびその家族，ならびに軍人遺族，海外引揚者，在外留守家族，失業者および一般の生活困窮者など何らかの生活援助を必要とする者は全国で約800万人にものぼるといわれ，狂乱物価のなか，その日の食を求めてさまよう悲惨な生活が国民全体を覆っていた．こうした状態にいち早く対応するために，1946（昭和21）年9月，生活保護法（旧法）が制定され，翌月より施行される．

この法律が画期的だったのは，保護を国家の責任として無差別平等に受けとめ，公私の責任を明確にした上で，国の責任を他に転嫁してはならないという原則をうちだしたことである．これは，同年2月に占領軍が提示した「社会救済」と題する覚書（GHQ覚書）の内容（① 保護の国家責任，② 公私分離，③ 無差別平等の保護，④ 無制限の保護）をそのまま受けた形になっており，明治期以来，構造的に産み出されてきた貧困者層に対してわが国が採ってきた親

族相助，隣保相助などの前近代的な救貧政策の払拭を一気に迫る内容であった．だが，勤労意欲のない者や素行不良の者に対しては適用を除外する（貧困の原因を問う）欠格条項を残していたことと保護請求権や不服申立てを認めていない点などに問題を残していたために，その後，大幅な条文の改正に迫られ，旧法制定の4年後にあたる1950（昭和25）年に現行生活保護法が成立，制度上の改善がはかられた．

第2節　セーフティネットとしての公的扶助制度

1．公的扶助の範囲

　一般に公的扶助といえば，日本では，社会保険，社会手当，社会福祉サービスとともに社会保障の制度体系を構成するひとつの独立した制度として捉えられ，とくに低所得者や生活困窮者を対象に国や自治体がその救済を図る個別的制度を指す概念として使用されている．したがって，生活困窮者の保護を目的とする日本の生活保護制度は，生活保護法という典型的な公的扶助立法に基づく独立した体系をもっているところから，この国で公的扶助といえば，一般に生活保護制度を指すものとして取り扱われている．

　ただし，一定の所得制限を前提に，低所得者層の生活の安定をはかるための施策や受給者自身が保険料等を拠出する必要のないものをも公的扶助の範囲とするならば，（広義にはこの範囲で解釈されている）児童扶養手当や特別児童扶養手当や特別障害者手当などの社会手当も公的扶助の範囲に含められることになる．いずれも租税を財源とする金銭給付を原則とし，国または自治体が運営するものであるが，とりわけ国民の最低生活（ナショナル・ミニマム）の保障という観点からすれば，日本では生活保護制度が公的扶助の中心であり，また基本である点にかわりはない．

　そこで本節では，国民の生活を守る最終的なセーフティネットともいわれている生活保護の法制度を概観することで，この国の公的扶助の現状にふれてみ

たい.

2. 生活保護の法制度
1) 生活保護法の目的

　生活保護法第1条によると，この法律の目的は「日本国憲法第25条に規定する理念に基づき，国が生活に困窮するすべての国民に対し，その困窮の程度に応じ，必要な保護を行い，その最低限度の生活を保障するとともに，その自立を助長すること」と明記している．つまり生活保護は，憲法に定める生存権を保障するための中心的な役割を担う制度として規定され，生活に困窮するすべての国民に対して健康で文化的な最低限度の生活を保障するだけでなく，同時にそうした人びととの社会的自立を助長するための支援制度でもあることを明らかにしている．

2) 生活保護の基本原理

　法律は，生活保護の基本原理として，国家責任の原理，無差別平等の原理，最低生活保障の原理，補足性の原理の4項目を定めている（図表4-1）．

3) 生活保護の原則

　法律では，生活保護の基本原理に基づき，その具体的な運用をはかる際の原則として，申請保護の原則，基準及び程度の原則，必要即応の原則，世帯単位の原則の4項目を定めている（図表4-2）．

4) 扶助の種類

　生活保護の具体的な扶助については，生活扶助，教育扶助，住宅扶助，医療扶助，介護扶助，出産扶助，生業扶助，葬祭扶助の8種類があり，要保護者の必要に応じて単給または併給のかたちで支給される．なお，扶助は，被保護者を自宅において保護することを原則としており，医療扶助や介護扶助や保護施

図表4－1　生活保護の基本原理

基本原理	内　　容	条項
国家責任の原理	国は，生活に困窮するすべての国民に対して，健康で文化的な最低限度の生活を保障し，自立を助長する責任を負う．	第1条
無差別平等の原理	すべて国民は，この法律の定める要件を満たす限り，この法律による保護を無差別平等に受けることができる．	第2条
最低生活保障の原理	この法律で保障される最低限度の生活は，健康で文化的な生活水準を維持することができるものでなければならない．	第3条
補足性の原理	保護は，生活に困窮する者がその利用しうる資産，能力，その他あらゆるものを，その最低限度の生活のために活用することを要件とし，また，民法に定める扶養義務者の扶養および他の法律に定める扶助は，すべてこの法律による保護に優先して行なわなければならない．	第4条

図表4－2　生活保護の原則

原　　則	内　　容	条項
申請保護の原則	保護は，申請行為に基づいて開始される．ただし，要保護者が急迫した状況にある場合は，申請がなくても職権により必要な保護を行なうことができる．	第7条
基準及び程度の原則	保護は，厚生労働大臣の定める基準によって測定される要保護者の需要のうち，その者の金銭や物品で満たすことのできない不足分を補う程度で実施される．なおこの基準は，要保護者の最低限度の生活を満たす程度とし，これをこえないものとする．	第8条
必要即応の原則	保護は，要保護者の年齢別，性別，健康状態といった個々の事情や世帯の必要性の違いを考慮した上で，有効かつ適切に行われなければならない．	第9条
世帯単位の原則	保護は，世帯を単位としてその要否及び程度が判定・実施される．ただし，これによりがたいときは，個人を単位とすることもできる（世帯分離）．	第10条

設の利用などを除けば，金銭給付が原則となる．

5）最低生活費（保護基準額）の算定方法

　生活保護の8種類の扶助のなかでも基本となる生活扶助は，図表4―3に示すように，個人単位の年齢別，所在地域別による経費（第1類）と世帯人員別，所在地域別による経費（第2類）を水準均衡方式によって算定（改定）した基準額をもとに，必要に応じて支給される各種の加算や一時扶助などが加えられて算定される．この合計額に，必要に応じて支給される他の扶助分を加えたものが世帯の最低生活費（保護基準額）となる．

　次に，この最低生活費から被保護者の収入充当額を差し引いた分が保護費（扶助額）として支給されることになる．この段階で，もし収入充当額が最低生活費を上回っていれば保護は否となる．なお，被保護者の収入充当額の認定については，あらかじめ各種の勤労控除や必要経費の実費分が平均月額収入から差し引かれているため，勤労収入のある被保護者に限れば，控除分については最低生活費に上乗せされるものとみなすこともできる．

6）保護施設の種類と目的

　生活保護は，被保護者を自宅において保護することを原則としているが，法律では，救護施設，更生施設，医療保護施設，授産施設，宿所提供施設などの保護施設への入所または利用についても規定している．

7）生活保護の財源と負担割合

　生活保護は，生活に困窮する国民の最低生活保障を国家責任で実施すべきことを基本原理としているので，その費用は全額が公費であり，そのうち国は4分の3，都道府県または指定都市または市町村では4分の1をそれぞれ負担することになっている．一方，保護施設の設備費に対する国の負担割合は2分の1である．

第4章　セーフティネットと公的扶助の現状とあり方

図表4－3　生活保護基準等体系図

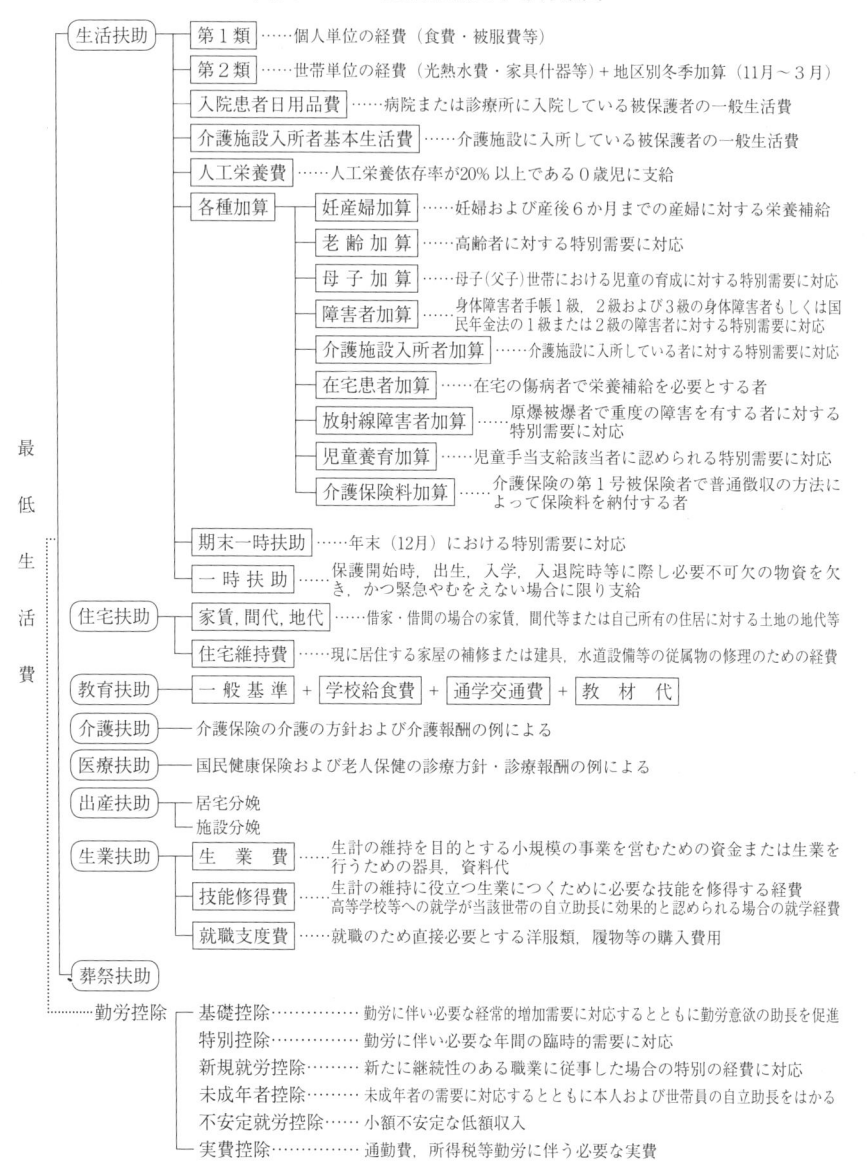

最低生活費
- 生活扶助
  - 第1類……個人単位の経費（食費・被服費等）
  - 第2類……世帯単位の経費（光熱水費・家具什器等）＋地区別冬季加算（11月～3月）
  - 入院患者日用品費……病院または診療所に入院している被保護者の一般生活費
  - 介護施設入所者基本生活費……介護施設に入所している被保護者の一般生活費
  - 人工栄養費……人工栄養依存率が20％以上である0歳児に支給
  - 各種加算
    - 妊産婦加算……妊婦および産後6か月までの産婦に対する栄養補給
    - 老齢加算……高齢者に対する特別需要に対応
    - 母子加算……母子（父子）世帯における児童の育成に対する特別需要に対応
    - 障害者加算……身体障害者手帳1級、2級および3級の身体障害者もしくは国民年金法の1級または2級の障害者に対する特別需要に対応
    - 介護施設入所者加算……介護施設に入所している者に対する特別需要に対応
    - 在宅患者加算……在宅の傷病者で栄養補給を必要とする者
    - 放射線障害者加算……原爆被爆者で重度の障害を有する者に対する特別需要に対応
    - 児童養育加算……児童手当支給該当者に認められる特別需要に対応
    - 介護保険料加算……介護保険の第1号被保険者で普通徴収の方法によって保険料を納付する者
  - 期末一時扶助……年末（12月）における特別需要に対応
  - 一時扶助……保護開始時、出生、入学、入退院時等に際し必要不可欠の物資を欠き、かつ緊急やむをえない場合に限り支給
- 住宅扶助
  - 家賃、間代、地代……借家・借間の場合の家賃、間代等または自己所有の住居に対する土地の地代等
  - 住宅維持費……現に居住する家屋の補修または建具、水道設備等の従属物の修理のための経費
- 教育扶助
  - 一般基準 ＋ 学校給食費 ＋ 通学交通費 ＋ 教材代
- 介護扶助
  - 介護保険の介護の方針および介護報酬の例による
- 医療扶助
  - 国民健康保険および老人保健の診療方針・診療報酬の例による
- 出産扶助
  - 居宅分娩
  - 施設分娩
- 生業扶助
  - 生業費……生計の維持を目的とする小規模の事業を営むための資金または生業を行うための器具、資料代
  - 技能修得費……生計の維持に役立つ生業につくために必要な技能を修得する経費／高等学校等への就学が当該世帯の自立助長に効果的と認められる場合の就学経費
  - 就職支度費……就職のため直接必要とする洋服類、履物等の購入費用
- 葬祭扶助

勤労控除
- 基礎控除……勤労に伴い必要な経常的増加需要に対応するとともに勤労意欲の助長を促進
- 特別控除……勤労に伴い必要な年間の臨時的需要に対応
- 新規就労控除……新たに継続性のある職業に従事した場合の特別の経費に対応
- 未成年者控除……未成年者の需要に対応するとともに本人および世帯員の自立助長をはかる
- 不安定就労控除……小額不安定な低額収入
- 実費控除……通勤費、所得税等勤労に伴う必要な実費

注）この他、救護施設、更生施設入所者についての入所保護基準がある。
資料）『社会保障の手引き―施策の概要と基礎資料―（平成18年1月改定）』中央法規出版

8) 保護の実施機関と判定実施過程

保護の要否を判定し決定・実施する機関は，申請者の居住地または現在地（居住地がないか明らかでない場合）の福祉事務所を管理する知事，市町村長で，その権限は福祉事務所長に委任されている．

福祉事務所では，申請を受けつけると，地区を担当しているソーシャルワーカー（社会福祉主事）が家庭訪問などを実施し，保護の要否を調査する．これが，補足性の原理を満たしているかどうかを確認するための資力調査（ミーンズ・テスト）である．その要点は，①収入を得るための能力や努力の有無（稼働能力），②資産の有無や生活費への充当状況（資産活用），③親族の有無と支援状況（親族扶養），④各種手当ての活用状況（他法活用），の4項目であり，これらの調査結果に基づき保護の実施機関では，原則として世帯を単位に保護の要否を判定し，保護が必要な場合は，その種類，程度および方法を決定し，それらの結果を申請があった日から14日以内（特別な理由がある場合は30日まで延長）に申請者に対し文書で通知しなければならない．

保護の要否や程度は，保護基準によって定められたその世帯の最低生活費と収入認定額とを対比させることによって決められる．そこで認定された収入が保護基準によって定められたその世帯の最低生活費を満たしていない場合に，その不足分が保護費として支給されることになる．これら一連の保護の決定・実施過程を図式的に示すと，図表4－4のようになる．

なお，保護業務は，従来，国の機関委任事務とされていたが，地方分権一括法（1999年）の制定によってこの規定が廃止され，これに代わるものとして，保護の決定並びに実施に関する業務については法定受託事務で，自立助長のための相談援助業務については自治事務へと二分割され，あわせて国並びに都道府県からの指揮監督も廃止された．

9) 算定方式の変遷

生活保護のなかでもっとも基本的な扶助である生活扶助の基準額を定める算

第4章 セーフティネットと公的扶助の現状とあり方　71

図表4－4　生活保護の決定・実施過程

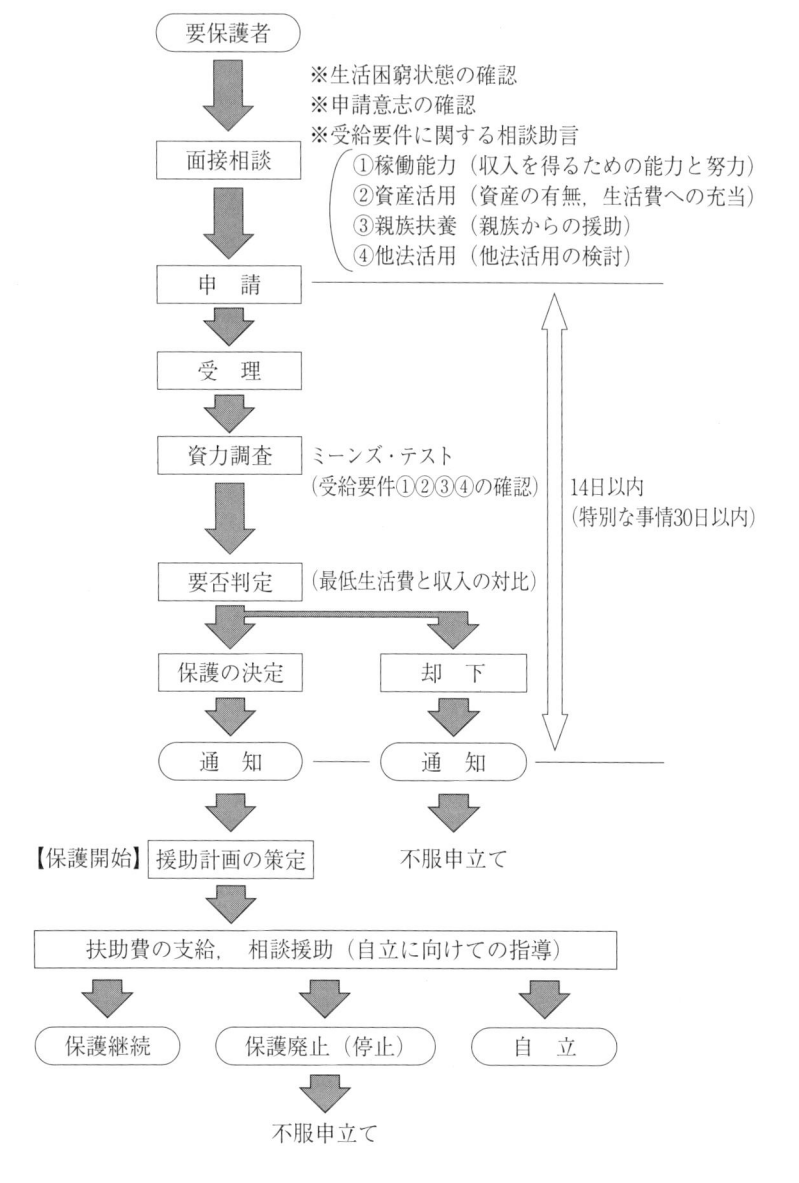

```
　要保護者
　　↓
　　　　　※生活困窮状態の確認
　　　　　※申請意志の確認
　　　　　※受給要件に関する相談助言
　面接相談　　①稼働能力（収入を得るための能力と努力）
　　↓　　　　②資産活用（資産の有無，生活費への充当）
　　　　　　③親族扶養（親族からの援助）
　　　　　　④他法活用（他法活用の検討）
　申　請
　　↓
　受　理
　　↓
　資力調査　ミーンズ・テスト
　　　　　　（受給要件①②③④の確認）
　　↓　　　　　　　　　　　　　　14日以内
　要否判定　（最低生活費と収入の対比）（特別な事情30日以内）
　　↓　　　　　↓
　保護の決定　却　下
　　↓　　　　　↓
　通　知　―　通　知

【保護開始】援助計画の策定　　不服申立て
　　↓
扶助費の支給，相談援助（自立に向けての指導）
　　↓　　　　↓　　　　↓
　保護継続　保護廃止（停止）　自　立
　　　　　　　↓
　　　　　　不服申立て
```

図表4—5 生活保護基準額の算定方式

算定方式	時期	算定方法
マーケット・バスケット方式	1948年8月〜1961年3月	最低生活を維持するに必要な飲食費,被服費,高熱水費などの個々の費目を積み上げながら最低生活費を算定する方式.全物量方式,理論生計費方式またはロウントリー方式ともいう
エンゲル方式	1961年4月〜1965年3月	家計の消費支出に占める飲食費の割合を示すエンゲル係数をもとに基準額を算定していく方式で,実態生計費方式ともいう
格差縮小方式	1965年4月〜1984年3月	一般世帯と被保護世帯の消費水準の格差を縮小させる観点から,国民の消費水準の伸び率を基に基準額の改定率を決定する方式
水準均衡方式	1984年〜現在	格差縮小方式によって一般国民の生活水準との格差がほぼ妥当になってきたことを受け,現在の格差の水準を維持しつつ一般生活水準の変動に即して改定していく方式

定方式については,旧法の時代から今日に至るまでに,図表4—5のような変遷をたどっている.

10) 被保護者の権利義務関係

法律では,被保護者の権利として図表4—6に示す3つがあり,既得権の保護など,給付された保護金品が最低限度の水準を超えないことの前提で盛り込まれている.

一方,被保護者の義務には,図表4—7に示す5つがあり,保護を受ける権利が一身専属(他人による行使が許されない,または他人に譲渡,相続できない)であること,被保護者のモラルや生活実態を把握するためには必要な措置であることなどを理由に盛り込まれている.

なお被保護者に関して図表4—8のような状況がみられた場合,保護費の徴収が行われる.さらに,こうしたケースにおいて,いわゆる不正受給とみなされた場合は,単に費用徴収にとどまらず,理由によっては生活保護法の罰則規定(3年以下の懲役または30万円以下の罰金—第85条)か,または刑法の規定に基

図表4-6 被保護者の権利

被保護者の権利	内容	条項
不利益変更の禁止	正当な理由がない限り，すでに決定された保護を不利益に変更されることはない	第56条
公課禁止	保護金品を標準として租税その他の公課を課せられることはない	第57条
差押禁止	すでに給付を受けた保護金品またはこれを受ける権利を差し押さえられることはない	第58条

図表4-7 被保護者の義務

被保護者の義務	内容	条項
譲渡禁止	保護を受ける権利を他人に譲り渡すことはできない	第59条
生活上の義務	常に能力に応じて勤労に励み，支出の節約をはかり，その他生活の維持，向上に努めなければならない	第60条
届出の義務	収入，支出その他生計の状況に変動があったとき，または住所や世帯の構成に異動があったときは，速やかに保護の実施機関に届け出なければならない	第61条
指示等に従う義務	保護の実施機関が行なう生活の維持，向上，その他保護の目的達成に必要な指導や指示に従わなければならない	第62条
費用返還義務	急迫した事情などにより資力があるにもかかわらず保護を受けた場合，受給した範囲で実施機関が定める額を返還しなければならない	第63条

図表4-8 保護費が徴収される場合

保護費が徴収される場合	条項
扶養義務者が十分な扶養能力を有しながら扶養しなかった場合．この場合，扶養義務者の扶養能力の範囲内で，保護のために要した費用の全部または一部を徴収されることがある	第77条
届出の義務を故意に怠ったり，あるいは虚偽の申告をした場合など不正な手段により保護を受けた場合	第78条

図表4－9　不服申立て

不服申立て	内容	申立先	申立期限	条項
①審査請求	保護の実施機関の行なった保護開始・申請却下，保護停止・廃止などの決定に不服がある場合	都道府県知事	60日以内	第64条
②再審査請求	①による都道府県知事の裁決に不服がある場合	厚生労働大臣	30日以内	第66条
③行政事件訴訟	①または②の請求による裁決に不服がある場合	裁判所		

づき処罰を受けることもある．

これに対し，当然受けられるはずの保護が正当な理由もなく行われなかった場合は，図表4－9のような行政上の不服申立てによる救済の途が認められている．その際，②再審査請求と③行政事件訴訟の申立てについては，審査請求前置主義によって，①の審査請求の採決後でなければならないとされている．

3．その他の低所得者対策

公的扶助を広義に捉えれば，生活保護以外にも児童扶養手当などの社会手当や生活福祉資金貸付制度，公営住宅やホームレス対策，災害救助なども関連施策としてあげることができ，これら一連の施策が"最後の砦"としての生活保護に至る前段の予防線として，低所得者層へのセーフティネットを形成させていることになる．

1）社会手当

生活保護と社会保険の中間的性格をもつもので，一定の所得制限を前提に，特定の生活障害に対して，その者の生活の安定をはかるために支給される手当．公費や事業主の負担を財源としているため，受給者自身は保険料等を拠出する必要はない．主なものとして有子世帯を対象とした児童手当，生別母子世

帯を対象にした児童扶養手当，障害児の保護者を対象にした特別児童扶養手当，障害児者本人を対象にした障害児福祉手当や特別障害者手当などがある．

2）生活福祉資金貸付制度

　低所得者および高齢者に対し，その経済的自立と生活意欲の助長促進，在宅福祉や社会参加の促進をはかるために，低利または無利子で各種の生活資金を貸付け，あわせて民生委員による相談援助や指導のための関係づくりを推進していくための制度．実施機関は社会福祉協議会．財源は全額公費で，国が3分の2，都道府県は3分の1を負担．

3）公営住宅

　住宅に困窮する低所得者層や母子，高齢者，障害者などを対象に，低廉な家賃で住宅を賃貸することで住宅困窮者の生活の安定をはかる制度．

4）ホームレス対策事業

　失業，家庭崩壊，社会逃避等のさまざまな要因により，特定の住居をもたず，道路，河川敷，公園，駅舎等で野宿生活をおくるホームレスは2003年1月現在，全国で約2万5,000人にものぼっている．そうした人びとの自立支援をはかるため，2002年7月に「ホームレスの自立の支援等に関する特別措置法」が成立．ホームレスの状態にある人びとが自らの意志で自立した生活が送れるよう，総合相談推進事業，自立支援事業，緊急一時宿泊事業，能力活用推進事業，衛生改善事業，保健サービス支援事業等を自治体単位で実施することになっている．

5）災害救助

　災害救助法（1947年制定）の主旨に基づき，災害に遭遇した者の保護と社会の秩序の保全を図るため，国が地方公共団体や日本赤十字社その他の団体およ

び国民の協力の下に応急的に必要な救助を行うこと．救助の種類は収容施設の供与，食品や飲料水の供与，生活必需品の供与または貸与，医療などの他，災害の種類によっては個別につくられた法律によってより細やかな救助が規定・実施されることもある．なお関連事業として，災害弔慰金や災害障害見舞金の支給，災害援護資金の貸付制度なども用意されている．

4．生活保護の現状と傾向

わが国で，低所得者や生活困窮者のためのセーフティネットの最終的な受け皿は生活保護である．このため，わが国のセーフティネットに関する課題もまた，生活保護の周辺部に集約的に現れることになる．そこで，生活保護を受給する被保護世帯数と人員の戦後の動向を厚生労働省がまとめた統計（平成17年版『厚生労働白書』）によってみてみると，被保護人員と保護率については第1次・第2次石油危機の時代（1973～1983年）を除けば，多少の変動はあるものの時代の進展とともにおおむね減少傾向を辿っており，1955（昭和30）年の193万人（21.6‰）から1995（平成7）年には88万人（7.0‰）へと減少している．一方，被保護世帯数では，核家族化などによる少人数世帯の増加の影響で，1965年の64万世帯が1984年では79万世帯へとゆるやかに増加してきていたが，その後保護率の急激な低下とともに減少し，1992年には59万世帯にまで落ち込んだ．しかし，1995（平成7）年以降は，バブル後の企業の倒産やリストラなどの厳しい経済情勢の影響によって被保護世帯数，被保護人員ともに再び増加傾向に転じ，2003（平成15）年には受給世帯数が94万1,000世帯，受給者数では134万人（保護率10.5‰）となり，さらに翌2004年では受給世帯数が100万世帯を超え，受給者数も142万人（11.1‰）と前年度に比べ約8万人，6万世帯が増加している．

2003（平成15）年度の被保護世帯を世帯類型別にみてみると，高齢者世帯（構成比46.4％）がもっとも多く，次いで障害・傷病者世帯（35.8％），母子世帯（8.7％）の順となり，近年の傾向としては高齢者世帯の増加率が目立っ

ている．また被保護世帯の7割は単身者世帯で，これに2人世帯を合わせると全体の約9割が1～2人（平均世帯人員1.42人）の少人数世帯であることも近年の特徴といえる．今後の高齢化率の進展状況を考えると，単身高齢者世帯の占める割合がさらに増えるものと予測されている．一方，近年の不況の影響から母子世帯や50歳代の単身世帯の増加率も一様に高くなってきている．

ちなみに世帯類型別に，それぞれの保護率をみてみると，突出して多かったのは母子世帯の117.4‰で，高齢者世帯の45.2‰を大きく引き離しているところから，依然として母子世帯には経済的な脆弱さがあることを浮き彫りにしている．

保護開始世帯の主な理由でもっとも多いのが「傷病によるもの」で，全体の約4割を占めている．なお近年は景気の低迷を反映してか，「働きによる収入減」も増加傾向を示している．これに対し保護廃止世帯の理由でもっとも多いのは「死亡・失そう」の32.2％で，開始理由の4割を占めていた「傷病」の治療によって被保護世帯から自立していく世帯は約2割程度に過ぎず，結果的に治癒が困難な「傷病」の状態にある高齢者や障害者や中高年者層の受給によって保護の長期化を招いていることがわかる．このことは，生活保護費の支給額と被保護世帯数を扶助別にみたときに，いずれも医療扶助が生活扶助を上回っていることの理由にもなっている（ただし，被保護人員でみると，生活扶助は医療扶助を上回る）．

以上のことから，2004（平成16）年度以降，景気回復の兆しが見え始めているといわれているにもかかわらず，被保護世帯数や被保護人員が増加し，しかも受給期間の長期化を招いている背景には，①高齢者数の増大（求人が増えても再就職は困難，傷病率の上昇），②少人数世帯化（世帯内扶養が困難，世帯数の増加），③非稼働世帯の増加（ニートや失業者の増加），④社会的ハンディキャップ世帯の増大（高齢者世帯，母子世帯，傷病障害者世帯のため就職等が困難），⑤不安定就労の拡大（ホームレスや低所得者層の増大）のような事情のあることがわかる．

第3節　セーフティネットの課題と展望

1．セーフティネットの課題

　近年，自殺者の数は8年連続で3万人を超えている．2004（平成16）年度の警察庁のまとめによると，原因の上位は「健康問題」（1万4,780人）と「経済・生活問題」（7,947人）である．なかでも，「健康問題」が1990年から2004年まではほぼ横ばいであるのに対して，「経済・生活問題」を苦に自殺した人は，最低だった1990年からの14年間で実に6倍以上にも増え，ここ数年の高い自殺者数の水準を押し上げている．

　一方，ホームレスの数は，全国で2万5,296人（2003年1月末現在），フリーター人口は417万人，さらに，失業率にはカウントされない15歳から34歳までのニートとよばれる非稼働者数は64万人にものぼるといわれ，景気回復の実態が，実は，非正規雇用や不安定就労の拡大による格差社会によって支えられている一面を浮き彫りにしている．こうした非正規雇用や不安定就労の拡大が多くのホームレスを生み出す土壌となり，また中高年層の自殺者数の増加原因になっているとするならば，この層の暮らしを支える社会的なセーフティネットのあり方は一層重視されなければならなくなる．

　だが，近年の医療や年金や介護などの社会保険を中心としたセーフティネットとしての社会保障制度の改革の動きは，国の財政事情を理由に，保険料や負担額の増額というかたちで国民の側に多くを期待する方向での検討が進められており，各種の税控除の廃止や諸物価の高騰とあいまって，より重い負担感を国民の側に強いてきている．こうした状況のなかで，社会保険の給付水準が今後低下していくようなことがあれば，相対的に最後の受け皿としての生活保護の水準を高めていくことが求められるが，実際には，生活保護費の国庫負担率の切り下げや国民年金を目安にした保護基準額の見直し，さらには各種加算・控除の減額や廃止なども検討されており，こうした動向は，ともすれば保護の実施機関において"水際作戦"と称する保護申請権の行使を妨げる行為を助長

していくことにもつながりかねない．要保護の状態にありながらも申請が開始されずに餓死していく悲惨な事件はあとをたたない．この種の事件が今後も続いていけば，この国の，健康で文化的な生活を保障すべく用意されたはずのセーフティネットには黄信号が灯っていることになる．餓死者や孤独死や自殺者をこれ以上増やさないためにも，セーフティネットの今後のあり方を検討しておくことは重要である．

2．セーフティネットの今後の展望

　図表4−10に示すように，この国の社会保障制度は，何らかの理由で一般的な生活水準を維持することが困難な状況に遭遇した人びと（① **公共施策**の網の目を通過した生活困窮者）を支援するセーフティネットとして，② **社会保険**，③ **社会手当**，④ **生活保護**などの支援制度を段階的に配置しており，これらのネットが相互に補完しあう機能を果たすことによって，国民生活を守る仕組みがつくられている．そこでセーフティネットにほころびや間隙を生じさせることなく，将来においても国民に安心感を提供する制度として維持されていくためには，下記項目の早急な検討や実現が望まれる．

1）給付水準見直しの方向性

　国の財政事情を背景にした地方分権化の動きのなかで，近年，社会保障分野でも需要の増大などを理由に給付水準を低下させる方向での検討がすすめられている．給付水準の見直しは，結果的に社会保険や社会手当や生活保護などからなる段階的なセーフティネットのどこかを削減することでもある．こうした対処がなされてもなお社会保障のネットが全体としてうまく機能していくためには，次のような配慮が求められる．

　ひとつは，全部門にわたる削減が同時に行われないこと．たとえば予防的な社会保険部門が削減されるのであれば，それを補う事後対処的な生活保護部門の水準を高めるなど，ひとつの部門が削減されても他の部門を手厚くすること

80　第Ⅰ部　社会福祉の基礎知識

図表4―10　段階的セーフティネットのイメージ

※矢印は生活困窮の程度

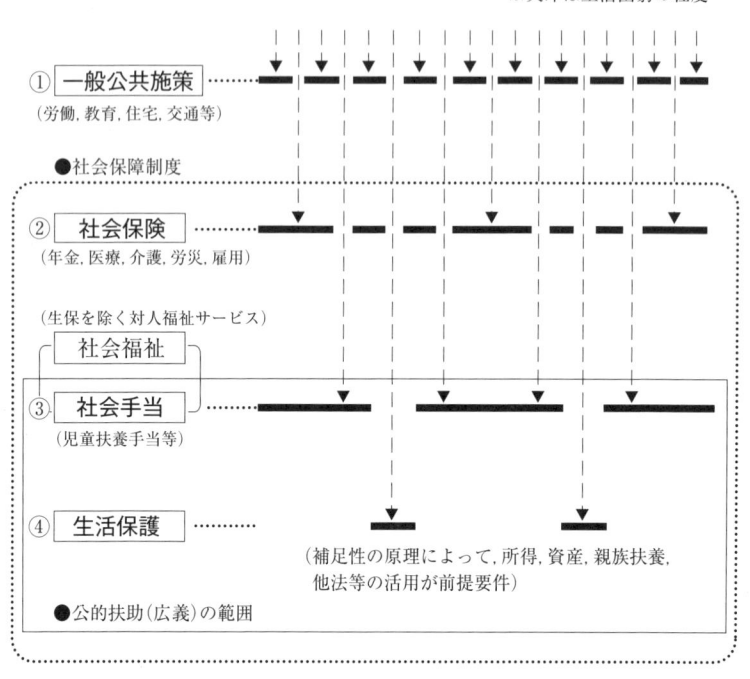

① 一般公共施策
（労働,教育,住宅,交通等）

●社会保障制度

② 社会保険
（年金,医療,介護,労災,雇用）

（生保を除く対人福祉サービス）
社会福祉

③ 社会手当
（児童扶養手当等）

④ 生活保護

（補足性の原理によって,所得,資産,親族扶養,他法等の活用が前提要件）

●公的扶助（広義）の範囲

で相互に補完できる体制が求められる．かつて生活保護は，国民の生活水準が向上し社会保険制度が整備拡充されるにつれて，その比重は低下するものと思われていた．だが，今日に至ってもなお必要不可欠な制度として存在しているのは，景気の動向もさることながら，基本的には社会保障（社会保険）の制度体系の不十分さが生活保護の存在を必要としていることにもよる．

　2つ目に，自立支援に力点を置いた予防的・事後的対応策が具体的に推進されることである．現在の生活保護受給者やニートの状態にある者のうち，3万人の就労が達成できれば200億円の保護費が抑えられるという試算がある．保護費の切り詰めは，社会全体に関わる就労支援の効果をみながら検討されていく方向性が望まれる．

2）生活保護申請権について

　1980年代後半，保護率が急激に低下した時期があった．バブル景気に加え保護の「適正化」政策が強力に推進されたためである．保護費が公金である以上，保護の実施機関には，不正受給などのモラルハザードを防ぐ手立てとして厳格な審査が求められるのは当然のことといえる．だが，厳格に審査することと申請を受けつけないこととは区別されなければならない．近年，相次いで報道される生活困窮を理由にした餓死や孤独死や自殺の大半が，申請前の面接相談の段階で自らの窮状を訴えながらも，就労の努力や親族からの援助や資産の活用を（申請書を手渡す条件として）細かく求められた結果，途方にくれたことが惨状に至った理由になっているという．

　生活保護に代表される生存権の主張は，もともと憲法に規定する国民の権利であり，また生活保護法でも申請保護の原則を謳っている以上，保護を受けたいと申し出た国民の申請権の行使を行政機関が妨げる「水際作戦」のような行為は，本来，あってはならないこととされる．したがって保護の実施機関は本人に申請の意志があれば，その段階で速やかに申請書類を手渡すべきであろう．保護に向けての厳格な指導や審査は，その後の面談や資力調査の段階でも十分可能だからである．大事な点は要保護者との支援関係を切断しないことであって，要保護者が急迫した状況にある場合は，申請がなくても職権によるアウトリーチ的保護が可能であることを踏まえておくことである．

3）ジャンピングボードとしての役割

　図表4—10に示すように，この国の社会保障制度は二重三重に張りめぐらされたセーフティネットによって構成され，生活困窮の度合いがそれ以上落ち込まないように工夫されている．だが，高齢化の進展による生活困窮者の増加の問題を別にしても，こうしたネットの恩恵を受けている人びとの受給期間の長期化（とくに生活保護の場合）は大きな課題となる．受給の長期化が今後も続いていけば，累積的に受給者数を増やすことになり，1人当たりの給付水準

の低下を招くなどネット自体がもたなくなるからだ．そこで，この流れを変えようとするならば，生活困窮者の矢印を上向きに押し上げる"ジャンピングボート"（飛翔板）のような機能が，"予防線"や"最後の砦"といわれるセーフティネット上にもうひとつ加えられる必要がある．

　こうした観点から生活保護法には，もともと生活困窮者の最低限度の生活保障に加え，本人の自立助長を促すという2つの目的が併記されていた（第1条）．ところがこの規定は，一人のケースワーカーに，行政的な立場からの厳格な審査や指導を要件とする"法の番人"としての役割と，要保護者に寄り添いながら自立支援のための相談役を担うという2つの相反する立場の使い分けを求めてくるものでもあった．そこに無理や矛盾が生じることで，ともすれば保護業務における相談指導が，申請を拒否したり給付を減らすための（本来の自立支援とはほど遠い，自助努力を強制するだけの）"相談指導"になりかねない側面をあわせもっていた．公的扶助の研究者であった岸勇が，1950年代半ばから60年代にかけて仲村優一の「公的扶助ケースワーク」論に批判を加えた論点がこれだった．当時，岸は，最低基準を1円でも上回れば「自立」と称される解釈上の問題もさることながら，「最低生活保障」（公的扶助業務）と「自立助長」（ケースワーク業務）が現行生活保護法上に併記されている矛盾を鋭く指摘し，この両者は分離して考えるべきことを強く主張していた．

　あれから40年の歳月を経た1999年7月，地方分権一括法が制定されたことで翌2000年度より最低生活保障の業務（保護の要否や支給に関する業務）は「法定受託事務」に，自立助長のための相談助言は自治体が柔軟に対応できる「自治事務」へと分割され，岸がかつて指摘していたように対処法を区別して検討できるようになった．この改正が，生活困窮者の自立支援を実質的に推進していく足がかりとなっていけば，"最後の砦"はジャンピングボードとしての機能をあわせもつことに繋がっていく．格差社会が固定化されないためにも，こうした機能が各セーフティネット上に付加されていくことが望まれる．

4）自立支援プログラムの意義と役割

　上記したように生活困窮者のためのセーフティネットが，従来の受け皿的機能に加え，受給者にとっては自立生活へのジャンピングボードとしての機能を兼ね備えるためには，これまでの担当職員のみの対応では人手や時間や労力や相談指導のスタンスの違いなどですでに限界をきたしていることが明らかになっている．近年，複雑化する被保護世帯の問題に加え，受給期間の長期化や被保護世帯数の需要の増大が見込まれていることも新たな対応の必要性を促す要因となっている．こうした状況への打開策として，厚生労働省では，2005年度より，新たに次のような自立支援プログラムの導入をはかることにした．

　自立支援プログラムとは，まず，福祉事務所が管内の生活保護受給世帯の全体状況を把握した上で，受給者の状況や自立阻害要因の類型化をはかり，それぞれの類型ごとに取り組むべき支援内容や実施手順を定め，これに基づき必要な支援を組織的に実施するものである．プログラムの目標となる自立の定義については，① 自己管理によって規則正しい日常生活が維持できる「生活自立」，② 人間関係や社会とのつながりを回復・維持できる「社会的自立」，③ 就労により自分の収入で生活できる「経済的自立」の3つに分類し，おおむね①②③の順で段階的に達成していくステップと位置づける．具体的なプログラムについては，問題の類型別に「福祉事務所における就労支援プログラム」「精神障害者就労支援プログラム」「高齢者健康維持・向上プログラム」「生活習慣病患者健康管理プログラム」などが検討されており，多様な問題に対しても幅広く対応していく姿勢を明らかにしている[1]．

5）自立支援プログラムの推進体制の構築に向けて

　今後，自立支援プログラムが積極的に推進されていくためには，以下に示すように福祉事務所の機能が強化されていくことに加え，ハローワークを始めとした関連機関との連携体制を構築していくことが求められる．

　まず，生活保護の実施機関である福祉事務所については，地域の社会資源を

効果的に活用し，その連携によるネットワークを構築することで，被保護者に対する多様な自立支援サービスを提供していけるようにすること．そのためには，既存の関連施策や社会資源を有効活用しながら，同時に更生施設や職業能力開発施設等と連携した自立支援プログラムの策定，ハローワークや無料職業紹介権（就労斡旋権）を有する団体と連携した特別相談会（就職セミナー等）の企画・実施，被保護者の就業可能性の高い業界や分野における職業訓練機会の提供など，福祉事務所が就労支援に一体的・総合的に取り組めるよう条件整備をはかるための新たな国庫補助事業の創設などが期待される．

次に，福祉事務所とハローワークの連携による就労支援事業については，すでに2005年度より「生活保護受給者等就労支援事業」として開始されているところである．この事業は，福祉事務所において選定された支援対象者に対し，ハローワークに新たに配置する就労支援コーディネーター（全国に100人）と福祉事務所の担当者からなる「就労支援メニュー選定チーム」が実施する個別面接によって適切な就労支援メニューを選定し，ハローワーク等において個々の態様に応じたきめ細かな就労支援を実施するものである．メニューの内容は，①生活保護受給者等就職支援ナビゲーター（全国のハローワークに52名配置）によるマンツーマンの支援，②トライアル雇用の活用，③公共職業訓練の受講斡旋，④生業扶助の活用による民間の教育訓練講座の受講等がある．

同じく2005年度より，就職を希望する被保護者や母子家庭の母などの職業訓練機会の拡大を目的として，全国で3,000人分の枠を設け，「準備講習付き職業訓練」が実施されるようになった．内容は，就職のための基礎知識やマナーなどに関する準備講習を実施した後に，実際の公共職業訓練の受講に移行するものである．[2]

上記のような事業が今後円滑に推進されるためには，すべての福祉事務所に，総合相談員（社会福祉士），就労支援専門員（ハローワークOB等），メンタルケア支援員（保健師等），医療ケア専門員（医療ソーシャルワーカー等）

など，専門的なノウハウをもつ人材を複数配置できるよう国が必要な財政措置を講ずること（非常勤職員や嘱託職員としての雇用であれば，現行のセーフティネット支援対策等事業費補助金が活用できる）．さらには地域の社会福祉協議会や福祉事業者などへ外部委託（アウトソーシング）できる体制づくりも必要となってくる．

　一方，生活保護の制度については，被保護者が就労へのインセンティブを高め，自立支援の流れを促進させていく観点から，生業扶助の範囲や支給枠の拡大，住宅確保費や子どもの就学資金など自立生活のための一定範囲の資産保有を可能とする「自立準備資金の預託制度」の創設などが望まれる．また，生活保護の適用には至らないホームレスやニートなどの低所得者層については，「ホームレスの自立の支援等に関する特別措置法」に基づく支援事業に加え，上記した自立支援プログラムなどを積極的に導入・活用していくことが全国の自治体に強く求められている．

【注】
1）厚生労働省編『厚生労働白書（平成17年版）』ぎょうせい，2005年，pp.133～134
2）厚生統計協会編『国民の福祉の動向』2005年，p.63参照

【参考文献】
ミネルヴァ書房編集部編『社会福祉小六法2006（平成18年版）』ミネルヴァ書房，2006年
『社会保障の手引き（平成18年1月改定）』中央法規出版，2006年
福島由恵『新・生活保護バイブル』ビジネス社，2005年

第5章 子ども・家庭の福祉の現状とあり方

第1節 子ども・家庭の福祉の概要

1．子ども・家庭の福祉の視点

　「子ども受難の時代」とでも称したらよいのであろうか，児童虐待が急増している．全国の児童相談所が取り扱った 2005 年度児童虐待件数は 34,472 件で，統計を取り始めた 1990 年度を 1 とした場合の約 30 倍である．この値は家庭内における大人から子どもへの暴力であるが，逆に子どもから大人への暴力，または配偶者による暴力などの家庭内暴力が犯罪として取り扱われ，その度合いが深刻な状態にあることを予測させる値でもある．本来家庭とは安らぎの場であり，家族は精神的支えとなるはずのものであるが，それが変容している．驚異的な高度経済成長を成し遂げたわが国は，産業構造の変化が人びとの生活環境に影響を与え，価値観の多様化はそれまでの画一的な家庭のあり方に変化を与えた．しかし，単なる変化ではなく，子どもへのマルトリートメントとして表れるところに深刻な現状が浮かび上がる．

　国連は 1994 年を「国際家族年」とし，「家族から始まる小さなデモクラシー」をスローガンに掲げた．家庭における民主主義の確立とは，「家庭における男女の平等の強化を目指し，家庭内の責任のより完全な分担および雇用機会をもたらすものでなければならない」ことを示し，家事，育児と社会参加，就労に関して男女共同参画を促すものである．多様化した家族の形態を認め，多様な価値観を認め，家族のさまざまなニーズに対応した社会的支援を進める必

要があることを示した.

本章は，積極的，主体的に生きられる子どものウェルビーイングの保障という視点に立ち，とくに子育て期にあるさまざまな家庭への支援について追究しようとするものである.

2. 子ども・家庭の福祉の展開
1）第2次世界大戦までの取り組み

明治期はプロテスタントによる活動が台頭してきた時期である．1887年，貧困による育児放棄や孤児のための施設，「岡山孤児院」を創設した石井十次，1891年，知的障害児施設，「滝乃川学園」（1897年に改称）を開設した石井亮一と妻の筆子，1899年，非行・犯罪に関わった子どもに対しては感化教育が大事であることを主張し，東京巣鴨に「家庭学校」を築いた留岡幸助，1900年，貧困家庭の子どもを対象とした二葉幼稚園を設立した野口幽香と森嶋峰を列挙することができる．野口らが理想としたフレーベルの幼児教育を実践したいという設立趣意書に賛同した人びとの募金により「貧民幼稚園」は成立した．1906年保育の場を麹町から四谷に移し，1916（大正5）年「二葉保育園」と改称した.

戦前の篤志家による慈善活動がこの時代の子どもと家庭の福祉を支えた．それは常に貧困という環境におかれた子どもや，養育には専門的知識や技術が必要な障害のある子どもに対する活動であり，戦後はこの2つの要因に対して福祉的施策が進められることになる.

2）第2次世界大戦後の子ども・家庭の福祉

第1次世界大戦の反省から生まれた国際連盟において，「児童の権利に関するジュネーブ宣言」（1924年）が採択され，児童に対しての特別な保護を与えることの必要性が確認された．しかし，人類の再度の過ちにより第2次世界大戦後，国際連合の場で「世界人権宣言」（1948年）が「児童に関しては特別な保護

および援助についての権利を享有すること」を明らかにした．「世界人権宣言」が法的拘束力をもたないことから，その法制化として提出されたのが「国際人権規約」(1966年)であり，児童の権利に関してはB規約第24条で，「すべての児童は，人種，皮膚の色，性，言語，宗教，国民的もしくは社会的出身，財産または出生によるいかなる差別もなしに，未成年者としての地位に必要とされる保護の措置であって家族，社会および国による措置についての権利を有する．すべての児童は，出生の後直ちに登録され，かつ，氏名を有する．すべての児童は，国籍を取得する権利を有する」と定められた．また，それより前，国際連合総会で「児童の権利宣言」(1959年)が採択されている．そして今日この流れの集大成として「児童の権利に関する条約」が1989年国連で採択され，わが国は1994年に批准した．法的拘束力のある児童に関する単独の全54条からなる条約は，「児童の最善の利益」を前面に掲げ，児童自身が主体としての存在であることを意識させる「意見表明権の保障」についても謳っている．

第2節　子ども・家庭の福祉の法制度

1．児童福祉法（1947年公布，1948年施行）

1）制　定

　1947年，児童の福祉に関する基本的法律，「児童福祉法」が成立する．戦後の混乱期に成立したことから，その対象となるのは戦災孤児や引き揚げ孤児など戦争の犠牲となった子どもたちであった．生きていくためとはいえ，窃盗や非行行為を犯す浮浪児は10万人を越えていたといわれる．子どもはその国の未来と称される以上，放ってはおけない事態であった．

　浮浪児等の保護から始まった児童保護政策であったが，次代を担う児童の健全育成の視点から，厚生大臣（現．厚生労働大臣）の諮問機関中央社会事業委員会小委員会の答申を受けて，「保護を要する児童のみを対象とする」という基本構想から，「すべての児童を対象とした健全な成長発達を保障するもの」へ

と変更された.

2) 構　成

　全6章から成り，児童福祉審議会等，実施機関，児童福祉司，児童委員，保育士，福祉の保障（療育の指導・医療の給付等，居宅生活の支援，助産施設・母子生活支援施設および保育所への入所，要保護児童の保護措置等ほか）等で構成されている.

3) 基本理念

　第1条（児童福祉の理念）では，「すべて国民は，児童が心身ともに健やかに生まれ，且つ，育成されるよう努めなければならない．②すべて児童は，ひとしくその生活を保障され，愛護されなければならない」とされ，第2条（児童育成の責任）では，「国および地方公共団体は，児童の保護者とともに，児童を心身ともに健やかに育成する責任を負う」としている．そして，第3条（原理の尊重）において，「前2条に規定するところは，児童の福祉を保障するための原理であり，この原理はすべて児童に関する法令の施行にあたって，常に尊重されなければならない」としている.

4) 定　義

　児童とは，18歳に満たない者で，乳児（満1歳に満たない者），幼児（満1歳から小学校就学の始期に達するまでの者），少年（小学校就学の始期から満18歳に達するまでの者）に区分している.

　妊産婦とは，妊娠中または出産後1年以内の女子のこととしている.

　保護者とは，親権を行う者，未成年後見人その他の者で，児童を現に監護する者としている.

5）施設の拡充

1955年ごろからの高度経済成長により財政状況が好転し始めたころ，知的障害児通園施設（1957年），情緒障害児短期治療施設（1961年），重症心身障害児施設（1967年）が新設された．また，児童福祉施設が法律の対象年齢である18歳を過ぎると利用できないという規定が生んだ悲劇を解消すべく，重症心身障害児施設の入所延長を可能にするといった障害のある子どもの福祉に進展がみられた．

6）最近の主な改正

① 1997年改正

児童福祉法が制定されて50年が経過した．その間に少子化の進行，家庭や地域の子育て機能の低下，共働き家庭の一般化などに伴い子ども・家庭を取り巻く環境が変化した．この変化に対応すべく1994年「今後の子育て支援のための施策の基本的方向（エンゼルプラン）」が示され，この施策が進むなかでの本改正となった．

・施設名の変更と機能の見直し等

施設名の変更は，母子寮→母子生活支援施設，養護施設・虚弱児施設→児童養護施設，教護院→児童自立支援施設の3点である．また，上記の3施設の機能については，従来の保護，養護に自立支援が加えられ，児童自立支援施設では通所利用が認められた．さらに，乳児院では年齢による制限が緩和され，情緒障害児短期治療施設では年齢制限が廃止された．

・保育所利用方式の変更

「保育に欠ける児童」の保育所利用については措置（行政処分）から保護者が保育所を選択できるという保護者の意向が制度的に担保されることになった．措置制度から行政との契約方式による利用制度に変更になったのである．このことにより保護者が主体的に保育所を選択できるように，保育所の情報提供を市町村に義務づけるとともに，保育所にも情報提供に努めることを義務づ

けた．

　費用徴収に関しては，それまでの応能負担が給与所得者に不公平感をもたらしていたことを踏まえ，応益負担を導入することとなった．ただし，当面は保育料徴収金基準額表の簡素化を図ることにとどめている．また，保育所の機能として，子育て相談の実施に努めることが定められた．

・事業の新設

　地域の児童の福祉に関する問題について相談，助言，指導等を総合的に行う児童家庭支援センターが新設された．

　小学校低学年を対象とした学童保育としての放課後児童健全育成事業と，児童養護施設を退園する児童への支援としての児童自立生活援助事業はともに法定化された．

・児童相談所の機能強化等

　児童の施設入所や措置の解除に際し，児童もしくは保護者の意向と児童相談所の措置とが一致しないときなどは，都道府県児童福祉審議会の意見を聞かなければならないこととされた．さらに，児童の施設入所措置等の際，児童の意向を聞くことが義務づけられた．

② 2000年の改正

　社会福祉基礎構造改革を踏まえて，法律名も社会福祉法と改められた社会福祉事業法の改正に伴い，児童福祉法においても以下のような改正がなされた．

・措置制度の支援費支給方式への変更等（2003年4月施行）

　居宅生活支援事業（児童居宅介護等事業，児童デイサービス事業，児童短期入所事業）の利用方法が措置制度から支援費支給制度へと変更になった．なお，児童短期入所に係る事務は都道府県から市町村に委譲された．

・事業の法定化

　障害児相談支援事業（相談，情報の提供ならびに助言および指導，連絡調整等の援助を総合的に行う事業）が居宅生活支援事業に追加された．

・入所方式の見直し（2001年4月施行）

助産施設および母子生活支援施設の利用が措置制度から利用方式に改められた.

・児童委員の見直し

要保護児童を発見した者が，当該児童を福祉事務所または児童相談所に通告する場合，児童委員を介して行うことができるようにした.

③ 2001年の改正

地域において児童が安心して健やかに成長することができるような環境整備を主眼にして，改正が行われた.

・児童委員の職務の明確化，主任児童委員の法定化，児童委員の研修の実施を義務づけた.

・認可外児童福祉施設に対する監督の強化等

認可外保育施設に届出を義務づけ，提供サービスの情報公開を強化した.

・保育士資格の法定化

保育士の業務は「専門的知識および技術をもって，児童の保育および児童の保護者に対する保育に関する指導を行う」こととされ，児童福祉施設の任用資格から名称独占資格に改められた．信用失墜行為の禁止，守秘義務に違反したときは登録を取り消すこと，守秘義務違反および名称独占に関しては罰則規定が設けられた.

④ 2003年の改正

地域における子育て支援の強化を図ることを主眼として改正された.

・市町村における子育て支援事業の実施（2005年4月1日施行）

市町村は保護者からの相談に応じ，情報の提供および助言を行う事業（地域子育て支援センター事業など），保育所等の児童養育支援事業（放課後児童健全育成事業，子育て短期支援事業，一時保育事業，幼稚園預かり保育事業など），居宅での児童養育支援事業（出産後等の保育士等派遣事業）に努めることとされた．市町村の子育て支援事業のあっせん等の実施についても明記された.

・保育に関する計画の作成（2005年4月1日施行）

　保育の需要が増大している都道府県および市町村は保育の実施等の供給体制確保に関する計画を定めることとした．

・児童養護施設等は，地域の住民に対して，児童養育に関する相談に応じ，助言を行うように努めることとした（2005年4月1日施行）．

・都道府県児童福祉審議会について，行政処分等に係る事項以外の政策審議は任意に行うことができることとした（2004年4月1日施行）．

⑤　2004年の改正

　公立保育所運営費に係る法施行事務費について等の改正と次世代育成支援対策を推進するための改正が行われた．ここでは後者の一部についてみておくことにする．

・児童相談体制の充実

　第3節「実施機関」が追加され，市町村では「必要な実情の把握および情報の提供を行うとともに，家庭その他からの相談に応じ，必要な調査および指導を行う」こととし，都道府県および児童相談所においては，より専門的な知識および技術を必要とするものの相談に応ずることとした．

　保護児童の早期発見や適切な保護を図るための「要保護児童対策地域協議会」の設置を法定化した．

・児童福祉施設の見直し

　「ケアの連続性」に配慮し，入所児童の年齢要件が見直され，乳児院は0歳〜小学校就学前，児童養護施設は0歳〜18歳未満とした．退所児童に対するアフターケアの充実，施設の小規模化の推進，自立支援計画の策定，児童家庭支援センターの推進，児童福祉施設職員の認識不足や閉鎖性による児童の権利侵害の発生について総点検が必要とされた．

　親の同意に基づかない施設入所措置に対しては，原則2年間を入所期間の限度とし，2年ごとに家庭裁判所の承認を受けて更新することになった．

2. その他の法律

1）児童扶養手当法（1961年公布，1962年施行）

「父と生計を同じくしていない児童が育成される家庭の生活の安定と自立の促進に寄与するため，当該児童について児童扶養手当を支給し，もって児童の福祉の増進を図ること」を目的とし，支給対象は離婚による母子世帯のほか，父からの遺棄，父が一定の障害の状態にあるなどを含んでいる．

① 2002年の改正（一部）

母子世帯の自立意欲を高めることと，母子世帯の増加に対して広く浅く支給する財政上の対応が目的とされた．受給後5年を経過すると最大で半額を減給できるとしている．

2）母子及び寡婦福祉法（1964年公布・施行）

本法は1952年に成立した「母子福祉資金の貸付等に関する法律」を中核とし，戦争犠牲者遺家族を主たる対象とした援助法の性格をもつ．その後，「母子福祉法」が1981年に現行法名になり，法律の対象を「配偶者のない女子であって，かつて配偶者のない女子として児童を扶養していたことのあるもの」と定義した寡婦に広げ，さらに2002年の改正で父子世帯も対象とした．本改正は「母子家庭等自立支援対策大綱」に基づき，「自立支援」をキーワードにしている．母子世帯に対する支援姿勢が児童扶養手当の支給に関する改正とともに明確になってきている．

3）児童虐待の防止等に関する法律（2000年公布・施行）

戦前の1933年，わが子を従属物として扱い，不況時に物乞いや危険な曲芸などをさせて，犠牲になる14歳未満の児童を守る目的で「児童虐待防止法」が制定されていたが，戦後児童福祉法に吸収されている．しかし，都市化，核家族化，少子化の進行のなかで育った親世代にとって，子どもと接する機会は乏しく，頼りにできるはずの育児情報は氾濫気味で，結果として不安をかきた

てることになりかねない．閉塞的にならざるを得ない育児は養育放棄（ネグレクト）を招き，また，子どもへの暴力は低賃金や失業等による経済生活への不満のはけ口になることもある．家庭という密室で起こる児童虐待はみえにくく，近年増加するネグレクトは一層潜在化しやすく，発見されたときは最悪の状態になっていることも少なくない．本法は，子どもに対する虐待の禁止を明示し，虐待（身体的・性的・ネグレクト，心理的虐待）から子どもを保護するための体制づくりの必要性から制定した．

① 2004年の改正（一部）

・児童虐待の定義の見直し

　保護者以外の同居人による虐待を放置することも保護者によるネグレクトの一類型として捉え，虐待の定義に追加した．また，児童の目の前でドメスティック・バイオレンスが行われること等，児童への被害が間接的なものについても児童虐待に含まれるものとした．

・警察署長に対する援助要請

　援助要請を受けた警察署長は，所属の警察官に児童の生命や身体の安全を確保するために必要な措置を講じさせることとした．

・面会・通信制限規定の整備

　保護者の同意に基づく施設入所等の措置が行われている場合でも，児童との面接・通信を制限できることとした．

・児童虐待を受けた児童等に対する支援

　児童虐待を受けたために学業が遅れた児童への施策，進学・就職の際の支援を規定した．

4）配偶者からの暴力の防止および被害者の保護に関する法律（2001年公布・施行，2004年改正）

　本法は「DV防止法」と略される．配偶者（パートナー，元パートナー等）からの生命または身体に危害を及ぼす身体暴力（心身に有害な影響を及ぼす言

動等を含む)は，人権を侵害する犯罪行為であり，裁判所は被害者と同居する未成年の子どもも含めて加害者の接近禁止，または2ヵ月の退去を命じることができる．被害者を保護する配偶者暴力相談支援センターが婦人相談所その他の施設に設置されている．

関連する法律として，「売春防止法」(1957年)，「児童買春，児童ポルノに係る行為等の処罰および児童の保護等に関する法律」(1999年)がある．

3. 子ども・家庭の福祉施策

少子・高齢社会にあって急速に進む合計特殊出生率の低下は，社会保障制度存続の危機と認識することにより，子育て支援施策を打ち出さざるを得なくなった．子育てと仕事の両立を支援するための保育サービスの充実を図った1994年「今後の子育て支援のための施策の基本的方向について（エンゼルプラン）」，保育サービス等子育て支援サービスの充実，母子保健医療体制の整備等を図った1999年「重点的に推進すべき少子化対策の具体的実施計画について（新エンゼルプラン）」が実施されたが，2005年合計特殊出生率は1.26と最低値を記録した．2004年度で終える施策の後を受けて，2004年12月，「少子化社会対策大綱」を受けて2009年度までの5年間の具体的な施策内容と目標を「子ども・子育て応援プラン」として提示した．保育事業中心から若者の自立・教育，働き方の見直し等を含めた幅広いプランで，①若者の自立とたくましい子どもの育ち，②仕事と家庭の両立支援と働き方の見直し，③生命の大切さ，家庭の役割等についての理解，④子育ての新たな支えあいと連帯」を重点課題とした．10年後を展望した「めざすべき社会の姿」を例示し，学校，企業，地域等が長期的に連携して行う計画であることを示した．子どもが健やかに成長するための社会環境整備，子どもが自立した良識ある市民となるための家庭，企業，地域の役割などを示した幅広いプランを打ち出すこととなったわが国の今後を展望しておきたい．

第3節　今後求められる姿・展望

1．平均的経済水準の保障

　厚生労働省「全国母子世帯等調査」によれば，2003年11月現在の母子世帯数は122万5,400世帯で，5年前の調査より27万500世帯増えている．母子世帯になった理由の約8割は離婚である．2002年の平均年間収入は212万円であり，一般世帯589万円の4割に満たない額で，前回調査に比べて17万円の減少となっている．児童扶養手当法の改正後，2003年に「母子家庭の母の就業の支援に関する特別措置法」が2008年までの時限立法として成立した．パートタイマーでの就労を強いられている母子世帯の収入を増額できるよう企業等の協力も得て積極的に取り組むことが規定された．

　さらに，2004年国民生活基礎調査によれば，「生活が苦しい」と感じている世帯は全体の55.8％であるが，世帯別では65歳以上の高齢者世帯が50.0％であるのに対して，18歳未満の子どものいる世帯では63.1％に上った．児童虐待の背景には失業や低所得など家計状況が密接に絡んでいることが多い．子どもの人権を守るためにも平均的経済水準を保障する仕組みを確立する必要があろう．

　これらの問題に関しては，児童手当制度を実質的なものにすることが求められる．制度自体がないアメリカを除けば，フランス，イギリス，スウェーデン，ドイツ等では，「所得制限なし」でおおむね18歳までが支給対象となっている．合計特殊出生率が1.4とわが国に次いで低いドイツにおいては，わが国の約4倍の支給額で第1子から原則18歳まで支給されている．子育てにかかる費用への国民の負担感は大きい．「子ども・子育て応援プラン」が示す「子どもを生み，育てることに喜びを感じることのできる社会」への転換を実践することが望まれる．

2. 地域社会と次世代育成支援

2003年,「次代の社会を担う子どもが健やかに生まれ,かつ,育成される社会の形成に資すること」(第1条)を目的に掲げ「次世代育成支援対策推進法」が2015年3月末までの時限立法として成立した.基本理念として,「次世代育成支援対策は父母その他の保護者が子育てについての第一義的責任を有するという基本的認識の下に,家庭その他の場において,子育ての意義についての理解が深められ,かつ,子育てに伴う喜びが実感されるように配慮して行われなければならない」(第3条)と定めた.国,地方公共団体,事業主,国民が担う責務を明らかにし,市町村,都道府県,事業主には行動計画を策定し,達成しようとする目標,内容,実施時期等を定めて取り組むこととなっている.

2007年度には地域子育て支援として,生後4ヵ月までの乳児がいる全家庭を訪問する「こんにちは赤ちゃん事業」等が設けられる.地域全体で子どもの生命を守り,育んでいく姿勢が求められる.

3. 子どもの自立と児童の権利

社会福祉の目的は究極のところ「自立」である.家庭は子どもを自立する存在へと導く役割を担い,よき市民を育む役割を担っている.

近年,フリーターの増加が社会問題化し,年金保険制度への影響も危惧されるなか,さらにニート問題が浮上してきている.

橘木俊詔は,「人はなぜ働くのか」という根源的なことを起点にして,フリーター問題についての書のなかで大胆な提言をしている.「自分の子どもの不幸を願う親はいない」と前置きした上で,「しかし,それが行き過ぎると,かえって子どもの自立心を阻害することになる」という.そして,「学校を終えた子どもがさして真剣に働こうとしていない場合には,経済支援をする必要はない」と提言している.いわば兵糧攻めである.「若者に職がないのは本人たちの責任ばかりではない」ことに対する企業の姿勢や国の責任についても論究しながら,あえて提言するのである.そして,「子どものみつけてきた仕事に

対して，親が時折不満を述べることがある．……子どもの職に賛意を示さないことがある．しかし，子どもも必死にみつけてきたのであるし，食べていける職であれば親の口出しすることではない．……貴重な職を，親は尊重すべきである」[1]と述べている．この提言は家庭における真の意味での子どもの最善の利益を考えること，意見表明の権利を保障することになるのではないだろうか．

【注】
1）橘木俊詔『脱フリーター社会』東洋経済新報社，2004年，pp.104〜107

【参考文献】
井村圭壯編著『児童福祉分析論』学文社，2005年
社会保障入門編集委員会編『社会保障入門（平成17年版）』中央法規出版，2005年
橘木俊詔『脱フリーター社会』東洋経済新報社，2004年
中山徹・杉山隆一・保育行財政研究会編著『幼保一元化―現状と課題―』自治体研究社，2004年
山縣文治編『よくわかる子ども家庭福祉』ミネルヴァ書房，2002年

第6章　高齢者の保健と福祉の現状のあり方

第1節　高齢者の保健と福祉の概要（意義,歴史的経緯,背景）

1．高齢者への福祉のあゆみ

　日本の全人口に占める65歳以上の人口，高齢化率は2004年10月1日現在で19.5%となり，2025年には高齢者人口は3,500万人となりピークを迎え，今後の80年間は高齢社会が続くと予想されている．

　長寿化の実現は「長く生きたい」という希望が実現したことを意味しており喜ばしい現象である．孫と出会えることができるという長生きの能力を身に付けたわれわれ人間は，子育てを終えた後の時間をどのように充実して過ごすかということを大事なことと考えるようになった．近年，高齢者福祉の課題は，年金額と医療，介護についてなど，生活を支える仕組みについてであった．

　高齢者福祉の意義は，国民全体の長寿化に伴って必要となってきた「生活費，医療，介護を支えることで充実した生活を保障すること」である．そして，国民生活に必要な社会保障の基盤を国家的な仕組みで支えることが課題である．高齢者の生活費の扶養，病気や寝たきり老人の面倒を看ることは，これまで家庭内の個人的な問題として扶養や親孝行と考えられてきた．日本の老人福祉施設のはじまりは，聖徳太子による「四箇院」（593年）の，悲田院では老幼男女の生活困窮者の救済を行い，療養院では身寄りのない病人を救済したとされる．「高齢者救済の最初の施設は1864（元治元）年に小野太三郎翁が自宅を開放した民間施設〈小野慈善院（石川県，現在の「陽風園」）〉であった．ついで，

1872（明治5）年明治政府により，都市のスラム化対策として東京養育院が設立された．老人専用の施設ではなく，浮浪者，孤児，貧困者を同じ施設で救済する混合収容施設であり，国賓の訪日のための治安と救護を目的に設立された．1883（明治16）年，奥田實照国師により仏教に基づく大勧進養育院（長野県．現在の「尚和寮」）が設立されたが，貧困者を含めた混合収容の施設であった[1]．1874（明治7）年に恤救規則を制定され「無告の窮民」である生活困窮社を公費で救済した．その後，明治の30年代に神戸養老院，大阪養老院，東京養老院の民間立の養老院が設立され，1929（昭和4）年に救護法が制定されて養老院は「救護施設」に含められ，高齢者は養老院や救護施設において公的に生活を保障されるようになった．1946（昭和21）年の旧生活保護法で養老院は保護施設となり，1950（昭和25）年の生活保護法で「養老施設」と名称が変更となった．そして1963（昭和38）年の老人福祉法の制定により，今日の老人ホームの形が整った．

日本の生活文化的視点から老親についてのあゆみを概観すると，民法の制定以前は養老思想により，老親の面倒をみることは人として当然の行いとされた．老人自身もイエ制度，忠孝，養老，敬老の精神による生活文化や，家計の財布を老親が長く握り続けることなどで威厳を保つことができた．

そして1898（明治31）年7月16日施行された民法第877条により「扶養義務者（直系血族および兄弟姉妹は，互いに扶養をする義務がある）」とし，配偶者と子，そして親を扶養することが義務づけられた．さらに老親に対する子の扶養義務は，生活扶助の義務としての性質をもち，扶養義務者の社会的地位，収入等相応の生活をした上で余力を生じた限度で分担すれば足りる（大阪高決1974〈昭和49〉年6月19日）とされた．長男が遺産のほとんどを受け継ぐ代わりにその老親の面倒をみるという仕組みは，民法により子はその数により均等に遺産が分割される仕組みとなった．やがて長寿化が進み，『恍惚の人』（有吉佐和子）で認知性高齢者が話題となるなどし，「寝たきり老人」が社会的問題として注目を受け，やがてなんらかの手当てを必要とする老親の面倒をみるこ

とを「介護」とよぶようになったのである．

　この扶養の範囲については家族の意向に委ねられることがらであり，法律で細部を決めることは馴染まないが，一般に生活維持のための経済的な面倒をみることであると解釈されている．老親の介護は家族の責任の範囲とされてきたが，長寿化と少子化現象は「介護地獄」，「老老介護」といった社会的問題を生じさせ，家族で担いきれない介護は社会保険で保障することとなった．

2．高齢者の生活支援のこれまで

　次に制度面から介護保険が整備されるまでの経緯を概観すると，「訪問介護事業は1956（昭和31）年に長野県上田市など13市町村によって開始された『家庭養護婦派遣事業』が源流であるとされている．その後，昭和30年代に大阪市，布施市（現東大阪市），名古屋市，神戸市，東京都等，都市部を中心として『家庭奉仕員』制度が創設され，1962年に厚生省が国家予算に『家庭奉仕員活動費』を計上したことにより全国的な制度として発足，翌年の老人福祉法制定により『家庭奉仕員』の制度として位置づけられた」[2]．1991（平成3）年の老人福祉法等の一部を改正する法律の制定に至るまで，当時の老人福祉法第12条（老人家庭奉仕員による世話）「市町村は，社会福祉法人の他の団体に対して，身体上または精神上の障害があって日常生活を営むのに支障がある老人の家庭に家庭奉仕員（老人の家庭を訪問して老人の日常生活上の世話を行う者をいう）を派遣して，その日常生活上の世話を行わせることを委託することができる」によりすすめられてきた．平成3年1月1日の在宅サービスの法的整備により，老人家庭奉仕員派遣事業の名称は老人居宅介護等事業，老人居宅生活支援事業（同法第14条）と変更された．低所得世帯に無料で派遣されていた老人家庭奉仕員の派遣業務の内容は，食事，洗濯，通院介助，生活・身上に関する相談を受けることである．市町村が実施主体となり，社会福祉協議会が受託して実施していた．

　家庭奉仕員は現在のホームヘルパーとなったが，ホームヘルパーは2006年

度後半から介護職員基礎研修の制度へと発展的解消をして，将来的には介護福祉士を介護保険の人員配置基準・介護報酬上の評価と結びつける標準任用資格としていく予定とされている．[3]

　施設と在宅（居宅）の高齢者の福祉サービスについて経緯を追ったが，今日の長生きができる社会，少子高齢社会となる予測は難しかったといえよう．戦後の昭和22年の合計特殊出生率は4.0であり，平均寿命は男50.06歳，女53.96歳であった．高度経済成長を経て都市化現象，ベビーブーム世代の高齢化を迎えて長寿社会への新たな局面への対応を迫られている．そして長寿化社会を維持していくための方策として，老人福祉や老人保健，各種社会保険の生活安全のための網（セーフティネット）がかけられ，負担と給付の調整が図られつつ今日に至っている．

　以上のように，高齢者の生活基盤を守るための法制度の整備は社会保険（老齢年金，医療，介護）を中心として成り立っている．こうした法制度を実行し実践するのは保健医療福祉関係の行政，民間，隣人などであり，そこには社会的互助の精神構造の構築を成熟させるための生活文化が必要である．それは，「高齢者が敬われる，愛される生活文化と，高齢者が主体的に社会活動に参加する生活文化」が存在することで法制度も有効に機能するものであるともいえよう．この生活文化を理念として示している条文をみておきたい．

　老人福祉法第2条（基本的理念）「老人は，多年にわたり社会の進展に寄与してきた者として，かつ，豊富な知識と経験を有する者として敬愛されるとともに，生きがいをもてる健全で安らかな生活を保障されるものとする」．同第3条「老人は，老齢に伴って生ずる心身の変化を自覚して，常に心身の健康を保持し，または，その知識と経験を活用して，社会的活動に参加するように努めるものとする」「老人はその希望と能力とに応じ，適当な仕事に従事する機会その他社会的活動に参加する機会を与えられるものとする」と示している．

　老人保健法第2条（基本的理念）「国民は，自助と連帯の精神に基づき，自ら加齢に伴って生ずる心身の変化を自覚して常に健康の保持増進に努めるとと

もに，老人の医療に要する費用を公平に負担するものとする」と示している．

　介護保険法第1条目的においては，加齢に伴って生ずる心身の変化に起因する疾病等により，要介護状態となっている者がその有する能力に応じて自立した日常生活を営むことができるよう，必要な保健医療および福祉サービスに係る給付を行うと示しており，2005年度の法改正においては，さらにこの目的規定に「要介護状態となった高齢者等の"尊厳の保持"」が追加されている．介護を要する者について，その社会的な立場を配慮していくことが今後の法整備のさらなる課題であり，尊厳の保持に加えて，敬愛され社会参加しうる存在としての理念明記も検討されるべき課題であるといえよう．

第2節　高齢者の保健と福祉の法制度（法，制度，施策）

1．高齢者の保健と福祉の仕組み
1）「21世紀福祉ビジョン」

　1993（平成5）年10月に少子・高齢社会に対応した社会保障の全体像，主要施策の基本的方向，財源負担のあり方等を検討する高齢社会福祉ビジョン懇談会が設置され，「21世紀福祉ビジョン―少子・高齢社会に向けて―」報告書が提出された（1994（平成6）年3月）．長寿国に生まれ育った幸福感をもつことのできる福祉社会をめざすこと，自助・共助・公助の地域保健医療福祉システムの確立といった像を示した．年金医療福祉のバランスを5：4：1から5：3：1へと示したのも本ビジョンである．

2）老人保健福祉計画

　1990（平成2）年の老人福祉法等関係八法改定により，老人福祉法および老人保健法に保健福祉サービスの整備目標量の計画が示された．これにより市区町村，都道府県においてそれぞれ個別の計画（施設利用者数，訪問介護員数など）が1993（平成5）年度までに作成された．そしてこの目標総量は新ゴール

ドプランの整備目標へ反映された．介護保健の基本のサービスは全国共通であるが，本計画は市区町村の生活文化，地域性を活かせるところが課題であり必要性である．

3) 介護保険事業計画

公的介護保険制度は，市区町村では，老人保健福祉計画の達成状況や各種保険福祉制度上の整合を踏まえて介護保険法第117条で介護保険事業計画を作成し，介護保険法第118条で都道府県は介護保険支援計画を作成して，高齢者介護サービスの量的充足を管理維持しサービスの滞りのない供給体制を作ることが決められている．

本計画は，年度ごとのサービスの種類ごとの見込みと確保の方策を明示すること，さらにサービスの給付水準を定めて第1号被保険者の負担水準，介護保険長の1人当たり平均負担額水準を決めることが柱である．

なお，2000年当初は5年を一期として計画が策定され，3年ごとに更新されてきたが，2006年度からは3年を一期として計画策定をしていくこととなった．

4) 今後5か年の高齢者保険福祉施策の方向（ゴールドプラン21）

本施策は，1999（平成11）年12月19日に大蔵・厚生・自治3大臣の合意として取り決められたものである．法ではないが国の示す方針であり，都道府県，市町村はこの施策を根拠として介護サービス基盤の整備と生きがい活動支援をはじめとして，地域生活支援体制の整備，健康づくり，介護予防，そして福祉文化の確立，長寿科学技術の発展など，「活力ある高齢者像の構築など」の基本的な目標と具体的施策を展開することを断行しなくてはならないものである．介護保険事業計画と老人保健福祉計画と保険事業計画とを整合性をもたせて進めている．

5）高齢社会対策基本法

　本法の元は1986（昭和61）年6月に「長寿社会対策大綱（人生80年時代にふさわしい経済社会システムの構築をめざすための指針）」が政府で示され，1995（平成7）年に「高齢社会対策基本法」が議員立法で成立した．1996（平成8）年と2001（平成13）年に同基本法に基づいて大綱名称を「高齢社会対策の大綱について」と改めて閣議決定通知されている．

　基本理念は，次の3点である．①国民が生涯にわたって就業その他の多様な社会活動に参加する機会が確保される公正で活力ある社会，②国民が生涯にわたって社会を構成する重要な一員として尊重され，地域社会が自立と連帯に立脚して形成される社会，③国民が生涯にわたって健やかで充実した生活を営むことができる豊かな社会づくりである．

　大綱では基本法の理念に基づいて，①旧来の画一的な高齢者像の見直し，②予防，準備の重視，③地域社会の機能の活性化，④男女共同参画社会，⑤医療・福祉，情報通信等に係る科学技術の活用，を提言している．

6）国際高齢者年

　高齢化は世界的規模で進んでいる．1992（平成4）年の国連総会において，1999（平成11）年を国際高齢者年（International Year of Older Persons）と決議し，「高齢者のための国連原則」（1991年）の「高齢者の自立，参加，ケア，自己実現，尊厳の5原則」の具体化を進めた．

　国連の高齢化関連への取り組みは，高齢化率7％以上を「高齢化（aged）」と表現（1956年），1982（昭和57）年高齢化に関する国際行動計画の採択と決議（1982年），国際高齢者の日を10月1日と決める（1990年），等がある．

7）健康日本21（21世紀における国民健康づくり）

　2000（平成12）年の厚生省通知「21世紀における国民健康づくり運動（健康日本21）の推進について」によって，2010年をめざした全国レベルでの健康

づくりの運動の目標等が示されている．昭和53年に第1次国民健康づくり対策を，昭和63年に第2次，今回（2000年）の第3次対策では，「壮年期の死亡者数を減少させること，健康寿命を伸ばすこと，健康面の生活の質を向上させること等」を基本理念としている．本運動では，生活習慣病に関して次の9つに分類し具体的な目標を示している．① 栄養・食生活，② 身体活動・運動，③ 休養・こころの健康づくり，④ たばこ，⑤ アルコール，⑥ 歯の健康，⑦ 糖尿病，⑧ 循環器病，⑨ がん，である．健康づくり，疾病予防の重点施策の法整備として，健康増進法が平成15年5月から施行されている．同法では，厚生労働省に推進本部を設置して，食生活と運動，飲酒，喫煙の生活習慣の改善により国民の健康寿命を伸長を示し，国民健康・栄養調査や受動喫煙の防止等を実現している．

8）21世紀に向けた社会保障

平成12年1月，国の方針を検討するために「社会保障構造のあり方について考える有識者会議」が設置され，同年10月に「21世紀に向けての社会保障」の報告書が取りまとめられた．高齢者の保健と福祉に関連したところをみると，世帯間の公平の視点で持続可能な社会保障とするために，「社会保障の支え手を増やす」，「高齢者も能力に応じて負担を分かち合う」ことが盛り込まれている．支え手を増やすための具体策は，意欲に応じて働くことのできる社会づくりとして，性別や年齢，障害を理由に働くことを妨げられない環境整備づくり，そして少子化対策，外国人労働者の受け入れなどを示している．

以上のように，これらの日本の歩むべき方向が指し示されたことを踏まえた上で，個別具体的な施策が都道府県，市町村において計画的に実施されている．[4]

2．高齢者の生活面からの社会福祉関連の側面

高齢者の生活面に関連した社会福祉関連政策について分類すると，① 経済

保障制度（雇用，公的年金制度，生活保護制度），② 老人福祉法，③ 介護保険法，④ 老人保健法，⑤ 権利擁護の側面に分類できる．

それぞれについて根拠法を示しておく．

① 経済保障制度

雇用について「高年齢者等の雇用の安定等に関する法律」(昭和46年5月). 現在は，2004（平成16）年6月に「高齢者等の雇用の安定等に関する法律の一部を改正する法律案」が成立．65歳までの定年の引上げと継続雇用制度の導入等の措置を求める方針が決められ，シルバー人材センター（1,865団体，会員は76万人，2003年度末）の推進も盛り込まれている．高齢者の仕事として「2003年度から乳幼児の世話や保育施設との送迎，放課後と土日の学習・生活指導，2004年度から，派遣・自営起業，ボランティア等に係る相談・援助等」を事業として実施している．

国民の老後の所得保障の給付制度として公的年金がある．昭和36年より国民皆年金が実現している．

他のあらゆる制度を用いても生活費が足りない場合，国民生活のセーフティネットとして生活保護がある．

② 老人福祉法（1963（昭和38）年）

すべての65歳以上の高齢者を対象として，その福祉を実現するための法律．第1章総則，第2章福祉の措置，第3章事業および施設，第3章の2老人福祉計画，第4章費用，第4章の2指定法人，第4章の3有料老人ホーム，第5章雑則，第6章罰則，から成る．老人ホーム入所の措置などで知られる同法であるが，第13条では在宅の高齢者のための教養講座やレクリエーション事業を地方公共団体が実施することの努力義務規定や，老人クラブ事業への援助に努めることも規定されている．

③ 介護保険法（2000（平成12）年）

40歳以上の国民を対象とした社会保険制度．居宅サービスと施設サービス，医療系サービスと福祉系サービスなどに分類できる．利用者は1割負担

で要介護のニーズへの支援を利用できる．医療保険制度をモデルとして作られたが，要介護認定の判定を市町村から受けて利用する点が介護保険制度の特長であり医療保険と違う点である．2005（平成17）年改正では，要介護認定者数379万人（2004年2月）の約半数が要支援か要介護1であることから，予防を重視した仕組みを取り入れ，要支援1，2，要介護1から5までの7段階とした．予防給付においては，介護保険利用者の希望に応じて，筋力トレーニングによる体力向上，口腔機能の向上，うつ症状や認知症の予防などにより，要介護状態の予防をすすめ，要介護状態からの改善ができるようになっている．

④ **老人保健法**（1982（昭和57）年）

老人保健法施行以前は，高齢者の保健は老人福祉法の規定によっていた．医療費の高騰の抑制と高齢期の生活習慣予防の目的等のために同法は施行された．2005年の介護保険法改正に整合する形で，医療改正における老人医療の制度は全面的に見直された．退職者医療制度を廃止し，老人医療受給者制度を解消していく方針で前期高齢者は国保・被用者の医療保険へ移行させ，後期高齢者医療制度の創設により診療体系が在宅での日常的医学管理から看取りまでの常時一貫した主治医制をつくることが厚生労働省から示されている．2005年10月に発表した「医療制度改革試案」によると，70歳以上の高齢者は国保・被用者保険適用となり現行の70歳未満3割負担，70歳以上1割の負担割合を，2008年度から原則65歳未満3割，65～74歳2割，75歳以上1割となる．所得が高い高齢者の自己負担は2006年10月から2割を3割へと引き上げる方針．

⑤ **権利擁護**

成年後見制度として「民法の一部を改正する法律（補助・保佐・貢献の制度の導入等）」「任意後見契約に関する法律」「後見登記等に関する法律」「民法の一部を改正する法律の施行に伴う関係法律の整備等に関する法律」（平成12年）．

判断能力の不十分な者（例：認知症高齢者，知的障害者，精神障害者，脳疾患を起因とする精神障害者等）について，不利益な契約の法律行為について，その判断能力を補うこと，そして本人が損害を受けないように保護する制度である．

地域福祉権利擁護事業（平成11年10月）は，都道府県社会福祉協議会が行う福祉サービス利用援助事業と事業従事者の資質向上や事業の普及啓発事業を合わせて地域福祉権利擁護事業とよばれる．福祉サービス利用援助事業は社会福祉法第2条第3項第12号で，第二種社会福祉事業と規定されており，「精神上の理由により日常生活を営むのに支障がある者に対して，無料，または低額な料金で福祉サービスの利用に関し相談に応じ，および助言を行い，ならびに福祉サービスの提供を受けるために必要な手続きまたは福祉サービスの利用に要する費用の支払いに便宜を供すること，その他の福祉サービスの適切な利用のための援助事業のこと」と記されている．

その他には消費者契約保護法やオンブスパーソン制度，老人施設等における第三者評価制度などがある．

こうした，日本における高齢者の保健と福祉が実施されるための法制度と施策は，給付と負担のバランスをにらみつつ，「人としての尊厳」を保てる生活を保障していく仕組みとその運用であるといってよい．社会保険に代表されるように一定の条件に該当する国民が保険料を負担し被保険者となり，一定の条件の保険事故の状態に該当する被保険者が給付を受けることについて，行政が保険者となり保険を担保するという仕組みは，各種保険事業の報酬の点数制を採って絶妙の官民の協力体制となっている．

さらに，老人保健法を中心に担われてきた「高齢者の保健制度」は保健師の地域保健，公衆衛生活動を中心としてすすめられており，地域支援事業についても老人保健事業の一環としてすすめられている．介護予防事業の特定高齢者施策の対象者を選定するための生活機能に関する状態の把握についても老人保健事業として保健師が業務地域支援事業のひとつである介護予防事業の実施要綱案によると，65歳以上の約5％を対象として，要支援・要介護にならない

よう実施する．特定高齢者施策は「特定高齢者把握事業」「通所型介護予防事業」「訪問型介護予防事業」「介護予防特定高齢者施策評価事業」に分類される．

　通所型のメニューでは運動器の機能向上，栄養改善，口腔機能の向上といった集団を対象としたプログラムである．訪問型では認知症，うつ病のおそれのある者を対象に保健師らが自宅を訪問して閉じこもりをふせぐ．いずれも事業実施者が個別支援計画に基づいてサービス提供し事後の評価を行うこととされている．予防と早期対策，こうした社会的な健康づくりの運動は，健康増進法に実現されているように，われわれの「健康」な生涯を作るためには健康についての社会的環境，知識，教育，志向，とその理解が大切であり，生活者の健康意識の向上が大切なことが発見されてきたのである．

第3節　今後求められる姿・展望

　社会福祉基礎構造改革の一区切りとして介護保険法の施行は，それまでの「高齢者福祉」の仕組みをかえることとなった．特別養護老人ホームは，それまでの社会保障費の税金で賄われてきた財源を2000年4月1日から社会保険の徴収による介護保険料で半分を確保することとなり，40歳以上の国民が被保険者になることで民間のサービス事業者の参入が著しく伸びた．また，2005年の法改正においては，介護保険の利用開始時における市町村の責任主体を取り決めて，40歳以上の被保険者の年齢規準は変えられなかったものの，老人保健に関する医療以外のサービスは介護保険に統合される方向づけが決められた．「ノーマライゼーション」「自己決定」のキーワードで進められている．

　高齢者保健福祉に対して今後求められる姿は，保健福祉の真の統合化であろう．生活を支える科学的実践を伴う分野が統合することで新たなる領域が創出され，実践的・実証的研究は爆発的に開花する可能性を秘めている．

　求められない姿としては，低賃金，低い地位，低い社会的評価，そして重い

肉体的精神的労働のままそのニーズと供給のみが肥大化する現象である．看護と介護と福祉が同領域として研究を進めていくことが展望される．一方，社会福祉分野における高齢者福祉の領域は将来的展望として独自性をあらたに創設しなくてはならないであろう．

独自性のひとつは歴史的背景の研究，そしてもうひとつは実践現状の批判的検討である．

いわゆる社会福祉現場の実証的研究は，施設や在宅における実践について，その量的研究は増加してきているものの，今後の課題は質的研究による社会福祉実践の検証が必要である．高齢者の保健と福祉の今後の課題は，まさに多様なる保健・医療・福祉の高齢者サービス量の安定的な確保と提供，そして質の高い専門家の養成とその継続的な供給，そして偏見や誤解を抱かない正しい知識をもった利用者（社会生活者）の育成，これらが社会的に相乗効果をもたらして犯罪の減少や倫理意識の向上，人権尊重が実現できる健康な社会の創造につなげていかねばならないであろう．

【注】
1）杉本敏夫編著『高齢者福祉論』ミネルヴァ書房，1999年，pp.160〜162
2）高齢者保健福祉実務研究会『高齢者保健福祉実務事典』第一法規，2006年，p.3802
3）厚生労働省2005年9月26日「介護サービス従事者の研修体系のあり方に関する研究会」資料より
4）第2節の8つの分類と内容は，高齢者保険福祉実務研究会，前掲事典を参考とした．

第7章　障害者の生活を支える福祉の現状とあり方

第1節　障害者福祉の概念と障害者の暮らし

1．障害者福祉の目的と障害の概念
1）障害者福祉の目的

　社会福祉では，「社会環境の影響を主な理由として，自身の日常生活や社会生活に相当な妨げ（制限）を受け，生活のしづらさを抱えている者」を大きく「障害者」として捉えている．また，障害者福祉の目的は，法や制度，援助技術等の方法を活用して社会環境を調整することにより，障害者の抱える日常生活上の生活のしづらさを除去（バリアフリー）し，QOL（Quality of life：生活の質）の向上を支援することにある．

2）障害構造論

　障害の本質を捉え障害者福祉を実践していくには障害の本質を構造的に理解しておくことが重要である．障害を構造的に理解するとは，障害の現象だけを一面的に捉えるのではなく，障害の構成要素やその相互作用関係を考慮した上で障害を捉えることである．

　ICF（国際生活機能分類：International Classification of Functioning, Disability and Health）は障害を構造的に捉えた代表的な理論（以下，「障害構造論」と記す）である（図表7-1）．

　このICFによる障害構造論の意義は，第1に障害を特定の病気や変調状態

114　第Ⅰ部　社会福祉の基礎知識

図表7-1　国際障害分類（ICIDH）から国際生活機能分類（ICF）へ

(1) 国際障害分類（ICIDH），1980年版

Disease or → Impairment → Disability → Handicap
Disorder　　　機能障害　　能力障害　　社会的不利
病気/変調　　　　　　　（能力低下）

(2) 国際生活機能分類（ICF），2001年版

健康状態
（変調または病気）

心身機能・身体構造 ←→ 活動 ←→ 参加

環境因子　　個人因子

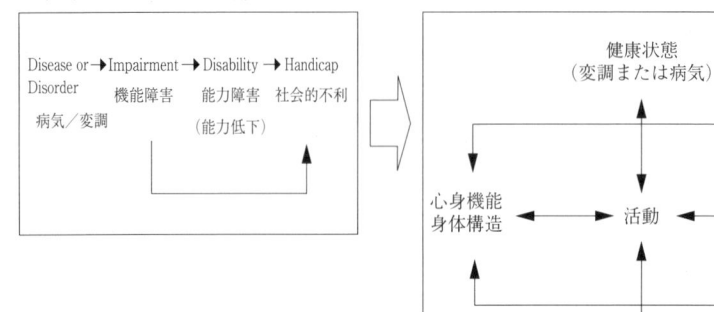

出所）河野勝行『WHOの新「国際障害分類」を読む―先学に導びかれての学習ノート―』分理閣，2002年

をもつ人のみが抱えるものとして捉えるのではなく，健康な人を含むすべての人びとが障害を抱える可能性を所持していると定義づけ，障害を普遍化していることにある．第2に，障害を生み出す要因は個人因子と環境因子との両者に存在するとしていることである．図表7-1の(1)に記したICIDH（国際障害分類：International Classification of Impairments, Disabilities, and Handicaps）という1980年の障害構造論では，各人の障害は個人因子（遺伝や疾病等）のみによって生じるという医学モデル的な捉え方が有力であり，遺伝子除去や疾病治癒等を通してでしか障害は取り除くことができないと捉えていた．しかし，ICFによる障害構造論では環境因子を変化させること（たとえば，駅の階段をエスカレーターにかえること等）によって，各人の障害を取り除く可能性が明確となった．

2．障害の種類と法的定義

日本の福祉制度における障害の定義や分類状況は以下のとおりである．まず，障害者基本法第2条では「『障害者』とは，身体障害，知的障害，精神障

害(以下「障害」と総称する.)があるため,継続的に日常生活または社会生活に相当な制限を受ける者をいう」(2004年改正)と定義している.さらに現行の福祉法では,障害者を身体障害者,知的障害者,精神障害者および発達障害者に分類し,それぞれ以下のように定義している.

1)身体障害者の定義(身体障害者福祉法,第4条)

「この法律において,『身体障害者』とは,別表に掲げる身体上の障害がある18歳以上の者であって,都道府県知事から身体障害者手帳の交付を受けたものをいう」(なお,別表とは身体障害者障害程度等級表を指す)

2)知的障害者の定義

知的障害者福祉法では知的障害者の定義を設けていない.一般には,1995(平成7)年実施の「精神薄弱児(者)基礎調査」(厚生省)や2000(平成12)年実施の「知的障害児(者)基礎調査」(厚生労働省)で使用された「知的障害児(者)とは知的機能の障害が発達期(おおむね18歳まで)にあらわれ,日常生活に支障が生じているため,何らかの特別の援助を必要とする状態にあるもの」という定義が知的障害者の定義として使用されている.

3)精神障害者の定義(精神保健及び精神障害者福祉に関する法律,第5条)

「この法律で『精神障害者』とは統合失調症,精神作用物質による急性中毒又はその依存症,知的障害,精神病質その他の精神疾患を有する者をいう」

4)発達障害者(発達障害者支援法,第2条)

「この法律において『発達障害』とは,自閉症,アスペルガー症候群その他の広汎性発達障害,学習障害,注意欠陥多動性障害その他これに類する脳機能の障害であってその症状が通常低年齢において発現するものとして政令で定め

るものをいう」

「2　この法律において『発達障害者』とは，発達障害を有するために日常生活又は社会生活に制限を受ける者をいい，「発達障害児」とは，発達障害者のうち十八歳未満のものをいう」

その他，障害者福祉を実践する上で忘れてならないのはこれらの分類に属さない制度の谷間にあるベーチェット病やスモン病等の難病患者の存在である．2005年の障害者基本法改正により難病は障害を引き起こす要因であるとして，障害の予防に関する施策の対象に位置づけられた．しかし，難病患者が福祉サービスを利用するためには何らかの障害者手帳を取得する必要があり，手帳の判定は症状が固定していることが条件にあるため，症状が不安定である難病患者は障害者手帳を取得しにくい（つまり，障害者福祉サービスを利用しにくい）などといった種々の課題が存在する．

3．障害者の生活状況

1）障害者数

2000（平成12）年の国勢調査によると，日本の身体障害児・者数は351万6,000人（内，身体障害児数は9万人），知的障害児・者数は45万9,000人（内，知的障害児数は10万3,000人），精神障害者数は258万4,000人である[1]．

2）障害者の暮らし

人が地域社会で暮らしていくなかで，経済的安定，職業的安定および住居の確保は必要不可欠な要因である．そこで，日本で生活する障害者の主な生活状況を理解するために，障害者の経済的状況，就労状況および居住形態の概況を次に記す．

①　経済的状況

国は障害者に対する社会保障として障害基礎年金，障害厚生年金等を用意している．障害基礎年金の1級対象者に対する支給額は82,758円／月，2級対

象者は 66,208 円／月（平成 16 ～ 17 年支給額）である[2]．しかし，この支給額は人が地域で暮らしていく上で十分な額だとはいえないだろう．障害者に限らず一般社会全般においても雇用率が低下している近年の社会情勢を考慮すると，家族の収入に依存，または生活保護を受給しなければ生活できないという障害者の経済的状況は否めない．生活保護費も国の財政赤字による予算引き締めにより，近年ではその基準額が低下してきている．

さらに，世帯類型被保護世帯数の構成比（2003 年）をみると，生活保護世帯の 10.0％が障害者世帯であり，26.7％が傷病者世帯となっている．なお，生活保護を受けている障害者世帯や傷病者世帯の 77.3％が一人世帯である[3]．

② 就労状況

就労は個人の経済的安定の手段であるとともに職業を通じての社会参加の重要な機会であり，場である．日本では障害者の就労を支援する制度として「障害者の雇用の促進等に関する法律」（1987 年制定）のなかに法定雇用率制度を定めている．法定雇用率とは社会連帯の理念に基づき障害者の雇用の場を確保するため，事業主に課した障害者の雇用率のことである．なお，2006 年 3 月までの法定雇用率の対象は身体障害者，知的障害者であったが，2006 年 4 月にはじめて精神障害者がその対象者として追加された（2005 年 7 月改正，2006 年 4 月施行）．

実際の法定雇用率は，たとえば一般民間企業常用労働者数 56 人以上では 1.8％，特殊法人常用労働者数 48 人以上では 2.1％である．この数値は法定雇用率の対象を身体，知的障害者としていた 2006 年 3 月以前と同様であることから，精神障害者の雇用率の上昇を単純に期待できないことがうかがえる．また近年の経済的不況の折，一般雇用情勢の厳しさが増すなかで障害者の雇用状況も厳しく，法定雇用率を超え障害者が雇用されることはほとんどないといった現状にある．たとえば，厚生労働省資料によると，一般民間企業における 2005（平成 17）年の障害者雇用率は約 1.5％であった[4]．

③ 居住形態

障害者の居住形態（2001年・2002年）をみると，在宅生活者が589万5千人（約89.9%），施設入所者が66万4千人（約10.1%）であり，障害者の多くが在宅生活を送っている．ただし，居住形態は障害種別によって差があり，身体障害者の約5.4%，知的障害者の約35.4%，精神障害者（20歳以上）の約14.0%が入所型施設を利用していることから，身体，精神障害者に比較し，入所型施設で生活する知的障害者が多いことがうかがえる[5]．なお，精神障害者の居住形態の割合は厚生労働省による「患者調査（2002年）」での外来患者を在宅者，入院患者を施設入所者とみなした数である．そのため，入所型の精神障害者社会復帰施設における利用者は施設入所者数として計上されていない．

以上，日本の障害者の生活状況をみると，障害者が地域生活を送るためには障害者に対する経済的保障の見直しと障害者であっても就労の場を獲得できるような社会環境の整備が必要であることが見出せる．まずこの2点が整備されなければ，多くの障害者は家族に依存した同居生活か，入所型施設等での生活を送るかの二者択一の選択に迫られることになるだろう．

第2節　障害者福祉における脱施設化施策の現状と課題

本節では，1980年以降，欧米諸国より流入したノーマライゼーションという理念に基づき現在も展開中である日本の障害者福祉における脱施設化施策の現状と課題について取り上げる．

1．ノーマライゼーション思想の流入

1980年代に入ると，国連は「（障害者の）完全参加と平等」をテーマとした国際障害者年を提唱（1981年）し，ノーマライゼーションを実践する活動を展開しはじめた．日本はこの国連活動の影響を受け，ノーマライゼーションを自国の障害者福祉施策の理念として取り入れるようになった．1993（平成5）年

の心身障害者対策基本法（1970年）の改正もそのひとつである．法改正により，法の名称は「障害者基本法」へ，法の基本理念は「障害者の自立と社会参加」へと改正された．さらに，法の対象者が「身体障害者，知的障害者」から「身体障害者，知的障害者，精神障害者」へと改正された．日本の精神病者はこのときはじめて福祉の対象者である「精神障害者」として法的に位置づけられたのである．その後，日本の障害者福祉分野でのノーマライゼーション施策は在宅福祉サービスの充実を目標とする「障害者プラン―ノーマライゼーション7か年戦略―」の策定（1995～2002年），入所型施設を利用する障害者に対する脱施設化の実践へと展開した．

2．日本の脱施設化施策の動向と課題

1960年代以降の北欧諸国における脱施設化の影響を受け，日本の障害者福祉分野でも1980年代以降，脱施設化施策が開始した．北欧諸国の脱施設化施策は1960年代よりノーマライゼーションの理念に基づき「ノーマルなくらし」の実現と「ノーマルな社会づくり」を目的として開始した．従来の入所型施設を解体し障害者の生活の場を大収容型施設から地域のグループホームや自宅への移行を図るという北欧諸国の脱施設化施策は，地域福祉サービスを充実するなかで障害者の地域生活の質を高め，障害者の自立生活を可能にしていった．

本項では，まず，欧米先進諸国ですでに開始している脱施設化施策の根源となったノーマライゼーションの思想やIL運動による自立の概念について説明し，次に日本の脱施設化施策の動向と課題を記す．

1）世界の脱施設化施策に影響を与えた思想や概念

① ノーマライゼーション

ノーマライゼーションとはデンマークのバンク－ミッケルセンが1953年に「知的障害者親の会」の会員とともに提唱した理念である．ノーマライゼーションとは，「たとえ障害があっても，その人を平等な人として受け入れ，同時

にその人たちの生活条件を普通の生活条件と同じものとするよう努める（ことが正常な社会である）」という意味をもつ[6]．普通の生活条件とは「現在その国の一般市民が文化的，宗教的，社会的枠組みのなかで暮らしている生活条件，あるいはその枠組みのなかで目標とされている生活条件である[7]」．

1960年代，ノーマライゼーションはニィリエ（B. Nirje）によりスウェーデンへ，ヴォルフェンスベルガー（W. Wolfensberger）によりアメリカやカナダへと急速に広まっていった．このノーマライゼーションの理念は「障害をかかえていても，自身のあるがままの姿で地域生活を送ることは当然のことである」として当時のスウェーデンやアメリカでの施設収容型福祉体制を覆し，脱施設化施策開始の契機となった．

このようにノーマライゼーションという思想は，世界各国の入所型施設サービス中心の社会福祉体制に変革の機会を生じさせ，障害者のみならず，児童，高齢者等のQOLの向上に向けても大きく貢献したのである．

② 自　立

近年の障害者福祉で用いる「自立」とは身辺的自立や経済的自立ではなく，自己決定権の行使によって自身の生活目標や生活様式を自己選択した生活を指す．この自立の語源は，1960年代のアメリカにおける重度身体障害者によるIL運動（Independent Living Movement：自立生活運動）にある．

IL運動は，アメリカ・カリフォルニア大学バークレー校における障害者の学生運動から始まった歴史的に有名な障害者運動である．IL運動において，障害者団体は「たとえ全面的な生活介助を受けている重度障害者であっても人格的には自立しているのであるから，人権が尊重された生活を送るためには自身の生活に選択権と決定権が保障されるべきである」として重度障害者が自己決定権に基づき地域で自立した生活を送る権利の保障を訴えた．たとえば，「何時間もかけて一人で服を着ることよりも，介助者による支援を利用して5分で服を着替え，残りの時間を社会参加のために使用する方が，より自立である」といった考え方である．その後，この自立の概念はサービスを提供する専

門職者主導でつくられた「自立とはサービスに依存しない身辺的自立や経済的自立である」とする自立の捉え方に対するアンチテーゼとして，ノーマライゼーションの理念の繁栄とともに世界各国へ広まり障害者の脱施設化を促進する要因となった．

　日本では2003年4月より開始した障害者福祉サービス提供制度である支援費制度の理念を「利用者本位のサービス提供」とし，この理念を実践する手法として「利用者の自己選択権，自己決定権の尊重」を提唱している．これはまさにIL運動における自立の概念に即した理念である．

2）脱施設化の動向と課題
① 脱施設化と障害者プラン

　日本の脱施設化は障害者運動団体，国・自治体の二方面から展開した．このうち障害者運動団体による脱施設化は，1970年代半ばから開始した「施設解体」を求める運動と1980年代半ばから開始した「自立生活センター」の運動とを中心として展開した．一方，国・自治体による脱施設化は，国が保障する福祉コスト削減を目的に1970年代半ばから展開した．

　その後，日本の障害者福祉における脱施設化施策は，1995年に策定した「障害者プラン—ノーマライゼーション7か年戦略—」として進展した．国連の要請のもとに策定した「（障害者の）完全参加と平等」を理念とする「障害者対策に関する新長期計画（1993～2002年）」の重点施策実施計画という位置づけで，国が立案した計画が「障害者プラン」である．障害者プランの特徴は障害者を対象とする在宅福祉サービスや専門職員等の社会資源に対する具体的な整備目標を設定したことにある．

　しかしながら，障害者プランの終了年度（2002年）での目標達成率をみると，在宅福祉サービスに含まれる市町村障害者生活支援事業は達成率47.1%，精神障害者地域生活支援センターは達成率48.8%といったように知的障害者更生施設（達成率120.5%）や身体障害者療護施設（達成率147.4%）等入所施

図表7—2　新障害者プランの主要目標

区　分		平成19年度 (新障害者プラン目標)
在宅サービスの充実	訪問介護員（ホームヘルパー）	約6万人
	短期入所介護（ショートステイ）	約5600人分
	日帰り介護施設（デイサービスセンター）	約1600ヵ所
	障害児通園（デイサービス）事業	約1万1000人分
	重症心身障害児（者）通園事業	約280ヵ所
	精神障害者地域生活支援センター	約470ヵ所
住まいや活動の場等の確保	地域生活援助事業	約3万400人分
	福祉ホーム	約5200人分
	通所授産施設	約7万3700人分
	精神障害者生活訓練施設（援護寮）	約6700人分
精神障害者の施策の充実	2003年〜2012年に，社会的入院患者（約7万2000人）の退院・社会復帰を目指す	
雇用・就業の確保	2008年度の雇用障害者数を60万人にすることを目指す 平成19年までにハローワークの年間障害者就職件数を3万人にすることを目指す	
障害の原因となる疾病の予防・治療・医学的リハビリテーション	• 難治性疾患に関する研究開発 • 周産期医療ネットワークの整備（全都道府県） • 生活習慣改善による循環器病等の減少 • 糖尿病に関する有病者数の減少等	

出所）内閣府編『障害者白書（平成15年版）』（独立行政法人国立印刷局，2003年，pp.215-218を参考に黒須が作成した．

設の整備率に比較し，在宅福祉サービスの整備率が低かった．その結果，(A)「ノーマライゼーション実践への逆行（結果として入所型施設の増設が進んだ）」，(B)「サービスの質を無視したプランの量的な目標達成」という批判の声を受ける結末となった．

なお，障害者プランの課題を背景に，国は2002（平成14）年12月に「障害者基本計画」（2003〜2012年）を策定した．そのうち前期5年間を「重点施策実施5ヶ年計画（新障害者プラン）」と定め，前期5年間に重点的に実施する施策とその達成目標および計画の推進方策を定めた．新障害者プランにおける主要目標は図表7—2のとおりである．

② 脱施設化施策と社会福祉基礎構造改革

近年の日本の脱施設化施策は国の財政赤字，高齢化の進捗等の人口構造の変化，福祉の普遍化およびノーマライゼーション理念の定着を社会背景として，2000年より開始した社会福祉基礎構造改革の過程に読み取ることができる．社会福祉基礎構造改革（以下，「基礎構造改革」と記す）とは，「社会福祉事業法」（1951年制定）から「社会福祉法」への改正をもって，約50年続いていた日本の社会福祉体制が大きく改革されたことを指す．社会福祉法の主な特徴は「利用者の自立支援」「利用者本位の（自己選択権，自己決定権が尊重された）サービス提供」「市場原理導入によるサービスの質の向上」を法の理念として掲げ，社会福祉サービス提供制度を措置制度から契約制度へと移行したことにある．

国はこの基礎構造改革の理念である「利用者の自立支援」に対する具体的施策として「脱施設」を位置づけた．この基礎構造改革実施の背景には国家財政赤字の解消，つまり社会福祉における行政負担の軽減という国の意図があることを種々の社会福祉や社会保障関係の研究者が述べている．したがって，基礎構造改革の一過程として実践されてきた脱施設化施策にも，国家財政の赤字解消を目的として福祉サービス提供における福祉コスト削減と行政責任の後退という国のねらいが隠されていたことは否めない．その事実は日本の脱施設化施策が北欧諸国で実践されてきた脱施設化とは異なり，未整備な地域社会資源のなかで進められようとしている点に表れている．また，国が福祉施策において財政削減を図ろうとする姿勢が，障害者福祉分野においては後述する「障害者自立支援法」（2005年10月制定）によりとくに顕著になったといわれている．

③ 脱施設化施策の課題

以上のような日本の脱施設化施策の現状と問題点を整理し，今後の課題を次に記す．

(A) 障害者のQOL向上を視野においた障害者自立支援体制の構築

(B) 在宅で自立生活を営む障害者のニーズに適合した社会資源の充実と質の

向上

第3節　障害者自立支援の動向

　1980年代以降，日本のノーマライゼーション施策，障害者自立支援施策は脱施設化の開始，支援費制度の導入（2003年4月施行）という流れで進められてきた．両施策の共通点は，①障害者の利用者本位の自立と社会参加促進を目的とすること，②国の財政赤字を社会背景とすること，③障害者のニーズに対する十分な環境整備が行き渡らないまま「自己選択権，自己決定権の尊重」という理念のみが先行していることの3点である．しかし②・③の結果，障害者福祉においてとくに重要な視点である①の利用者本位という理念が後退し，障害者の脱施設化施策は国の財政赤字解消を意図する施設解体施策へ，支援費制度は国の障害者福祉予算抑制を意図する新制度（障害者自立支援法）へと形を変えて展開しはじめている．本節ではまず，日本の障害者自立支援施策の現状と動向として，2006年4月1日より施行となった「障害者自立支援法」の概要を記し，次に障害者自立支援法が障害者の生活に及ぼす影響をノーマライゼーション実現の視点から捉え記述する．そして最後に日本の障害者自立支援における今後の課題を，障害者福祉の課題としてまとめる．

1．障害者自立支援法制定の経緯

　社会福祉基礎構造改革（2000年）によって，障害者福祉サービス提供制度には2003年4月より支援費制度が開始した．支援費制度は，①サービス提供制度に契約制度を導入したこと，②制度の対象者を身体障害者，知的障害者とした（精神障害者，障害児は法の対象外となった）こと，③サービス利用料負担は応能負担制度[8]であること（ただし扶養義務者の所得は利用者の所得として換算される）等を特徴としていた．

　しかし，支援費制度は施行前に国が十分なニーズ調査を実施していなかった

こと等が要因となり，施行後1年にして約170億円の赤字を出す結果となった．そこで2004年10月に施行1年6ヵ月にして国は「今後の障害者保健福祉について（改革のグランドデザイン案）」（以後，「グランドデザイン案」と記す）を国民に提唱した．続いて以下の経緯により2006年10月に「障害者自立支援法」が完全施行となった．

2005年2月	障害者自立支援法（案）を国会提出
	サービス利用における応益負担制度の導入等に対する障害者団体等の反対運動等がさかんに行われる．
10月31日	障害者自立支援法　国会にて可決・成立
2006年4月	障害者自立支援法　一部施行（利用者負担制度等）
2006年10月	障害者自立支援法　完全施行（施行3年後に法の見直しを行い，旧施設福祉サービス体系等は5年の経過措置を設けて移行する）

なお，障害者自立支援法制定の理由として国（厚生労働省）は支援費制度の次の3つの問題点を提示している．(1)身体障害・知的障害・精神障害といった障害種別ごとに縦割りでサービスが提供されており，施設・事業体系がわかりにくく，使いにくい．(2)サービスの提供体制が不十分な地方自治体も多く，必要とする人びとすべてにサービスが行き届いていない（地方自治体間の格差が大きい）．(3)支援費制度における国と地方自治体の費用負担ルールでは，増え続けるサービス利用のための財源を確保することが困難であること．

2．改革のねらい

障害者自立支援法は上記の支援費制度の問題点を改善するための新法であるとし，改革のねらいとして次の5点が掲げられた．(1)「障害者福祉サービスの一元化」，(2)「障害者がもっと働ける社会に」，(3)地域の限られた社会資源を活用できるよう「規制緩和」，(4)公平なサービス利用のための「手続きや基準の透明化，明確化」，(5)増大する福祉サービス等の費用を皆で負担し支え合

う仕組みの強化（① 利用したサービスの量や所得に応じた「公平な負担」, ② 国の「財政責任の明確化」）.

3. 障害者自立支援法の概要

次に, 障害者自立支援法の概要を記述する.

1) 主な目的

障害者が安心して暮らせる社会の実現.

2) 対象者

身体障害者, 知的障害者, 精神障害者, 障害児.

3) 障害者福祉サービス事業の一元化

戦後約50年に渡り縦割りに分割し実践されてきた身体, 知的, 精神障害者福祉サービスにおける施設福祉, 居宅福祉サービス等が一元化された（図表7-3）.

4) サービス提供システム

サービス提供主体者を市町村に一本化し, 障害程度区分認定システムを取り入れた1次判定, 審査会による2次判定という介護保険の要介護認定システムに類似した一連の流れを設定したサービス支給決定システムを創設した（図表7-4）. また, サービス選択から利用までの過程の支援システムに, 市町村職員による実施を基本としたケアマネジメント制度を導入した.

5) 障害福祉計画

都道府県, 市町村における障害福祉計画（介護給付, 訓練等給付, 地域生活支援事業の提供体制の確保に対する計画）策定を義務づけた.

図表7－3　障害者自立支援法におけるサービス体系の移行状況

旧サービス体系		新サービス体系	
公費負担医療	更正医療	自立支援医療	
	育成医療		
	精神障害者通院医療費公費負担制度		
	補装具給付	（新）補装具給付	
居宅サービス	ホームヘルプ	居宅介護（ホームヘルプ）	自立支援給付
	デイサービス	重度訪問介護	
	ショートステイ	行動援護	
	グループホーム	重度障害者等包括支援	介護給付
施設サービス	重症心身障害児施設	児童デイサービス	
	療護施設	短期入所（ショートステイ）	
	更生施設	療養介護	
	授産施設	生活介護	
	福祉工場	障害者支援施設での夜間ケア等（施設入所支援）	
	通勤寮		
	福祉ホーム	共同生活介護（ケアホーム）	
	生活訓練施設	自立訓練（機能訓練・生活訓練）	訓練等給付
		就労移行支援	
		就労継続支援（雇用型・非雇用型）	
		共同生活援助（グループホーム）	
相談支援		相談支援	地域生活支援事業
日常生活用具		日常生活用具の給付又は貸与	
手話通訳派遣事業		コミュニケーション支援	
ホームヘルプ		移動支援	
デイサービス		地域活動支援センター	
小規模作業所		居住支援	
その他，訪問入浴，職親制度等		福祉ホーム	
		その他の日常生活又は社会生活支援	

出所）厚生労働省監修「障害者自立支援法パンフレット」全国社会福祉協議会，2006年を参考に黒須が作成した．

図表7－4　介護給付・訓練等給付の申請から支給決定までの流れ

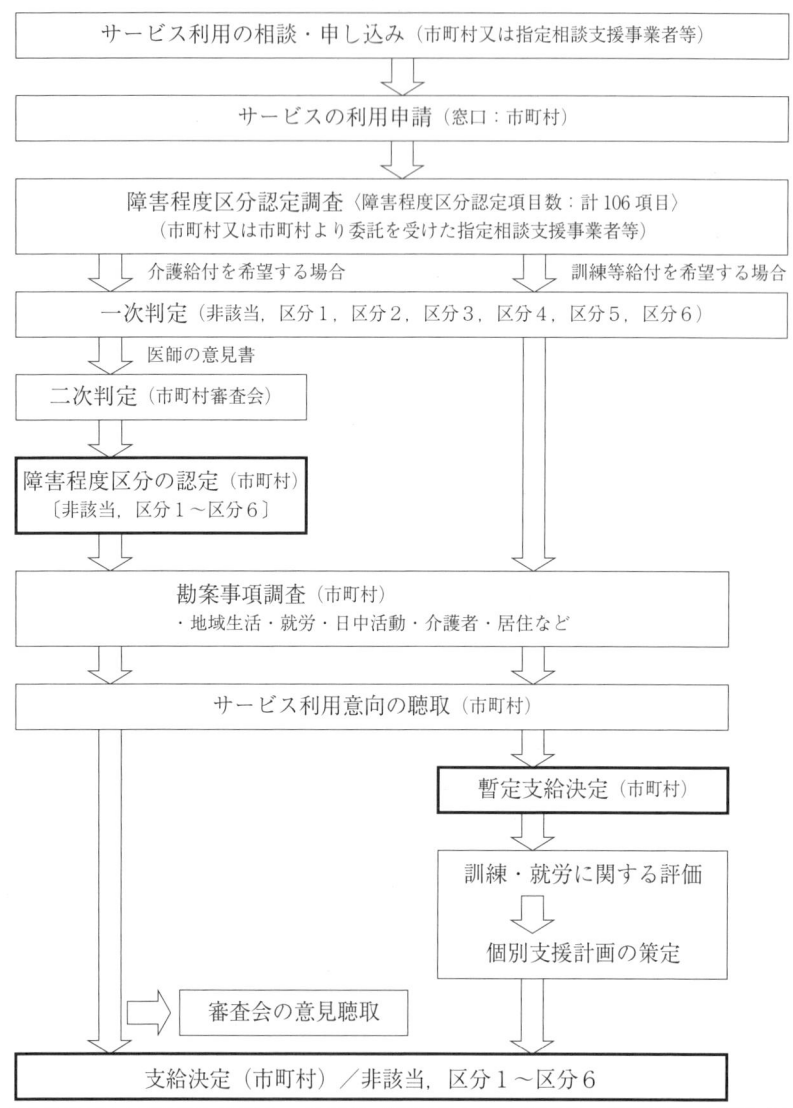

```
┌─────────────────────────────────────────────────┐
│  サービス利用の相談・申し込み（市町村又は指定相談支援事業者等）  │
└─────────────────────────────────────────────────┘
                        ↓
┌─────────────────────────────────────────────────┐
│           サービスの利用申請（窓口：市町村）              │
└─────────────────────────────────────────────────┘
                        ↓
┌─────────────────────────────────────────────────┐
│   障害程度区分認定調査〈障害程度区分認定項目数：計106項目〉    │
│     （市町村又は市町村より委託を受けた指定相談支援事業者等）   │
└─────────────────────────────────────────────────┘
          ↓ 介護給付を希望する場合    ↓ 訓練等給付を希望する場合
┌─────────────────────────────────────────────────┐
│     一次判定（非該当，区分1，区分2，区分3，区分4，区分5，区分6）     │
└─────────────────────────────────────────────────┘
   ↓ 医師の意見書
┌──────────────────────┐
│  二次判定（市町村審査会）   │
└──────────────────────┘
   ↓
┌──────────────────────┐
│  障害程度区分の認定（市町村）│
│  〔非該当，区分1～区分6〕   │
└──────────────────────┘
   ↓
┌─────────────────────────────────────────────────┐
│            勘案事項調査（市町村）                     │
│     ・地域生活・就労・日中活動・介護者・居住など          │
└─────────────────────────────────────────────────┘
                        ↓
┌─────────────────────────────────────────────────┐
│           サービス利用意向の聴取（市町村）              │
└─────────────────────────────────────────────────┘
                                       ↓
                          ┌──────────────────────┐
                          │   暫定支給決定（市町村）   │
                          └──────────────────────┘
                                       ↓
                          ┌──────────────────────┐
                          │    訓練・就労に関する評価   │
                          └──────────────────────┘
                                       ↓
                          ┌──────────────────────┐
                          │    個別支援計画の策定     │
                          └──────────────────────┘
              ┌──────────────────────┐
         ⇒   │    審査会の意見聴取      │
              └──────────────────────┘
                        ↓
┌─────────────────────────────────────────────────┐
│    支給決定（市町村）／非該当，区分1～区分6              │
└─────────────────────────────────────────────────┘
```

※支給決定に不服がある場合，申請者（障害者または障害児の保護者）は都道府県（障害者介護給付費等不服審査会）に審査請求することができる。

出所）厚生労働省監修「障害者自立支援法パンフレット」全国社会福祉協議会，2006年を参考に黒須が作成した．

6）サービス利用料負担制度

① 応能負担制度から定率負担制度へ

　介護給付，訓練等給付，自立支援医療，補装具に対する利用料負担制度を応能負担制度から定率負担制度（1割の応益負担に，利用者の収入に応じて利用料負担額に上限を設けたサービス利用料負担制度）[9]へ移行した．

② 食費等に対する実費負担制度の導入

　通所施設，ショートステイ，デイサービスでの食費，入所型施設の食費，光熱水費，個室利用料，医療費および日用品費を全額自己負担を基本とする実費負担制度へ移行した．

7）障害者福祉サービスに対する公的負担制度

　介護給付事業，訓練給付事業の経費負担方式を国の義務的経費[10]とし，利用料の2分の1を国が負担する方式を規定した．また，地域生活支援事業の経費負担方式を地方自治体（主に市町村）の裁量的経費[11]とした．

4．障害者自立支援の課題

　障害者自立支援法施行後も，数多くの障害当事者や障害者支援団体等が反対の声を上げている．反対の声をとくに強く浴びているのは定率負担制度導入についてである．もう1つは障害者福祉予算引き締め等の状況に障害者福祉における国の責任の後退化を図る姿勢が見受けられる点についてである．

1）ノーマライゼーションの実践に及ぼす影響

　障害者福祉の目的である「障害児・者の生活の質の向上」とは社会環境の未整備が障害の一因となっている障害児・者の暮らしを，その生活環境の調整，整備により，健康で文化的なかつ人権が尊重された暮らしへと変えていくことを意味する．つまり，ノーマライゼーションを実現する社会を創造していくことである．

ここではそのうちとくにノーマライゼーション実現に向けて，地域生活を送る障害者の生活にマイナスの影響を及ぼす恐れがあると考察する制度を抽出し，新制度が障害者の生活に及ぼす影響について記述する．

① 定率負担制度

定率負担制度は地域生活を送る障害者の社会参加にマイナスの影響を及ぼすだろう．

定率負担制度ではサービス利用料負担額に収入別上限が設定されているものの，より多くのサービスを利用しなければ自身の健康を維持できないような重度障害者であるほど，より多くの利用料金を支払わなければならないという仕組みとなっている．

たとえば，平成16年3月まで法定雇用率制度の対象外であった精神障害者の多くは，医療サービスとともに就労訓練サービスを利用し，障害年金等を受給しながら健康で文化的な生活を何とか保ち地域生活を送っている．しかし，1割の応益負担を基本とする定率負担制度導入により，精神障害者が負担しなければならない通院医療費や就労訓練サービス利用料は上昇した．一般的に衣(医)食住費が優先となる人間の生活スタイルを考慮すると，精神障害者の多くはその他のサービス利用を控えなければならなくなり，その結果，就労訓練かつ社会参加の機会が減少してしまうだろう．実際に2006年4月から定率負担制度導入が開始した障害者授産施設（2006年10月以降の就労継続支援事業に該当）では，「賃金よりも利用料と交通費の合計が高く，今後利用を継続すれば生活が成り立たない」と施設を退所する利用者が現れている．

したがって，定率負担制度の導入により，健康な生活を維持するために多くのサービスを要する重度障害者であるほど，自らの健康的な生活を維持するために，憲法により保障されている「文化的な生活」を満たすニーズの充足に至らない可能性が高まってくると考える．

② 障害程度区分認定システム

障害程度区分とはサービスの必要性を示すものである．本来，障害者のサー

ビスの必要性はまず本人の話を傾聴し，本人の社会関係を考慮した上で検討する必要があると考える．

しかし，障害程度区分認定システムにおける認定項目には障害者を医学モデルで捉えそのニーズを判定する調査項目が多い（97項目／106項目）．介護給付と訓練給付に対するサービス支給決定プロセスではその結果を1次判定に用いて障害者のニーズ（サービスの必要性）を見出そうとしている．その結果，障害者の利用希望に対するサービスの選択肢は障害程度区分認定システムにより1次判定にて限定されていくシステムとなっている．よって生活に必要な，従来使用していたサービスであっても利用できないという不合理な現象が起こりかねない．

実際に厚生労働省の報告によると，2006年6月末までに行われた障害程度区分判定の結果，1次判定では障害程度区分が下位（サービスの必要性が少ない）に判定された障害者のうち2次判定で33.2％が上位に変更となっている[12]．この結果は，1次判定の調査項目が障害者のサービス必要度を判定する項目として妥当な項目ではないことを示しているのではないか．よって，障害者も地域社会で安心して生活できる社会づくりを行うためには，生活モデルで障害者のニーズを見出しサービスを提供する体制づくりが今後の重要な課題である．

2）障害者自立支援の課題

① 利用者本位の自立支援体制の構築

第1の課題は利用者本位の支援体制を構築することである．障害者自立支援法制定の理由として国は支援費制度の問題点をあげ，そのひとつに「必要とする人びとすべてにサービスが行き届いていない（地方自治体間の格差が大きい）」ことをあげていた．脱施設化施策が進展すれば，今後施設から地域へと生活の場を移行する障害者が増加するだろう．その際に障害者の健康で文化的な生活が保障されるためには，障害者の社会参加や自立を実践できるような社会環境がより必要となってくるだろう．

ここで，障害者福祉における「自立」とは障害者の人権尊重はもちろんのこと，障害児・者のニーズに基づいた利用者本位の自己選択権，自己決定権が尊重されていること，つまりサービス利用等の是非も含めて自分で自分の生活の場や生き方を決めることを意味することを再考して欲しい．利用者本位とは社会の事情等ではなく利用者の立場（障害者福祉ではとくに利用者の自己実現）を重視して考えることを意味する．健康で文化的な社会人として当たり前の生活を送るために必要なサービス利用の上限を，障害程度区分や定率負担制度により行政に限定された枠組みのなかでの支援体制が利用者本位に該当するとはいえないであろう．

　よって，利用者本位の自立支援体制とは国の財政的理由いかんにかかわらず，障害者がサービス等を利用しながらであっても自身の人生を自身で考え決定する場をもち，社会の構成員としてあらゆる機会に参加できる環境づくりを支援していく体制のことである．

② ノーマライゼーションの実践

　第2の課題は利用者本位の「自立と社会参加」を目的とするノーマライゼーション実践を少しでも前進させていくことである．ノーマライゼーション実践における留意点として以下，3点を記す．

(1) ノーマライゼーションの実践を目的として脱施設を支持し推進していくこと．
(2) ノーマルな社会とは，政府と障害児・者を含む地域住民とがともに支え合って創る社会であること．
(3) 福祉専門職者は利用者の意思を尊重し利用者の立場に立って障害福祉計画やサービス支援計画の策定，ケアマネジメント等のソーシャルワークを実践すること．

【注】
1) 内閣府編『障害者白書（平成18年版）』独立行政法人国立印刷局，2006年，

p. 168
2）内閣府編『障害者白書（平成17年版）』独立行政法人国立印刷局，2005年，p. 100
3）生活保護の動向編集委員会『生活保護の動向　平成16年度版』中央法規出版，2004年，p. 43
4）前掲書2），p. 187
5）同上書，p. 168
6）花村春樹訳『「ノーマリゼーションの父」N. E. バンクミッケルセン　その生涯と思想』ミネルヴァ書房，1994年，p. 155
7）同上書，p. 156
8）応能負担制度：利用者の所得（支払い能力）に応じてサービス利用料を支払う制度
9）応益負担制度：サービス利用量に応じて利用料金の一定割合を（所得とは無関係に）負担する制度
10）義務的経費：法律で実施の基本が定められ財源が確保されている公費負担方式
11）裁量的経費：主に市町村が利用料，要綱，予算などの裁量をもって実施する予算補助型の公費負担方式
12）厚生労働省障害保健福祉関係主管課長会議「資料1」平成18年8月24日

【参考文献】

障害者福祉研究会編『ICF国際正確機能分類―国際障害分類改訂版―』中央法規出版，2002年

障害者生活支援システム研究会編『ノーマライゼーションと日本の「脱施設」』かもがわ出版，2003年

マンセル，ジム・エリクソン，ケント編著（中園康夫・末光茂監訳）『脱施設化と地域生活―英国・北欧・米国における比較研究』相川書房，2000年

全国社会福祉協議会編，京極高宣『障害者自立支援法の解説』全国社会福祉協議会，2005年

障害者生活支援システム研究会編『障害者自立支援法活用の手引き』かもがわ出版，2006年

峰島厚・白沢仁・多田薫『障害者自立支援法の基本と活用』全国障害者問題研究会出版部，2006年

第8章　地域福祉の現状とあり方

第1節　求められる地域福祉の概要

1．地域福祉の意義

　2000（平成12）年6月より施行された社会福祉法は，その主要な目的のひとつに「地域における社会福祉（以下，「地域福祉」という）の推進」をあげている．

　1951（昭和26）年に制定された社会福祉事業法が，21世紀を見据えた「社会福祉基礎構造改革」の流れのなかで，50年ぶりに改正された．その改革の方向と内容を示した社会福祉法において，地域福祉の推進が眼目として掲げられた．改正が意図する「利用者の立場に立った社会福祉制度の構築」は，地域福祉の具体的な推進いかんにかかっているのである．

　社会福祉を推進する基盤として，「地域」はなぜ重要視されるのであろうか．

　地域は人びとの生活の場である．一般に人は職場に通える範囲の地域に住居を定め，生活を営む．食事や睡眠，排泄を行い，家事を処理する．家族の育児，看病，介護を行う．本人や家族の成長・老化に伴う入学や卒業，就職，結婚，退職等の人生の節目に対処する．友人・知己との交流，近隣の付き合い，地域行事への参加等もある．人は一人ではなく，人びととの交わりのなかにおいて生きている．税金を納め，料金を支払い，さまざまな社会資源を利用する．こうした事柄の総体が地域における生活である．そして「住めば都」と感じ，地域・住民に愛着を覚え，連帯感が芽生える．その地域の歴史や文化を引き継ぎ，創り，後世に伝えていくことになる．

第8章 地域福祉の現状とあり方

住民が生活のため行動する範域である地域・生活圏は，近隣から始まり，基礎集落圏，1次，2次，3次生活圏等同心円的・重層的な広がりをみせている．これらの範域に住民の成長発達過程や年齢を考慮して公共施設や各種サービス等の社会資源が整備され，生活の利便に役立つのであるが，その上限は，市町村自治体とするのが現実的である．

私たちは市町村に住居を置き，住民登録を行い，その地の「住民」となって権利，義務を有する．私たちが安心して生活していくための基盤は地域・自治体にあり，そこがどのような人びとによって構成されているか，環境は良好か，社会資源が整備されているかは生活に大きく影響する．「地域」が重要視されるゆえんである．地域における生活が快適かどうかが人生の豊かさを左右する．私たちは主権者として，地域・自治体のあり方に注目していくことが欠かせない．

2．地域福祉推進団体の歴史的経緯

欧米のCOS運動やセツルメント運動の影響を受けて，日本でも1900年代の中央慈善協会の活動や1990年代の岡山博愛会やキングスレー館の活動等がみられるが，ここでは現在，地域福祉推進に関係する主要な団体を取り上げ，その歴史と現状にふれる．

1）町内会・自治会

757年から実施された養老令に，近隣の5戸をひとつの単位とする五保の制が定められていたが，律令国家の崩壊とともに消失した．

1967（明治42）年から始まった応仁の乱は，都である京都を荒廃させた．人びとは生活防衛のために，わが国ではじめての自治組織ともいうべき「町」をつくった．いくつかの町が集まり「町組」ができた．織田信長がこれを行政機構のなかに位置づけ，豊臣時代を経て，徳川時代には五人組となった．組内では親睦が図られ，貧者の扶助なども行われた．助け合い活動の頼母子講（無尽

講）や結（ゆい），催合（もやい）なども古くから行われてきた．

明治時代に入り地方制度の整備過程で区（部落会・町内会）が市町村を補強し，地域共同体の秩序を支えるものとして位置づけられた．1874（明治7）年，わが国初の救貧立法である恤救規則では，親族相救・隣保相扶，人民相互の情誼が強調され，区は共同体扶助機能を果たした．

町内会・部落会の整備が図られたのは，1940（昭和15）年に発せられた内務省の「部落会町内会等整備要領」によってである[1]．これによれば，村落に部落会，市街地に町内会を組織し，その下に隣保班（隣組）が置かれた．全国的に張り巡らされた町内会・部落会は以後，第2次世界大戦遂行のための翼賛体制に組み込まれていく．

第2次世界大戦後，1947（昭和22）年，政令第15号「町内会部落会またはその連合会等に関する解散，就職禁止その他の制限に関する件」が施行された．しかし，ほとんどの町内会や隣保組織は生き残るか，復活していた．その後，市部を中心に「自治会」の名称も使われてきた．町内会・自治会は住民の地域生活に根ざした生活防衛組織，行政補完的組織活動を続け今日に至っている．地域福祉関係では，民生・児童委員や福祉委員の推薦母体や小地区社協の構成団体であったり，子どもの見守り活動，防犯や環境整備，福祉制度やサービスの情報提供協力，共同募金や社協会費の集金，行政への陳情・要求活動等が行われている．

2）民生委員・児童委員

わが国の民生委員制度の嚆矢（こうし）は，1917（大正6）年に岡山県の笠井信一知事によって創始された済世顧問制度である．制度最初の大綱によれば，済世顧問の主要任務に，市町村行政区域を基本として，その区域内にすむ有力者に委嘱して防貧事業を遂行すること，があげられている．翌1918（大正7）年，大阪府に方面委員制度がつくられた．林市蔵知事と大阪府嘱託小河滋次郎博士との共同研究に成るものであった．

その後，この制度は各都道府県に広がり，1936（昭和11）年，方面委員令となって法制化され，1948（昭和23）年，民生委員法として公布された．1948年に児童福祉法が施行され，民生委員は児童委員を兼ねることになった．さらに，1994（平成6）年から主任児童委員が設置された．

2004（平成16）年12月1日の改選による全国の民生委員定数は22万9,958人で，全国くまなく配置されており，住民福祉の増進をめざして活動している．

3）共同募金運動

赤い羽根・共同募金運動は，1947（昭和22）年，民間社会事業の財源確保のために全国一斉に始められた．民間社会事業，とりわけ社会事業施設は，第2次世界大戦により被害を受けた上に，戦後の新憲法第89条により公金支出禁止の対象となって，経営困難となった．その窮状打開策として考え出されたのが社会福祉法人制度と共同募金運動であった．

共同募金は第三者募金であり，共同募金会によって実施される．共同募金会は中央―都道府県―郡市区町村（支会，分会）と系統的に組織されている．2004（平成16）年度の共同募金（一般募金）総額は約156億2千万円，1947（昭和22年）年からの一般募金累計額は約4,856億2千万円である．配分の重点は，長らく民間社会福祉施設であったが，現在は，市町村社会福祉協議会が行う在宅福祉サービス活動等に多くが配分されている．共同募金会はその他，民間助成団体の申請・助成業務に協力するなど財源の確保に大きく貢献している．また，共同募金運動は社会連帯心の高揚，寄付の文化的風土の醸成にも寄与してきている．

4）社会福祉協議会

1949（昭和24）年11月，GHQ（連合国軍総司令部）より「昭和25年度において達成すべき厚生施策の主要目標および期日についての提案」が行われた．そ

のなかに「社会福祉活動に関する協議会の創設」があった．

これを受けて，1951（昭和26）年1月12日に中央社会福祉協議会（現，全国社会福祉協議会）が東京で結成された．日本社会事業協会，同胞援護会，全日本民生委員連盟の統合によるものであった．そして同年中に全国の都道府県に，1955年までに市町村の80％以上に社会福祉協議会（以下，「社協」という）が組織された．

それ以後，1959（昭和34）年からの保健福祉地区組織活動を経て，1962（昭和37）年「社会福祉協議会基本要項」が策定された．それには，社協の組織活動が求められる背景，活動の目的とともに，社協の性格，機能，組織，財政等について説明されている．この要項を指針として全国の社協関係者が実践を積み重ねた．

1963（昭和38）年から都道府県社協に福祉活動指導員，1966（昭和41）年には市町村社協に福祉活動専門員が設置された．1975（昭和50）年からは市区町村社協の奉仕活動センター（現・ボランティアセンター）に設置補助がなされてきた．

1983（昭和58）年に，社協関係者念願の市町村社協の法制化が実現した．

1992（平成4）年，21世紀を前に今後の社協の発展をめざして，「新・社会福祉協議会基本要項」（以下，新基本要項）が制定された．新基本要項では社協の性格として，「住民主体の理念に基づき，地域の福祉課題に取り組み，誰もが安心して暮らすことのできる地域福祉の実現をめざす」，「公共性と自主性を有する民間組織である」と，記されている．

2000年4月から介護保険法が実施されたことにより，多くの市町村社協が指定居宅介護サービス事業者等になり，社協の事業，財政のなかで大きな分野を占めることになった．2003（平成15）年度から障害者福祉分野に支援費制度が実施されたことにより，指定居宅介護支援事業所になる社協も出てきている．

また，契約型福祉への移行に伴い，利用者保護分野における社協の位置と役

割は大きくなっている．社協が利用者本位の立場に立って，利用者の権利を擁護し，サービス利用を支援していくことが重要である．質のよいサービスを提供していくことはもちろんであるが，事業を通じて把握される利用者の声や制度・サービスの不備・改革点を組織活動に反映させ，事業を発展させていくことができるかどうかが問われている．

5）ボランティア活動，NPO 活動等

わが国においてボランティア活動が俄然注目を浴びたのは 1995（平成 7）年 1 月に発生した阪神・淡路大震災時である．地震発生後 13 ヵ月間で，約 140 万人のボランティアが現地に結集した．この時の括目すべき活動により 1995（平成 7）年が「ボランティア元年」と称された．以後，国や自治体の防災計画にボランティアが位置づけられるようになった．

これに先立つ 1980 年代前半から，住民参加型在宅福祉サービス活動とよばれる，非営利の有償サービス活動が活発化してきていた．企業の社会貢献活動もみられ，1990（平成 2）年は「フィランソロピー元年」といわれた．

1998 年 3 月「特定非営利活動促進法」（以下，NPO 法）が成立し，12 分野（2003 年 5 月より 17 分野[2]）の活動で，一定の要件（141〜142 ページ参照）を満たした団体が認証され，NPO 法人格を取得するようになった．

全国のボランティア団体は 12 万 3,300 団体を数え[3]（2004 年 4 月），NPO 法人は 2 万 7,414 団体に上っている（2006 年 6 月）[4]．

6）協同組合活動

協同組合は生活者が出資金を出し合ってつくった相互扶助組織であり，生産，消費両面にわたり各種の組合があるが，ここでは，介護サービス事業等に活動の幅を広げてきている農業協同組合（以下，農協）と消費生活協同組合（以下，生協）を取り上げる．

農協は 1947（昭和 22）年にできた農協法により設立され，農民の生産力の向

上と農業従事者の福利に貢献してきた．農村の高齢化に伴い，介護問題等への対応が課題となり，1992（平成4）年に農協法が改正され，介護サービス事業への農協の参入と，組合員以外の住民のサービス利用が可能となった．ホームヘルパーの養成や訪問介護事業，ミニデイサービス活動等を行っている．

消費生活協同組合法は，1948（昭和23）年につくられた．生協は「組合員の生活の文化的経済的改善向上を図る」ことを目的に消費物資の協同購入等の活動を行ってきた．高齢組合員の生活支援をはじめ社会福祉問題が住民の関心事になるにつれ，福祉生協等ができ，活動が展開されてきた．そこでは，訪問介護，デイサービス，給食サービス，ホームヘルパー養成講座等が行われている．

3．背 景

1950年代後半から始まった高度経済成長政策により，過疎・過密問題が発生し，公害等の環境・健康破壊に対する抗議と生活基盤の整備を求めて住民運動が高揚した．

これまでの地域共同体の紐帯が弱まり，家族規模の縮小や機能の変化，生活の社会化等により，住民の生活の場である地域に，社会福祉問題が大量に多様化して現れてくることになった．こうした状況を背景に地域社会（コミュニティ）の再建と新たな創造をめざすコミュニティ政策が登場した．

1969（昭和44）年9月，国民生活審議会から「コミュニティ―生活の場における人間性の回復」という答申が出された．2年後の1971（昭和46）年12月には，中央社会福祉審議会から「コミュニティ形成と社会福祉」と題する答申が行われた．この答申ではコミュニティ・ケア（在宅福祉）の充実が提起された．

「福祉元年」といわれた1973（昭和48）年秋，わが国は第1次オイルショックに見舞われ，高度経済成長時代から低経済成長時代に移行した．国・地方自治体の財政危機が叫ばれ，財政硬直の要因のひとつに社会福祉が上げられ，

「福祉見直し論」が登場した.

　1976 (昭和51) 年,全国社会福祉協議会・社会福祉懇談会は「これからの社会福祉―低成長下におけるそのあり方―」を発表した.このなかで,「公私の役割分担」や「地域社会中心の社会福祉活動の重視」がうたわれている.

　1979 (昭和54) 年,全国社会福祉協議会が「在宅福祉サービスの戦略」を発表,これに述べられている地域福祉論,在宅福祉論を基に全国の市区町村社協が在宅福祉サービス活動に取り組んでいった.

　1989 (平成元) 年3月,福祉関係3審議会合同企画分科会が「今後の社会福祉のあり方について」厚生大臣に意見具申を行った.ここでは,「市町村の役割の重視」や「在宅福祉の充実」,「福祉の担い手の確保」等が基本的課題として提言されている.

　1989 (平成元) 年12月には,在宅福祉三本柱を中心とする「高齢者保健福祉推進10ヵ年戦略」(ゴールドプラン) が策定された.後に,エンゼルプランや障害者プランも登場する.

　ゴールドプランのスムーズな遂行と市町村自治体を重視した地域福祉・在宅福祉推進の条件を整備するため同年6月,社会福祉関係八法の改正が行われた.

　1998 (平成10) 年6月,中央社会福祉審議会社会福祉構造改革分科会中間まとめ「社会福祉基礎構造改革について」が出され,社会福祉事業法の改正案がまとめられ,2000 (平成12) 年5月,国会において「社会福祉法」が成立した.

第2節　求められる地域福祉の法制度

1．社会福祉法上の地域福祉

　2000年6月施行の社会福祉法において,はじめて「地域福祉」が法律用語として登場した.第1条（目的）で,「この法律は,…中略…福祉サービスの利用者の利益の保護および地域における社会福祉（以下,「地域福祉」という）の

推進を図るとともに，社会福祉事業の公明かつ適正な実施の確保および社会福祉を目的とする事業の健全な発達を図り，もって社会福祉の増進に資することを目的とする」と明記された．

地域福祉の推進にあたっては，第4条で，「地域住民，社会福祉を目的とする事業を経営する者および社会福祉に関する活動を行う者は，相互に協力し，福祉サービスを必要とする地域住民が地域社会を構成する一員として日常生活を営み，社会，経済，文化その他あらゆる分野の活動に参加する機会が与えられるように，地域福祉の推進に努めなければならない」と規定している．

国・地方公共団体の責務については，第6条で，「…前略…福祉サービスを提供する体制の確保に関する施策，福祉サービスの適切な利用の推進に関する施策その他の必要な各般の措置を講じなければならない」としている．

そして，2003（平成15）年4月施行の第107条と108条において，市町村が策定すべき地域福祉計画と都道府県地域福祉支援計画について法定化した．

市町村地域福祉計画は，住民をはじめ社会福祉事業経営者，活動者の意見を基に，地域における，① 福祉サービスの適切な利用の推進，② 社会福祉事業の健全な発達，③ 地域福祉活動への住民の参加の促進に関する事項を柱とした計画である．

都道府県地域福祉支援計画は，① 地域福祉の推進を支援するための基本的方針，② 社会福祉事業従事者の確保または資質の向上，③ 福祉サービスの適切な利用の推進や社会福祉事業の健全な発達の基盤整備に関する事項を内容としたものである．

2．地域福祉の推進団体

社会福祉法は第10章を「地域福祉の推進」として，第1節に社協，第2節に共同募金会に関する条文を掲げている．地域福祉の推進団体として2団体が重要な位置を占めていることがわかる．

市町村社協については，第109条に規定されている．ここでは「市町村社協

は，…中略…次に掲げる事業を行うことにより地域福祉の推進を図ることを目的とする団体であって，その区域内における社会福祉を目的とする事業を経営する者および社会福祉に関する活動を行う者が参加」するものとなっている．そして，社協が行う事業として，① 社会福祉を目的とする事業の企画および実施，② 社会福祉活動への住民参加の援助，③ 調査，普及，連絡，調整および助成，④ 社会福祉を目的とする事業の健全な発達を図るために必要な事業，の4点があげられている．この条文において，市町村社会福祉協議会が「地域福祉を推進することを目的とする団体」であると明記された．

共同募金については第110条で次のように規定している．「…前略…共同募金とは都道府県の区域を単位として，毎年1回，厚生労働大臣の定める期間内に限ってあまねく行なう寄附金の募集であって，その区域内における地域福祉の推進を図るため，その寄附金をその区域内において社会福祉事業，更生保護事業その他の社会福祉を目的とする事業を経営する者（国および地方公共団体を除く．以下この節において同じ．）に配分することを目的とするものをいう」．共同募金会は寄付金を募集し，地域福祉を推進するために配分する，とはっきり法定化された．

次に，民生委員法は，第1条で任務として，「民生委員は，社会奉仕の精神をもって常に住民の立場に立って相談に応じ，および必要な援助を行い，もって社会福祉の増進に努めるものとする」と規定された．常に住民の立場に立つことが協調され，名誉職規定は削除された．民生委員の職務については，第14条で，① 住民の生活状態の把握，② 相談，助言，援助，③ 福祉サービス情報の提供，④ 社会福祉事業経営者，活動者との連携・支援，⑤ 福祉事務所等関係行政機関への協力，⑥ 住民福祉の増進を図る活動，が掲げられている．

阪神・淡路大震災時の，大勢のボランティアによるめざましい活躍を契機に，1998（平成10）年3月，NPO法が成立した．NPO法人が設立，認証され，多様な地域福祉活動を展開している．NPO法による法人格を取得できる団体は，17分野のいずれかで非営利の活動を行う団体であって，① 社員の資格の

得喪に関して不当な条件をつけない，②報酬を受ける役員が役員総数の1／3以下である，③法人が宗教活動，政治活動，選挙活動を行わない，という要件に該当するものである．

なお，NPO活動にみられる市民活動の財政基盤の強化に役立つ税控除制度のさらなる検討が望まれている．また，ボランティア活動やNPO活動の組織運営や財政面を支援する中間支援機関強化の課題があるほか，民間非営利活動活発化のための行政の役割も問われている．

3．制　度

社会福祉法を実現する際，「利用者の立場に立った社会福祉制度の構築」「サービスの質の向上」「社会福祉事業の充実・活性化」「地域福祉の推進」が重視された．利用者がサービスと事業者を選択し，契約することによって利用していけるようにするためには，利用者と事業者が対等の立場に立たなければならない．

そのため，利用者の立場を強化し，保護するための制度が創設された．それが，地域福祉権利擁護事業である．これは，判断が不十分にしか行えない状態にある，認知症の老人や知的障害者，精神障害者が，人権を侵害されたり被害にあわないように，権利を擁護し，日常生活の支援を行おうとするものである．これは，財産管理や身上監護を行う「新成年後見制度[5]」を補完するものでもあった．

事業者にさまざまの規制や義務づけも行われた．苦情解決制度もそのひとつである．サービスを実施する事業者は苦情の受付担当者や解決責任者をおき，第三者委員を嘱託したりして，利用者の苦情解決に当たらなければならない．解決できない場合，都道府県段階の運営適正化委員会や健康保険団体連合会に利用者が苦情を申し出ることができるようになっている．その他，利用契約時の重要事項の説明や書面交付の義務づけ，情報提供，財務諸表や事業報告書等の情報開示，自己評価によるサービスの質の向上，誇大広告の禁止等が事業者

に義務づけられた．事業者の経営・運営やサービスの質の向上と利用者の選択に資するため第三者評価制度や「介護サービス情報の公表」制度も整備されていっている．

多くのサービスが社会福祉法人が経営する事業所によって提供されており，社会福祉法人は今後とも「社会福祉事業の主たる担い手」であることやNPO法人等の台頭などから公益法人制度の見直しが検討されている．特別法人である社会福祉法人は措置制度下にあっては，行政の細部にわたる指導・監査等により民間性を封印されてきた．公益の保持と民間の創意・工夫を発揮できうる制度改正が望まれる．

4．施　策

国の地域福祉関係予算は，2005（平成17）年度からは「三位一体改革」に伴い，国庫補助の効率化と地方自治体の自主性・裁量性を高めるということから地域福祉関係予算が「セーフティネット支援対策補助金」として統合されることになった．この補助金は次の４つの主要な施策から成り立っている．(1)自立支援プログラム策定実施推進事業，(2)生活保護適正実施推進事業，(3)地域福祉増進事業，(4)ホームレス対策事業，である．地域の実情に応じて，これらの事業を弾力的・統合的に駆使することにより，地域から住民のセーフティネットを構築していこうとするもので，どの事業も外せないが，ここでは，「地域福祉増進事業」を取り上げることとする．

地域福祉増進事業は，(1)地域福祉基盤整備事業と(2)地域福祉支援事業，(3)地域福祉ネットワーク事業で構成されている．(1)地域福祉基盤整備事業は，①地域福祉推進支援事業，②民生委員・児童委員研修事業，③福祉人材確保推進事業，④福祉サービスの第三者評価推進事業，⑤社会福祉法人指導監督事業，⑥災害救助対策事業，を含んでいる．

(2)地域福祉支援事業には，①地域福祉権利擁護事業，②ボランティア振興事業，③生活福祉資金貸付事業，④運営適正化委員会設置運営事業，が入っ

ている．

　厳しい社会，経済状況のなかではあるが，関係者の連携・協働により，少しでも所期の成果が上がっていくことを願いたい．

第3節　今後求められる姿・展望

　わが国は今，中央集権から地方分権の流れのなかにある．1999（平成11）年7月，「地方分権の推進を図るための関係法律の整備等に関する法律」（略称・「地方分権一括法」）の成立により，機関委任事務が全廃され，地方自治体の権限と裁量が増すことになった．地方自治体，とりわけ，市町村はこれまでにも増して住民の意思を尊重した行政を展開することが求められている．地方自治体行政の効率化と財政基盤の強化を目途として，いわゆる「平成の大合併」が進められているが，合併は地方自治体を住民から遠ざけることにもなりかねず，住民自治の一層の充実・発展が重要な課題となっている．

　住民が安心して暮らせる，社会連帯心に満ちた地域社会づくり（福祉コミュニティづくり）をめざす，地域福祉活動は，住民自治を培う大事な活動分野でもある．そのような地域社会づくりの課題を次に掲げる．

1．住民の生活基盤の安定と制度・サービス利用支援

　定住するところもなく，「住民」にすらなりえなく，今日，明日の生活に追われるようでは，地域福祉活動への関心は生まれない．雇用の場の開拓・労働条件の整備，所得保障制度の充実が先決である．その上に立って，地域からのセーフティネットを構築していくべきであろう．

　そして，それらのネット利用者の権利擁護，エンパワーメントのためにも各種の相談員，ケアマネジャー，成年後見人，生活支援員，オンブズマン等の活躍が期待される．

2. 住民の自主的活動の活発化と社会連帯心の醸成

　小地域福祉活動やボランティア活動をはじめとする非営利活動，当事者組織活動が活発化するなかで，人権尊重，ノーマライゼーション，インクルージョンの理念を身に付け，社会連帯心の醸成が図られていく．地域の活動に参加，参画し，相互に交わり，ともに成長していく過程で偏見やスティグマが払拭され，住民自治意識も獲得されていくことになる．

3. 社会資源の整備（在宅，施設サービス，環境整備）とネットワーク

　地域における生活を支える，在宅福祉，施設福祉サービスと居住環境（バリアフリーとユニバーサルデザインによる）の整備，ならびに保健医療や関連分野とのネットワークによる地域トータルケアシステムの構築が課題である．その際，保健福祉センターや地域福祉センター，地域包括支援センター等の機能発揮が求められるとともに，行政組織の地域を対象とした横の連携，総合化が重要となる．

4. 専門職の養成・確保と実践力の練磨

　住民主体の地域福祉活動を推進し，地域トータルケアシステムやセーフティネットを構築していくためには，フォーマル，インフォーマル両面にわたる社会資源の実情に通じ，関係機関，施設，団体，事業所のネットワーク化を促進できるコミュニティソーシャルワーカーの養成・配置が必須である．また，持続的現任訓練システムが望まれる．

【注】
1) 中川剛『町内会』中央公論社，1980年，p.153
2) NPO法第2条でいう別表に掲げる17分野とは，① 保健，医療または福祉の増進を図る活動，② 社会教育の推進を図る活動，③ 町づくりの推進を図る活動，④ 学術，文化，芸術，またはスポーツの振興を図る活動，⑤ 環境の保全を図る

活動、⑥ 災害救援活動、⑦ 地域安全活動、⑧ 人権の擁護または平和の推進を図る活動、⑨ 国際協力の活動、⑩ 男女共同参画社会の形成の促進を図る活動、⑪ 子どもの健全育成を図る活動、⑫ 情報化社会の発展を図る活動、⑬ 科学技術の振興を図る活動、⑭ 経済活動の活性化を図る活動、⑮ 職業能力の開発または雇用機会の拡充を支援する活動、⑯ 消費者の保護を図る活動、⑰ 上記の活動を行う団体の運営または活動に関する連絡、助言または援助の活動、である．
3）日本能率協会総合研究所編集『社会福祉・ボランティア統計データ集』生活情報センター，2006年
4）日本社会福祉学会編集『新版地域福祉事典』中央法規出版，2006年，p.240
5）ここでいう「新成年後見法」とは、単独の法律名ではなく、1898年に制定された民法の「禁治産・準禁治産」部分に関連して改正された関連四法（改正民法、任意後見契約法、改正民法施行に伴う関係法整備法、後見登記法）を指している．民法は約100年ぶりに改正され、2000年4月1日から施行された．

【参考文献】

秋元律郎『地域政治と住民』潮新書，1972年
全国社会福祉協議会『住民福祉のための社会福祉協議会活動』全国社会福祉協議会，1972年9月
全国社会福祉協議会『新しいコミュニティの創造　灘神戸生協の在宅福祉』全国社会福祉協議会，1986年
山根常男・木村汎・高橋重宏『家族と福祉の未来』全国社会福祉協議会，1987年
全国社会福祉協議会『住民福祉のための社会福祉協議会活動』全国社会福祉協議会，1972年9月
鳥越皓之『地域自治会の研究』ミネルヴァ書房，1994年
厚生省「社会福祉の増進のための社会福祉事業法等の一部を改正する等の法律の概要」2000年
地方自治制度研究会『地方自治六法』学陽書房，2001年
渋川智明『福祉NPO』岩波新書，2001年
井岡勉・成清美治編『地域福祉概論』学文社，2002年
井岡勉・坂下達男・鈴木五郎・野上文夫『地域福祉概説』明石書店，2003年
全国社会福祉協議会，社会福祉制度・予算対策委員会「予対速報NO.6」，2004年
内閣府『国民生活白書（平成16年版）』独立行政法人国立印刷局，2004年

第9章　社会福祉援助技術・方法の現状とあり方

第1節　社会福祉援助技術・方法の意義

　社会福祉援助技術・方法の現状とあり方について述べるにあたり，まず，用語について整理したい．

　社会福祉実践（援助活動）で用いる方法を表す言葉として，また，教育課程で用いる科目名として「社会福祉方法論」から「社会福祉援助技術論」への変化が，定着してきている．この変化は，社会福祉士および介護福祉士法の成立と，それに伴い，国家試験の科目として位置づけられたことによる影響が大きいといえる[1]．

　語義としての方法とは，広辞苑（第5版）によると，「①しかた．てだて．目的を達するための手段．または，そのための計画的措置」とある．方法論としては，哲学の定義が紹介されている．また，技術とは，「①物事をたくみに行うわざ．技巧．技芸．②科学を実地に応用して自然の事物を改変・加工し，人間生活に役立てるわざ．」とあるが，技術論についての記載はない．

　日常場面では，方法というと実施に関する全体を示し，技術というとテクニックやスキルなど具体的な実施場面を示すと捉えられるのではないだろうか．

　社会福祉の方法とは，「社会福祉実践（援助活動）に活用される合理的な手段の総体」と硯川は述べており，ここではこれによりたい[2]．また，社会福祉の援助技術とは，ここでは社会福祉実践に活用される専門的かつ具体的な手段の総称として用いたい．

1. 社会福祉援助技術・方法の歴史

　社会福祉援助技術・方法は，近代以降の社会福祉の歴史・発展とその歩みをともにしてきたといえる．それは，19世紀のイギリスにおける慈善活動から始まった．当時，イギリスでは，産業革命が起きたことにより，新たに経済的に豊かな人びとが生まれる一方で，労働力として都市に集まった多くの人びとは，その恩恵に浴することなく，厳しい労働条件のもとで貧しい生活を強いられていた．それらの人びとに対して，富裕な人びとや，キリスト教の信仰に基づく人びとによる慈善活動が盛んになった．それらは，はじめ，個人の活動として随意に行われていたが，後に，組織的な活動に発展していった．

　そのような，19世紀イギリスに起こった慈善組織協会（Charity Organization Society：COS）の活動のなかに，個別援助技術（ケースワーク）の起源をみることができる．

　慈善組織協会ではボランティアを組織化し，友愛訪問による相談を行い，調査や記録を実施していた．

　また，同時期に，貧困地域の子どもたちを対象に，社会教育やレクリエーション活動を子どもたちの集団に働きかけることで健全な成長をめざす活動が行われており，この活動の方法展開は，セツルメント運動にも取り入れられ，グループワークの手法として発展していった．セツルメント運動が慈善組織協会と同様にアメリカに渡って発展していくなかで，専属の職員を雇用しての組織的展開がなされ，社会福祉の方法として発展していった．

　また，慈善組織協会，セツルメントの運動，そして，共同募金活動には，その後の地域援助技術（コミュニティワーク）の始まりをみることができる．

　その後，アメリカで盛んになった慈善組織協会の友愛訪問員が有給化され，徐々に専門職としての技術・方法が求められるようになり，実践，研究が深められると同時に，職能団体としての組織化や専門教育体制が進められ，発展していったのである．

2. 社会福祉援助の意義

　社会福祉援助技術・方法は，長い間一部の限られた社会福祉の対象者に対して，もっぱらその制度に基づき，福祉専門職によって福祉サービスなどを提供し，そのニーズに対応する過程のなかで展開される，社会福祉固有の専門領域で用いられるべき方法として実践され，研究されてきたものであった．

　社会福祉に関する事業やサービスは，1990年代の社会福祉基礎構造改革以降，とくに，2000年の介護保険制度施行を受けて，多様な社会福祉サービスの担い手が実施する，身近なサービスとして広まってきた．社会福祉サービスの提供者が，民間企業やNPOなど多様化すると同時に，社会福祉と医療・保健・教育・労働・建築などの関連領域との連携・協働が求められている．このような状況から，その関連領域や多様な社会福祉サービスの提供主体が，互いの方法論の類似性や相違点を確認し，独自の社会福祉の価値，知識，倫理，文化等を包含した専門性を発揮することが求められるようになった．

　社会福祉が固有の科学，研究領域として歩み始めて一世紀に満たないが，その間，国内外の社会情勢の変化や研究の発展を受け大きく変化してきた．現在は社会福祉援助技術で定着しているものの，援助から支援への変化も注視し，その意義について理解することも重要である．

　また，利用者の権利を尊重した利用者主体の原則を実現するために，専門性に裏打ちされた支援のあり方や，サービスの質の向上などが，より一層求められている．

第2節　社会福祉援助技術の体系

1. 社会福祉援助技術の体系

　社会福祉援助技術には，大別して直接援助技術，間接援助技術，関連援助技術の3つがある．この3つの体系化の試みは，1987（昭和62）年の「社会福祉士および介護福祉士法」の成立によるものといえる．この2つの福祉士が国家

資格として位置づけられ，その受験科目や養成課程において，とくに相談援助にあたる専門職としての社会福祉士が用いる基本的かつ重要な専門技術としても重視されている．

直接援助技術には，① 個別援助技術（ケースワーク），② カウンセリング，③ 集団援助技術（グループワーク），④ 介護技術（ケアワーク）がある．間接援助技術には，① 地域援助技術（コミュニティワーク），② 社会福祉調査法（ソーシャルワーク・リサーチ），③ 社会福祉運営管理（ソーシャル・アドミニストレーション），④ 社会活動（ソーシャルアクション），⑤ 社会福祉計画（ソーシャル・プランニング）がある．関連援助技術には，① ソーシャル・ネットワーク，② ケアマネジメント，③ スーパービジョン，④ コンサルテーションがある．

なお，これらの社会福祉援助技術は，それぞれがもっている特性や機能を最大に発揮し，福祉課題や福祉ニーズに適切に対応されるよう駆使されなければならない．

また，社会福祉援助技術は，そのケースに応じて，それぞれの技術を有機的に組み合わせながら展開され，社会福祉効果を高めるよう実施されなければならない．

2．社会福祉援助技術の内容

1）直接援助技術

① 個別援助技術（ケースワーク）

個別援助技術は，社会福祉の固有の方法でありケースワークともいう．個人や個人を含めたその家族が何らかの生活上の問題を抱え，個人や家族の力では解決できない状況にあるとき，援助者が主に面接の場面を通して，それらの問題を，個人の内面のみでなく利用者をとりまく環境を含めた諸要因から理解し，各種福祉サービスや，公私の援助を提供または調整し，利用者の問題解決能力を高めることによって，自立を支援する働きかけの過程とその全体をい

う.

　この言葉と考え方について最初に述べたのは，リッチモンド（Mary E. Richmond）である．リッチモンドは，1917年に『社会診断』を，1922年に『ソーシャル・ケース・ワークとはなにか』を著し，慈善組織協会の友愛訪問活動の経験を理論化しケースワークについて定義した．これにより，リッチモンドは「ケースワークの母」といわれている．

　ケースワーク理論化の流れは，個人の心理的な問題から捉えられるようになり，フロイト（S. Freud）の精神分析学の影響を受け，『ケースワークの理論と実際』（1940年）を著したハミルトン（G. Hamilton）に代表される診断主義ケースワークの考え方が提唱された．その後，ホリス（F. Hollis）は『心理社会診断』（1964年）を著し，個別援助技術の技法を分類し，「心理—社会モデル」として体系化した．

　その後，機能主義ケースワークの理論が登場し，診断主義か，機能主義かというケースワーク理論についての論争が起こり，パールマン（H. H. Perlman）の「問題解決モデル」などに代表される，折衷派といわれる方法論が登場した．パールマンは『ソーシャル・ケースワーク—問題解決の過程』（1958年）を著し，折衷主義といわれる「問題解決モデル」の個別援助技術を示した．そのなかで個別援助の要素として「4つのP」（person, problem, place, process）をあげて説明した．

　1970年代にさまざまな化学の領域での理論づけにもちいられるようになった一般システム論は，ソーシャルワークにも影響を与え，ピンカス（A. Pincus）とミナハン（A. Minahan）により，統合化されたソーシャルワークの理論として示された．

　ジャーメイン（C. Germain）はシステム論を取り入れながらエコロジー（生態学）の視点をソーシャルワークに取り入れ，1990年代にギッターマン（A. Gitterman）とともにライフモデルを提唱して大きな支持を得ている．ジャーメインは，「生活モデルアプローチ」での実践原則としてエンパワーメントを上

げている[3]．

また，ケースワークの原則として，バイステック（F. P. Biestek）が『ケースワークの原則』（1961年）に示した7つの原則が著名である．この7つの原則については，1965年の邦訳による，① 個別化，② 意図的な感情表現，③ 統制された情緒関与，④ 受容，⑤ 非審判的態度，⑥ クライエントの自己決定，⑦ 秘密保持，が広く知られている．なお，1996年にその新訳版が出版されている[4]．

② カウンセリング

カウンセリングは，クライエントの抱える問題を，主に面接を通じて言語手段を用い解決を援助する技術である．社会福祉援助技術の個別援助技術（ケースワーク）における相談援助と共通する部分も多い．専門職が専門技術を用いて援助にあたり，個人や家族などの小グループを対象に，クライエントの抱える問題についてクライエント自身の成長や適応能力の向上により解決を図るという点が共通事項としてあげられる．

カウンセリングでは，対象となる個人や家族が抱える問題を，各種サービスの提供や社会資源の活用，環境改善や調整などを伴わず，内面あるいは対人間の問題に焦点をあて，言語を主たる手段としてその解決を図るところに特徴がある．

近年は，カウンセリングを主として用いる援助場合でも，環境を含めた調整などを行う例も増えており，両者の関係はより密接になりつつある．

ケースワークを実施する場面を展開過程というが，ケースワーク理論の発展に伴い，変化してきた．現在も，ケースワークの実践場面，対象などの多様化により，一様に確定されているものではない．現在は，おおまかに① インテーク（受理面接），② アセスメント（事前評価），③ プランニング（支援計画），④ インターベンション（支援の実施），⑤ モニタリング（支援効果の分析・評価），⑥ エバリュエーション（事後評価），⑦ 終結，という過程が一般化している．

③ 集団援助技術（グループワーク）

集団援助技術は，グループワークともいう．直接援助技術に分類されるが，問題解決の方法が，利用者と援助者の一対一の関係ではなく，小人数のグループにおいて，利用者が互いに協働して，グループワーカーの意図的な関わりとともに，問題解決を図る過程を援助者が支援するという特徴がある．小グループでのグループメンバーによる話し合いを主な方法として，グループメンバーである参加者が相互に交流し，支援し合うことで，問題解決を図るものである．

集団援助技術についての定義は，1935年のNCSW（全米社会事業会議）におけるW. ニューステッター（W. I. Newstetter）の報告において試みられた．1949年にAAGW（米グループワーカー協会）が「グループワーカーの機能に関する定義」として，「グループワーカーは各種のグループを援助して，グループ相互作用とプログラム活動によって，個人の成長と望ましい社会的諸目標が達成できるようにつとめる」を採択した．その後，コイル（G. L. Coyle）は，主に成長発達の手段として位置づけ，ヴィンター（R. Vinter）は，小集団のなかでの個人の変容を主目的とした．トレッカー（H. B. Trecker）は，社会のなかで青少年などが成長することを前提に地域の成長促進を位置づけた．コノプカ（G. Konopka）は，グループの治療的機能に着目し，個人の問題解決を図ろうとした．

その後，ソーシャルワーク理論の統合化により，小グループを対象とした専門的援助の働きかけを意味するのではなく，援助者が用いるさまざまな小集団に対する援助方法を集団援助技術というようになった．

集団援助技術の理論的なモデルとして，ロスマン（B. Rothman）とパペル（C. Papell）が「社会的目標モデル」，ヴィンターに代表される「治療モデル」，シュワルツ（W. Schwartz）に代表される「相互作用モデル」の3つの分類を示した．

「社会的目標モデル」は，社会活動を志向した援助技術であるが，公民権運

動などの影響を受けて，地域援助理論へとつながっていった．「治療モデル」は，「予防的およびリハビリテーション的モデル」「組織モデル」ともよばれ，グループメンバーの治療や矯正を目的としている．「相互作用モデル」は，個人と社会がグループ（集団）を通して相互に機能することを特徴としている．

間接援助技術の理論は，このように，グループ（集団）が，メンバー（個人）およびメンバー相互，そして地域や社会にどのように影響を及ぼしあうことによって効果を得るか，ということを主眼においている．

④ ケアワーク

介護の仕事は，近年，ケアワークとして一般的によばれるようになってきた．

1987（昭和62）年，「社会福祉士及び介護福祉士法」の成立により，介護福祉士が国家資格として定められたことにより，専門的知識・技術をもって介護にあたる専門職として位置づけられた．

従来は，家事援助はもちろん身体介護も，施設においても訪問介護においても，家事労働の延長，主婦業の延長として扱われてきた．とくに在宅での家事援助（現在の介護保険制度では生活援助）は，家庭奉仕員派遣事業が公務員の現業職によって実施されていた時代から，主婦業の延長としてみられる傾向が強く，介護保険制度においても，身体介護よりも介護報酬は低く抑えられた．

ケアワークを，社会福祉における援助技術の一領域として位置づけるためには，利用者を治療や看護の単なる対象として捉えるのではなく，生活していく主体と捉える必要があり，利用者本位，利用者主体の援助の方法に特徴を置くことができる．

2）間接援助技術

① 地域援助技術（コミュニティワーク）

地域援助技術は，従来コミュニティ・オーガニゼーションといわれていたが，近年は，コミュニティワークといわれている．

社会福祉法が制定され，地域福祉の推進が目的とされたことにより，社会福祉の専門職が行う主要な援助技術となっており，コミュニティワーカーの機能的な関わりによって，地域住民が主体的に問題解決に取り組むよう援助するものである．地域生活が複雑かつ多様化するなかでの援助活動の展開が重要性を増すにつれ，コミュニティ・ソーシャルワークの必要性が大きくなってきている．

コミュニティワークは，はじめ，慈善組織協会やセツルメントの活動など，貧困などにより生活困難な人といったような，特定の地域や人びとを対象としていた．その後，徐々に，広く地域に目を向けるようになり，全米社会事業会議第3部会報告，いわゆる「レイン報告」(1939年)が提出されたことにより，コミュニンティワークは，社会福祉援助技術のひとつの領域となった．その後，ニューステッターによる「インター・グループワーク説」，ロス(M. G. Ross)による「組織化説」というように発展していった．

従来，地域援助技術は，アメリカのコミュニティ・オーガニゼーション理論により，地域組織化活動として展開されていた．その後，アメリカのコミュニティ・オーガニゼーション理論がイギリスにもたらされ，発展してコミュニティワークとなった．地域社会の変化のなかで，コミュニティケアやコミュニティ・ソーシャルワークへの考えの流れも生じさせている．

地域福祉の理論として，日本で著名なものにロスの『コミュニティ・オーガニゼーション―理論と原則―』があげられる．ロスの理論では，地域住民が地域課題を解決する過程が重視され，とくに，社会福祉協議会が進める地域での活動の推進理論として普及した．

日本において地域に働きかける社会福祉の活動は，地域福祉として社会福祉協議会によって主導されてきた．社会福祉協議会が実施する，地域福祉実践の基本的考え方については，全国社会福祉協議会が1962(昭和37)年に規定した「社会福祉協議会基本要項」によるところが大きい．その後，1990(平成2)年に行われた福祉関係八法改正を受け，地域福祉の推進を目標とし1992(平成

4）年に「新・社会福祉協議会基本要項」が定められた．社会福祉協議会による地域福祉の推進は，「在宅福祉サービスの戦略」，1991（平成3）年より予算化された「ふれあいのまちづくり事業」から，事業型社協へと進み，地域福祉サービスをいかに展開するかが中心課題となっている．

② **社会福祉調査法（ソーシャルワーク・リサーチ）**

社会福祉調査法は，ソーシャルワーク・リサーチという．生活実態や福祉課題またはニーズを，把握，抽出し，既存の制度やサービスについての効果などを数量的に，または質的に把握するために行う．調査により得られた情報をもとに，地域に存在する福祉課題を発掘することや，問題解決方法のための基礎的な資料を得ることによって，効果的な援助を行うことを目的とする．また，既存サービスの効果の測定により，制度やサービスの見直しや，新たなサービスの発掘，創造をめざすことでよりよい社会福祉援助を進めていくというものである．

社会福祉調査も他の援助技術同様，社会福祉固有の方法として発展したものではなく，他の領域のさまざまな技術や方法を取り入れながら発展した．社会福祉調査の初期の段階では，主に政治・政策的要請から社会調査として実施されたものを取り入れ社会福祉の実践に取り入れた．

社会調査の方法が社会福祉の領域で用いられはじめたのは，19世紀のイギリスでの慈善組織協会（COS）の活動やセツルメントの運動で，訪問調査やその記録の分析，社会調査に基づく社会改良の活動へとつながっていった．これらの代表に，ブース（C. Booth）が行った「ロンドン調査」と，ラウントリー（B. S. Rowntree）が行った「ヨーク調査」がある．

社会福祉調査法（ソーシャルワーク・リサーチ）では，主に，統計調査と事例調査が方法として用いられる．数量的な調査は，対象を全体的あるいは客観的に把握することで，問題の所在や課題を抽出し，効果の測定に有効である．質的調査では，少数の対象について，より深く探査した資料を収集することで個別事例についての理解を深め，解決方法を探ることに有効である．

社会福祉調査は，調査によるデータ収集と分析に主目的があるのではなく，得られたデータや情報をもとに，より客観的で論理的な社会福祉援助方法を検討し，よりよい支援につなげることが目的である．そのためには，調査の目的としての実践課題や目標の設定，その先にあるべきサービスの創造や計画の立案など，間接援助技術の他の領域へどのようにつなげていくのかが大きな課題となる．

③ 社会福祉運営管理（ソーシャル・アドミニストレーション）

社会福祉運営管理はソーシャル・アドミニストレーションともいわれ，社会福祉サービスの運営管理に関する技術である．従来は，福祉サービスを提供する各種の福祉施設や機関・団体など，組織をいかに運営していくかということが中心課題であった．現在では，直接的なサービス提供の担い手のみではなく，国や地方自治体の福祉行政におけるサービスの方針決定や立案，計画などを含む政策や組織運営までを含む概念となっている．

社会福祉施設についての運営管理は，社会福祉基礎構造改革の流れのなか，介護保険制度や障害者施策における自立支援制度の導入を受け，経営概念の導入とともに急速に進んだ．その結果，経営管理の重要性が増し，経営分析や，税務を含めた財務管理，民間企業と同様の"消費者"から選ばれる施設をめざしての各種サービスの向上などが課題となってきた．同時に，医療分野で重視されてきたのと同様，リスク・マネジメントの概念が，施設などにおける介護業務を中心に導入され，安全性の向上も重要な課題になっている．

何より，利用者がその人らしい人生をよりよく生きるための自立支援概念に基づいたサービス提供のあり方など，社会福祉施設として本来求められる機能の充実は，多様なサービス主体の参入により，その真価が問われている．

とくに，従来のボランティア団体に止まらず，NPOや住民参加型福祉サービス団体などにおいても，介護保険制度での事業者に限らず，運営管理の重要性が増している．

④ 社会活動法（ソーシャルアクション）

社会活動法は，ソーシャルアクションともいわれ，住民のさまざまな生活課題に対する要求により，制度の改善や創造，拡充，維持をめざし，住民や関係団体などの組織化を図り活動を展開することや，国や地方自治体への行政措置などを働きかけるなどの活動をいう．

行政などへの働きかけを組織として実施するという意味合いから，住民運動や市民運動も含めるが，福祉課題をもつ当事者やその家族自身が個々に，あるいは周囲の人たちとともに活動する場合もある．

それらの活動の目的は，福祉サービスの創造，計画化，活用，改善などである．専門職の関わりは，活動主体となる地域住民などが，自主的な活動を展開できるように，側面的に支援することになる．

実際の方法は，活動のための組織づくりから，課題についての現状を把握するための調査や先進地などの視察，学習会の実施，課題の抽出，分類による解決課題の整理，活動目標を設定し，目標達成までの計画を立てる．目標の達成後は，活動の過程を振り返り，評価することで，新たな活動へつなげていくことと，対象となる福祉サービスなどの実施状況などをモニタリングし，継続的な関わりをもつことで，一層の改善を図り，自分たちの活動の結果に責任をもち続けることでもある．

⑤ 社会福祉計画法（ソーシャル・プランニング）

社会福祉計画法は，ソーシャル・プランニングともいわれ，社会福祉について世の中の構造を時代の変化や要求に応じて，計画的によりよい形に改め，変えていくための方法である．

社会福祉に関して，計画を立てて社会を変革していくという概念がわが国に導入されたのは最近のことであり，経済開発や，経済に関連して国土の開発，都市開発などに関する計画が先行していた．

社会福祉に関する領域では，社会福祉基礎構造改革の流れのなかで，1989（平成元）年まず，国が策定した「高齢者保健福祉十か年戦略」いわゆる「ゴー

ルドプラン」が，初の試みとして大きな意味をもつ．ゴールドプランは，来る高齢社会において，増大が予想される高齢者に対する福祉サービスの需要に応えるため，市町村に数値目標を定め，サービス供給体制の整備を迫ったものである．

高齢者へのサービス供給を目的とした計画は，介護保険の導入前に，市町村が制度実施後のサービス量を予測し，保険料額を算定することを目的とした介護保険計画などは，社会福祉に関する計画として国の主導の下，全国一律に策定を課せられたものとしてひとつの転機となったといえる．

地域福祉を主目的に，具体的な計画づくりが明文化されたのは，2000（平成12）年の社会福祉法の成立による．これにより，市町村に地域のさまざまな福祉課題を抽出し，中・長期の時期を区切っての福祉サービスなどの整備・開発を計画立てることが実施されるようになった．それ以前は，社会福祉協議会などが，独自に地域の福祉課題の解決について計画を立てることが実施されてはいたが，社会の福祉化の推進のためには，財政基盤の整備や，各種福祉サービスの制度化など行政施策が欠かせないことから，行政が計画化を義務づけられたことには大きな意義がある．

社会福祉法には同時に，社会福祉協議会が策定する地域福祉活動計画が盛り込まれた．これは従来，社会福祉協議会が策定を推進していたものであるが，法に盛り込まれたことによって，行政計画との公私の連携・協働，役割分担，社会福祉協議会以外の民間団体などとの間での連携・協働，役割分担など新たな課題も浮上している．

3）関連援助技術

社会福祉の援助技術は，固有の領域として発展してきたものではなく，多くは関連する領域の理論や方法を取り入れながら，独自の方法を模索し発展してきた．今日の複雑かつ多様化する社会においては，社会福祉の領域単独で福祉課題の解決に当たることは難しいし，自立を支援し，よりよい人生を送るため

の援助には，それぞれの専門分野との連携・協働が欠かせない．

現在，社会福祉援助にとくに関連の深い領域について理解し，互いに協力し合い，連携し，福祉領域において適切な展開をすることが，よりよい援助に求められている．

① ネットワーキング

ネットワーキングは，ソーシャルサポート・ネットワークともいい，"網目状のつながり"を意味する．社会福祉援助において，さまざまな機関，団体，個人を含めた社会資源が，相互に連携し，お互いの機能や役割を生かしながら，援助を必要とする利用者を支援する態勢を作り上げ協働することをいう．ネットワークの語源的には，おもに通信などの領域で双方向あるいは多方向に情報などが行き交う状態あるいは態勢を表す．ネットワークが社会福祉の方法や理論に導入されたのは，在宅ケアや地域福祉の推進をめざした研究や，エコロジカルソーシャルワークの考え方の導入などによる．

近年，とくに，地域福祉の推進をめざした地域福祉サービスの連携の必要性の議論や，介護保険制度での，介護サービス以外のいわゆるインフォーマルサービスのケアプラン盛り込みなどの必要性から活発に議論されており，社会福祉の領域に限らず，医療・保健・福祉の連携についての議論においても，必要性が強調されている．

② ケアマネジメント

ケアマネジメントは，1970年代後半に，アメリカでケースマネジメントとして取り入れられ，イギリスに渡って発展，普及した．イギリスでは，当時，精神障害者を対象としたコミュニティケアについての研究が盛んであったことから，このケースマネジメントの理論が，地域ケアに取り入れられ，ケアマネジメントとして普及した．

日本にこの理論が取り入れられたのは1980年代半ばであったが，当時は，アメリカの理論により，ケースマネジメントとして導入された．その後，高齢者の介護が社会福祉の研究のなかで大きなテーマとなるなかで，とくに，高齢

社会における介護についての議論から，高齢者のケアの観点からケアマネジメントとして普及し，定着している．また，障害者の自立支援制度においてもケアマネジメントの技術が導入されている．

ケアマネジメントでは，多様なニーズをもつ利用者の生活を支援するために，利用者の生活の全体像を把握し，必要な支援を判断し（アセスメント），各種の制度やサービスを計画化し，サービス利用・実施を図り，利用している各種サービスの実施状況や利用状況および効果を評価するという継続的な過程を指す．

とくに介護保険制度の円滑，かつ，効果的な運用・実施には，このケアマネジメントが重要な役割をもっている．

③ スーパービジョン

スーパービジョンとは，組織や機関の内部で，経験および知識や技術等が豊かな援助者（スーパーバイザー）が，指導を受ける援助者（スーパーバイジー）に対して，よりよき援助者としての成長や，援助の質の向上を目的として行うものである．

スーパービジョンの機能として，教育的（学習的）機能と管理的（調整的）機能があり，近年はこれに，支持的（援助的）機能を加えた大きく3つの機能があげられる．

教育的機能とは，スーパーバイジーが，援助者として成長することを促すためのさまざまな働きかけを指し，専門職としての技能や意識の向上をめざす．管理的機能とは，組織としての目的に沿った職務遂行管理を行うことで，総合的なレベルの向上をめざす．支持的機能とは，スーパーバイジーが，職務上遭遇するさまざまな困難により引き起こされる葛藤などを，相談を受ける過程で心理的に受容し，支持し，よりよい援助ができるよう側面的に援助することで，よりよい職務の遂行をめざす．

スーパービジョンは，個々の援助者のサービスの質だけでなく，事業所全体としてのモラルやサービスの質の向上をめざし，よりよいサービス提供を実施

するために欠かせないものとなっている.

また,医療分野を中心に,コーチングという技術が普及しつつある.このコーチングの技術は,元はスポーツ競技者を養成するという目的で発達したものである.リーダーシップ理論の面からはスーパービジョンの支持的機能に類似しているということができ,また,利用者と援助者がともに共通の目標に向かう,という目的から,とくに医療関係分野では普及が著しい.

介護保険制度により,医療と福祉は協働することが求められており,類似性や相違点の検討も含め,新しい流れとして注目されるところである.

④ コンサルテーション

複雑な現代社会におけるさまざまな社会福祉における課題解決・支援のためには,社会福祉の制度やサービスのみでなく,さまざまな専門家や機関などの技術や知識も必要となってくる.しかし,それを社会福祉援助者がすべて習得し行うことは困難であるし,また,それぞれの専門職が専門性を発揮することが望ましい.社会福祉援助の対象者や必要とする援助内容にしたがって,外部からそれぞれの専門家を招き,助言を受ける,あるいは連携・協働するということが必要になってくる.連携・協働という意味合いでは,ソーシャルサポート・ネットワークにも共通する部分があるが,常時,援助関係に加わっているのではなく,必要に応じて協力を依頼する,という関係性に特徴がある.

第3節　社会福祉実践を支える社会福祉援助技術

ここに述べた社会福祉援助技術は,社会福祉実践のなかで,おのおのが個別の領域で形式的に展開されるものではなく,その援助過程のなかで,必要に応じて,複合的,かつ,順応的に,問題解決のために活用するものである.

地域福祉が社会福祉の主要な課題となっている現在では,福祉課題をもつ特定の利用者への支援と同時に,支援するグループなどへの働きかけを行いながら,地域の実情を把握し,現代の社会に事情に応じた組織化を行い,また,既

存組織を活用し，計画を立てながら，というように総合的な支援が求められている．

このような統合化されたジェネリック・ソーシャルワークの流れのなかでは，社会福祉の援助が，利用者のよりよい人生を支援するものとなるよう，社会福祉の専門的な知識や技術の特定分野に限定して援助を実施するのではなく，専門分野以外の関連領域の知識および技術を含め，広範な知識および技術の獲得と，実行能力が求められる．

また，社会福祉諸関係者および関連領域の専門家や，その他の領域の専門家を含めた幅広い社会福祉資源に精通し，人脈や，協力関係を築いていくことも求められる．

最後に，社会福祉援助の利用者も援助者も"人"であり，さまざまな個性をもった"人"を理解し，援助するためには，歴史や文化，科学や経済といったさまざまな要因からなる環境を理解し，それらの環境に働きかける必要がある．

私たちの暮らす社会は，高度に発展しており，変化の度合いも大きく，また，速度も速い．そのなかで暮らす私たちは，常にその影響を受けており，激しく変化し，多様化している．一方で，変わらない人類普遍の価値や倫理もあり，それらが共存し，複雑にからみあっている．それにあわせて制度やサービス，ITに代表される技術などの諸環境がどれだけ迅速に対応したとしても，多様化する個人のニーズに対応しきれるものではない．

そのため，"人"を対象とした社会福祉援助は，援助者が，どれだけ"人"を理解する能力，コミュニケーション能力に長けているかにかかっているともいえる．

【注】
1）社会福祉士国家試験開始当時の試験科目では「社会福祉援助技術総論」「社会福祉援助技術各論Ⅰ」「社会福祉援助技術各論Ⅱ」であった．
2）硯川眞旬編著『新社会福祉方法言論―21世紀福祉メソッドの展開―』ミネル

ヴァ書房, 1997 年, p.2
3) 小島容子は,「能力付与」(empowerment) としている. ジャーメイン, C. B. 著, 小島容子編訳・著『エコロジカル・ソーシャルワーク―カレル・ジャーメイン集名論文―』学苑社, 1992 年, p.211
4) バイステック, F. P. 著, 田代不二男・村越芳男訳『ケースワークの原則―よりよき援助を与えるために』誠信書房, 1965 年
　　バイステック, F. P. 著, 尾崎新・福田俊子・原田和幸訳『ケースワークの原則〔新訳版〕―援助関係を形成する技法』誠信書房, 1996 年

【参考文献】

硯川眞旬編著『新社会福祉方法言論―21 世紀福祉メソッドの展開―』ミネルヴァ書房, 1997 年

福祉士養成講座編集委員会編『社会福祉援助技術論Ⅰ』中央法規出版, 2006 年

高橋重宏・宮崎俊策・定藤丈弘編著『ソーシャルワークを考える―社会福祉の方法と実践』川島書店, 1981 年

大塚達雄・井垣章二・沢田健次郎・山辺朗子編著『ソーシャル・ケースワーク論―社会福祉実践の基礎―』ミネルヴァ書房, 2004 年

バイステック, F. P. 著, 尾崎新・福田俊子・原田和幸訳『ケースワークの原則〔新訳版〕―援助関係を形成する技法』誠信書房, 1996 年

ジャーメイン, C. B. 著, 小島容子編訳・著『エコロジカル・ソーシャルワーク―カレル・ジャーメイン集名論文―』学苑社, 1992 年

大塚達雄・硯川眞旬・黒木保博編著『グループワーク論―ソーシャルワーク実践のために―』ミネルヴァ書房, 1998 年

保田井進・硯川眞旬・黒木保博編著『MINERVA 福祉専門職セミナー⑤　福祉グループワークの理論と実際』ミネルヴァ書房, 1999 年

岡本民夫監修, 久保紘章・佐藤豊道・川延宗之編著『社会福祉援助技術論』(上・下) 川島書店, 2004 年

硯川眞旬編『新社会福祉方法原論』ミネルヴァ書房, 2001 年

第10章　社会福祉の担い手の現状とあり方

第1節　社会福祉の担い手とは

1．社会福祉従事者の現状

　社会福祉の目的のひとつは，人が地域社会を営む上で生じるさまざまな生活課題・問題に対し，社会福祉の制度・施策・サービスを包括する総合的な視点に立って問題を抱えている人に（クライエント），よりよく生きられるよう援助することにある．

　そのためには，ソフト面（マンパワー）とハード面（施設等）の両輪がより機能しながら，かかわっていく必要がある．つまり，さまざまな問題を抱えている人に社会福祉の諸制度・サービスを含む社会資源を援助者がどのようにつなげていけるのか，またそのための援助者側における専門性，技術が問われている．近年，めまぐるしく変化する社会福祉の諸制度・施策の拡充により，社会福祉事業に従事する職員の数は増加している．

　図表10－1にみられるように，社会福祉事業に従事する職員数は，2005（平成17）年では137万人に及んでいる．この総数のうち，もっとも多いのは社会福祉施設職員で74.2％を占め，1995（平成7）年と比較すれば97万人の職員数が約1.5倍に増加している．この要因としては，ゴールドプラン，新ゴールドプラン，1999（平成11）年12月，「今後5か年間の高齢者保健福祉施策の方向」（ゴールドプラン21），新エンゼルプラン，新障害者プランの着実な進展に伴い施設数と従事者の増加があげられる．

図表10—1　社会福祉従事職員数の状況

	実数（人）	構成割合（％）	備考
総　数	1,369,748	100.0	
社会福祉施設職員	1,015,980	74.2	社会福祉施設等調査（14.10.1）
福祉事務所職員	61,842	4.5	社会・援護局総務課調べ（14.10.1）
訪問介護員	263,781	19.3	厚生労働省大臣官房統計情報部調べ（14.10.1）
児童相談所等	4,954	0.4	総務省調べ（15.4.1）
社会福祉協議会職員	23,191	1.7	全国社会福祉協議会調べ（14.4.1）

出所）社会福祉の動向編集委員会編『社会福祉の動向2004』中央法規出版，2004年，p.296

2．社会福祉従事者の職種

社会福祉の各分野に従事する職員の職種は，次のように多種多様になっている．

① 社会福祉施設の職員

施設長，生活指導員，児童指導員，児童自立支援専門員，寮母，保育士，児童生活支援員，職業指導員，心理判定員，職能判定員，医師，保健師，助産師，看護師，理学療法士，作業療法士，栄養士，調理師，事務職員など

② 訪問介護員（ホームヘルパー）

③ 福祉事務所の職員

所長，査察指導員，身体障害者福祉司，知的障害者福祉司，老人福祉指導主事，家庭児童福祉主事，現業員，面接相談員，家庭相談員，嘱託医，事務職員など

④ 児童相談所，身体障害者更生相談所，婦人相談所，知的障害者更生相談所の職員

所長，児童福祉司，相談員，心理判定員，職能判定員，児童指導員，保育士，ケースワーカー，医師，保健師，看護師，事務職員など．

⑤ 各種相談員

身体障害者相談員，婦人相談員，知的障害者相談員，母子相談員．

⑥ 社会福祉協議会の職員

企画指導員（全国），福祉活動指導員（都道府県・指定都市），福祉活動専門員（市町村）．

また施設数の増加に伴って人材の確保を含む職員の質の問題が焦点化されてきている．この背景には，社会福祉事業法の改正，介護保険法の施行による福祉サービス利用制度化等の進展により，質の高い福祉サービスが求められている．量のみならず質の向上に着目をした養成の問題，つまり養成カリキュラムの充実と実践者の研修体制が問われていると考えられる．専門職としての適切な教育と訓練によって理論を背景とする実践的技能を修得し，その技能を他の職員にも伝達できる研修が必要である．図表10－2は，社会福祉従事職員研修体系等の概要である．

また社会福祉従事者は，人間の尊厳を前提としてクライエントとかかわる専門職であり，自己を律する礎となる「倫理」観が必要となる．

クライエントとの援助過程において，主観的・排他的・利己的な自分の考えを押し付けることのないよう厳しく自分自身に課していかなければならない．つまり，罰則規定を盛り込んだ専門職としての倫理綱領が必要であるとともに，常に福祉サービスの質を向上させていくモチベーションを高く，継続的に行う積極性が必要がある．

社会福祉の倫理としては，① 基本的人権の尊重，② 自己実現・自立への援助，③ 守秘義務等である．社会福祉士，介護福祉士の倫理綱領と同じように，保育士においても，保育士としての信用をなくすような行為をしたり，業務上知り得た秘密を漏らしてはいけないという義務が課せられるようになった（「全国保育士倫理綱領」全国社会福祉協議会・全国保育協議会・全国保育士会，2003（平成15）年11月29日施行）．

図表10-2　社会福祉従事職員研修体系等の概要

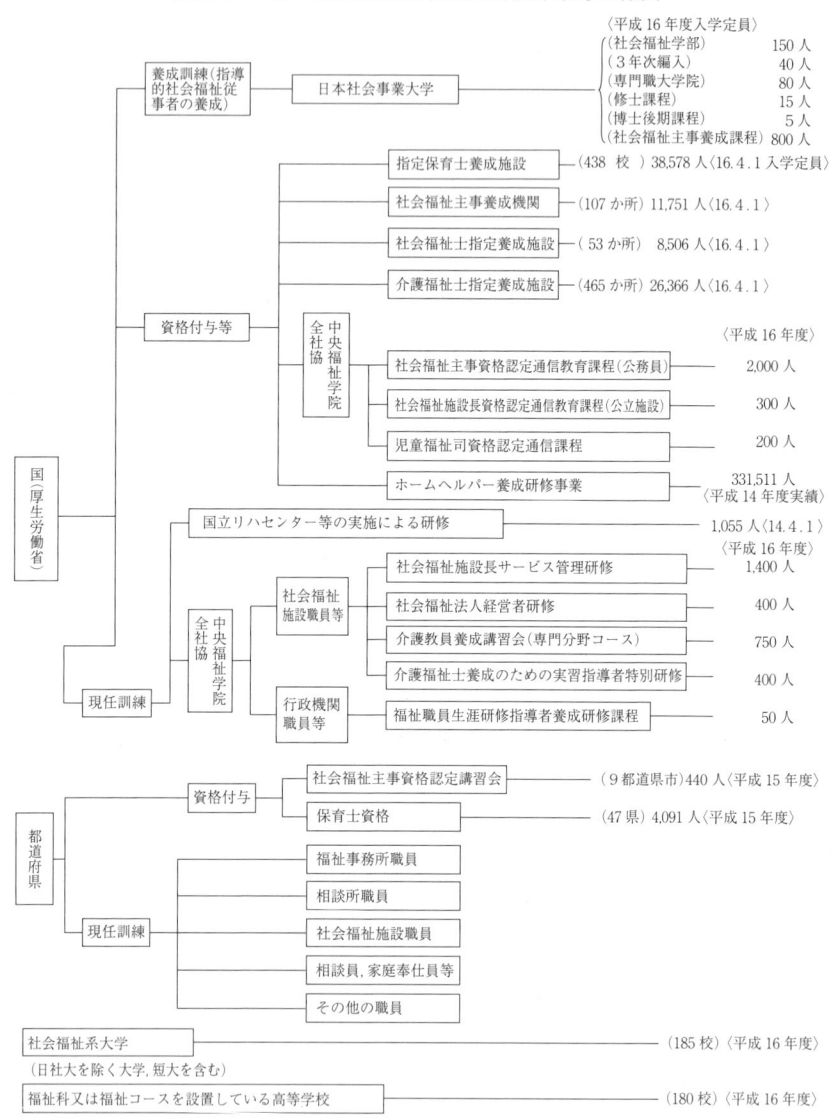

```
                                                                    〈平成16年度入学定員〉
                                                                    （社会福祉学部）     150人
                      養成訓練（指導    ─ 日本社会事業大学 ─   （3年次編入）        40人
                      的社会福祉従                              （専門職大学院）      80人
                      事者の養成）                              （修士課程）          15人
                                                                （博士後期課程）       5人
                                                                （社会福祉主事養成課程）800人

                                       ┌ 指定保育士養成施設 ──────── (438校) 38,578人〈16.4.1入学定員〉
                                       ├ 社会福祉主事養成機関 ──────── (107か所) 11,751人〈16.4.1〉
                                       ├ 社会福祉士指定養成施設 ─────── (53か所)  8,506人〈16.4.1〉
                                       ├ 介護福祉士指定養成施設 ─────── (465か所) 26,366人〈16.4.1〉
                      資格付与等                                                      〈平成16年度〉
                              全社協   ┌ 社会福祉主事資格認定通信教育課程（公務員）── 2,000人
                              中央福祉 ├ 社会福祉施設長資格認定通信教育課程（公立施設）─ 300人
                              学院     ├ 児童福祉司資格認定通信課程 ─────────── 200人
                                       └ ホームヘルパー養成研修事業 ──────── 331,511人
                                                                          〈平成14年度実績〉

  国                  ┌ 国立リハセンター等の実施による研修 ───────── 1,055人〈14.4.1〉
 （厚                                                                      〈平成16年度〉
  生    現任訓練    全社協 ┌ 社会福祉 ┌ 社会福祉施設長サービス管理研修 ──── 1,400人
  労                中央福祉│ 施設職員等├ 社会福祉法人経営者研修 ────────── 400人
  働                学院   │          ├ 介護教員養成講習会（専門分野コース）── 750人
  省                       │          └ 介護福祉士養成のための実習指導者特別研修 ─ 400人
  ）                       └ 行政機関 ─ 福祉職員生涯研修指導者養成研修課程 ── 50人
                              職員等

           ┌ 資格付与 ┌ 社会福祉主事資格認定講習会 ──────── (9都道府県市) 440人〈平成15年度〉
           │          └ 保育士資格 ────────────────── (47県) 4,091人〈平成15年度〉
  都道
  府県    現任訓練 ┌ 福祉事務所職員
                    ├ 相談所職員
                    ├ 社会福祉施設職員
                    ├ 相談員, 家庭奉仕員等
                    └ その他の職員

  社会福祉系大学 ─────────────────────── (185校)〈平成16年度〉
  （日大を除く大学, 短大を含む）
  福祉科又は福祉コースを設置している高等学校 ────── (180校)〈平成16年度〉
```

出所）厚生統計協会編『国民の福祉の動向』2004年, p.211

第2節　社会福祉の職種

　社会福祉の職種には，資格と職種が同一名称でよばれ，資格を取得していなければ仕事に従事できないもの（業務独占）と，必ずしも資格を取得することが必要でない職種がある．就業する際にある職種を規定する免許を国が規定し，行政が管理している所定の試験に合格したものに与えられる国家資格としては，社会福祉士，介護福祉士，介護支援専門員（ケアマネジャー），保育士，精神保健福祉士，理学療法士，作業療法士，言語聴覚士がある．また任用資格としては，社会福祉主事任用資格，児童指導員任用資格等がある．

1．国家資格にかかわる主な職種

①　社会福祉士

　専門的な知識と技術をもって，身体または精神に障害がある人や生活環境上の理由から日常生活を営む上で支障がある人びとに対し，福祉に関する相談に応じ，助言や指導その他の援助を行う名称独占の資格．児童・障害・高齢者等の社会福祉施設における生活指導員として従事し，民間の団体，社会福祉協議会など職場はさまざまである．とくに，病院での社会福祉士は，医療ソーシャルワーカー（MSW）として従事している．この資格を取得するためには，国家試験に合格し，登録しなければならない．試験方法・内容としては，社会福祉士として必要な知識技術について13科目にわたる筆記試験が行われる．

②　介護福祉士

　専門的な知識と技術をもって，身体または精神に障害がある人や生活環境上の理由から日常生活を営む上で支障がある人びとに対し，入浴・排泄・食事・着替え・移動介助等の身体介護を行う名称独占の資格．また本人やその家族に介護技術等についての助言や指導を行う．試験方法・内容としては，介護福祉士として必要な知識技術について13科目にわたる筆記試験が行われ，それに合格した人に，介護等に関する専門的技能についての実技試験が行われる．ま

た，2006年より厚生労働省が認めた介護技術講習会を修了すれば，実技試験を免除されるよう，制度が変更された．

③ 精神保健福祉士

専門的な知識と技術をもって，精神障害者の社会復帰の相談援助業務を行う．従来から精神科ソーシャルワーカー（PSW）としてあった職域が国家資格化されたものである．資格習得の方法としては，保健福祉系の大学等を卒業するほか，精神保健福祉士養成施設を卒業する方法等がある．1998（平成10）年4月1日から全面的に施行され，1999（平成11）年には，第1回の精神保健福祉士試験が実施された．

④ 介護支援専門員

介護保険法の制定とともに1998年から実務研修が始まった資格．要介護者やその家族からの相談に応じたり，要介護者の心身状況に応じた適切なサービス利用ができるように，介護認定審査会の判定に従い，利用者と市区町村・サービス事業者・介護保険施設と調整を図りながらケアプランを作成する．試験方法・内容としては，介護支援分野，保健医療福祉サービス分野等の実技研修受講試験を受けて，合格し，その後32時間以上の実務研修を修了する必要がある．

⑤ 保育士

児童福祉施設（保育園，児童館等）に従事し，保護者に代わって子どもの日常生活の世話や基本的なしつけを行う．平成15年11月から保育士資格は児童福祉法に法定化され，名称独占の国家資格となった．資格習得の方法としては，厚生労働大臣が指定する保育士養成施設を卒業し，登録簿への登録または，保育士国家試験に合格する方法の2つである．保育士国家試験の方法・内容としては，8科目のわたる筆記試験と実地試験に合格しなければならない．

⑥ 理学療法士（PT：Physical Therapist）

病気やけが，老化，過度の運動等が原因で身体機能に障害をもった人に対し，筋力・歩トレーニングをしながら身体を動かす運動療法と温熱・電気マッ

サージなど間接的に身体に刺激を与える物理療法を施して，基本的な運動能力の回復を図るリハビリの専門家である．資格習得の方法としては，厚生労働大臣が指定する理学療法士養成施設または，文部科学大臣の指定する学校を卒業し，国家試験に合格する方法等がある．試験の方法・内容としては，一般問題と実地問題からなる筆記試験に合格しなければならない．また，介護保険施設の老人保健施設では，理学療法士，作業療法士を従事させることを義務づけている．

⑦ **作業療法士**（OT：Occupational Therapist）

医師の指示のもとで，障害をもつ人，高齢者などに対して，さまざまな作業を通し，身体機能の回復・維持・開発を促す専門家で理学療法士と並びリハビリテーションの一翼を担う資格．理学療法士と作業療法士の違いは，理学療法士は，基本的な身体動作や運動機能の回復をめざす．作業療法士は，対象者の個々の障害に合わせた作業を通し，その人がもつ能力を引き出し，自信を身につけてもらう精神的なサポートである．そのための応用運動能力や社会適応能力などの回復をめざす．作業療法の対象は，生まれつき障害をもつ人，病気や事故等で障害を負った人，老齢のために身体や精神の機能が衰えた人など，乳児から老齢者まで広範囲にわたっている．資格習得の方法としては，厚生労働大臣が指定する作業療法士養成施設または，文部科学大臣の指定する学校を卒業し，国家試験に合格する方法等がある．試験の方法・内容としては，一般問題と実地問題からなる筆記試験に合格しなければならない．

⑧ **言語聴覚士**（ST：Speech Therapist）

脳卒中などの病気や先天的な原因で言語や聴覚に障害をもった人に対し，機能障害から生じるコミュニケーション障害の程度を評価し，機能の改善や維持，または代わりとなるような訓練を行う．資格習得の方法としては，厚生労働大臣が指定する養成所または，文部科学大臣の指定する学校を卒業し，国家試験に合格する方法等がある．試験の方法・内容としては，12科目からなる筆記試験に合格しなければならない．

2. 任用資格にかかわる職種

① 社会福祉主事

地域で福祉サービスを必要としている人びとの相談相手となり，福祉六法に基づく援助，育成，更生などを決定し，これらに関する事務を行う．資格習得の方法として厚生労働大臣が指定する34科目のうち，いずれか3科目以上を履修して卒業すれば任用資格が取得できる．

② 児童指導員

児童福祉施設で生活をする0歳から18歳までの子どもたちを，保護者に代わって援助，育成，指導するのが主な仕事．児童指導員の資格（児童指導員任用資格）は，「児童福祉施設最低基準」第43条で規定されている．養成校の卒業，大学で心理学・教育学・社会学を修めたもの，高等学校卒業後2年以上児童福祉事業に従事したもの等である．

③ 児童福祉司

児童福祉法第11条の規定により児童相談所に置かれる職員．児童の保護や児童の福祉に関する事柄について保護者などからの相談に応じ，必要な調査や社会的診断に基づいて指導を行う．児童福祉司は，養成校の卒業，講習会の修了，大学で心理学・教育学・社会学を修めたもの，医師，社会福祉士，社会福祉主事として2年以上児童福祉事業に従事したもの等から任用され，人口概ね10万から13万までを標準として，担当地区を定め1地区に1人配置される．

④ 身体障害者福祉司

身体障害者福祉法第11条の2に規定され，都道府県の身体障害者更生相談所に置かれ，身体障害者の福祉に関して福祉事務所員に技術指導を行うとともに，身体障害者の相談・調査・更生援護の要否や種類の判断，本人への指導，およびこれらに付随する業務のうち，専門的技術が必要な仕事を行う．

⑤ 知的障害者福祉司

知的障害者福祉法第13条，第14条に規定される．都道府県の知的障害者福祉司は，市町村相互間の連絡調整，市町村に対する情報の提供その他必要な援

助などの業務のうち，専門的な知識および技術を必要とするものを行う．市町村の知的障害者福祉司は，福祉事務所における技術指導を行うとともに，知的障害者の相談・調査・更生援護の要否や種類の判断，本人への指導，およびこれらに付随する業務のうち，専門的技術が必要な仕事を行う．

⑥ **老人福祉指導主事**

福祉事務所などで，高齢者福祉に関して事務所員に技術指導を行う．業務内容は，高齢者福祉に関する情報提供，相談，調査，指導，給付等のうち専門技術を必要とする業務を行う．

第3節　求められる社会福祉職とスーパービジョンの必要性

1．社会福祉施設におけるスーパービジョンの現状

近年，ソーシャルワーカー等が従事する社会福祉関連施設，看護職における医療機関，学校教育等の現場において，カウンセリングを含めた対人援助スキルの習得が重要になってきていると考えられる．また，それとともに，専門職種における対人援助での悩みを誰に打ち明け，対応し，解決を導いていくのかを含むスーパービジョンに関心が強くなり，さまざまな研修体制が組み込まれ始めている．

とくに，社会福祉施設内におけるスーパービジョンを考えたとき，福祉サービスの展開に際して不可欠の機能であり，ソーシャルワーカーの専門性と対人援助能力の向上をめざすひとつの方法としてもっとも有効な道筋であることは異論のないことである．

ソーシャルワーカーは利用者のもつ最善の利益を擁護することを前提として，生活上での問題に対応していくことが多い．その際に発生する専門職に関する諸問題についてスーパービジョンでは，ソーシャルワーカーへの共感・理解に基づく積極的な処遇・介入・仲介・擁護など果たすべき役割の重さは周知のとおりである．

つまり，援助者であるソーシャルワーカー個人のもっている資質のレベルによって，サービスの質が変化する可能性を危惧するものであるとともに，何らかの形で自分自身と向き合える機会が必要となる．スーパービジョンはスーパーバイザーとのかかわりを通してクライエントへのよいかかわり方を学び生かしていくことができるプロセスでもある．

以上のような社会福祉施設におけるスーパービジョンの実践を考察すれば，スーパービジョンができる人材，スーパーバイザーの不在，また，スーパービジョンを受けようとする場合の場所，時間，経済的な問題，スーパービジョン自体の概念の曖昧さや未分化等が顕著となり，ほとんど機能していないことが指摘されている．

2．スーパービジョンの概要と類似機能について

スーパービジョンとは，経験の少ないワーカー・カウンセラー（スーパーバイジー）に対して，知識・経験の豊富なスーパーバイザーによって行われる指導・援助（援助者の洞察力，観察力を高める）であり，次回の面接へのアセスメントと心構えが示唆される．つまり，直接の援助者をスーパービジョンの対象とし，その焦点的内容としては，クライエントと向き合い，理解をし，援助者とクライエントとの関係に注目をすることである．以上を踏まえ，その目的としては，次の5つに集約される．

(1) クライエントが抱える問題を明確に意識化する．
(2) 問題解決への方向づけ．
(3) ケースをもつことの意味と枠組みを意識させる．
(4) 感情の転移・逆転移の問題等の自己理解と気づきを深める．
(5) 臨床的能力を高める．

社会福祉施設内におけるスーパービジョンの機能としてはフォーマルなスーパービジョンではなく，スーパービジョンの類似概念が，各社会福祉施設の独自性を尊重するなかで実践されていると考えられる．この類似概念という意味

は，スーパーバイザーとしての正式な資格要件や規定があるのではなく，社会福祉施設現場において，ケースを数多く経験し，人柄，知識，指導力等において優れたワーカーがスーパーバイザーとして相談にのっていることが多い．

つまり，スーパービジョンとよく似た内容を現場で行っているということになる．

ワーカーとクライエントの関係をよりよいものとするためには，ワーカーの技能を導き出すとともに，解決に向けての過程を適切な方法で図ることであり，専門機関としての独自性を明確にしながらサービスの質と量の範囲を見極めて方向づけを行うことにある．

また，熟練のワーカーが経験の少ないワーカーに対して，よりよい関係を築くことにより，クライエントに対する接し方，よりよい援助が深められることにもつながる．

3．今後の課題

① スーパービジョンがもっとも効果的に行われる環境の整備
② スーパーバイザーの養成
③ スーパーバイザーに求められる能力の高さ
④ その時々の課題について，ソーシャルワーカー同士が話し合う場の設定
⑤ スーパービジョンという枠組みにアプローチをとりながら，スーパービジョンの経験を積んだソーシャルワーカーがスーパーバイジーに対してスーパービジョンを行うことができるよう指導者のリカレント教育体制の充実
⑥ 施設内における相談援助ではなく，そのケースの内容によっては，外部の専門家を通してのコンサルテーションの機会を得る体制の確立

以上の6つの課題を基にしながら，熟練したワーカーは，利用者自身がもっているさまざまな力を最大限に生かし，利用者自身が問題解決に臨めるような援助が実現できるようソーシャルワーカーと協力して実行していくことが期待

される.

　スーパービジョンまたはその類似機能を効率よく機能させ，相談援助をより効果的に行うとともに，よりスーパービジョンにアプローチをしていく必要がある．スーパービジョンを通して経験の少ないワーカーの自律性をどの程度まで高め，伸ばしていくことができるのかが今後の課題であろう．

　つまりスーパーバイザーとのかかわりを通して，クライエントへの良き援助のあり方を学ぶと同時に，どのように伝えていけばよいのかを学ぶことができるのである．専門職に従事するワーカーとして，現実にはフォーマルなスーパービジョンという形ではなく，形にとらわれない内容でケースを捉えていけるのか，それぞれのワーカーと社会福祉施設に課せられた検討の必要性を感じるものである．

【参考文献】
池田書店編集部編『2005年度版　福祉オールガイド』池田書店，2005年
厚生統計協会編『国民の福祉の動向』2004年
社会福祉の動向編集委員会編『社会福祉の動向2004』中央法規出版，2004年
山縣文治ほか編著『福祉の仕事』朱鷺書房，1994年

第Ⅱ部

社会福祉の隣接学問

第11章 社会福祉と哲学

第1節 社会福祉にとって，哲学とは何か

1．社会福祉全体を見渡す活動として

　福祉の現場を見渡してみる．

　援助を必要としているように見える人たちがいる．そうした援助の対象者は，たとえば，「子ども」「高齢者」「障害者」，あるいは「過度に収入が少ない人びと」としてグループにまとめられる．そして，それぞれのグループに必要な援助がどのようなものか，関連する法律や制度はどうなっていて，今後どのようにしていけばよいのかといったことを学んだり，研究して論じていく分野がある．それぞれの分野にはふさわしい名前が付けられることになる．

　人間の営みは空間と時間のなかで行われる．社会福祉の空間は独立した観念の世界ではなくて，人と人とがかかわり合う具体的な社会的空間である．われわれは「家庭」「施設」「地域」あるいは「クニ（国）」「世界」と，範囲を区切って論じてきた．区切られた範囲に即して，それぞれに論じる内容も違ってくる．また，社会福祉の営みも，他の人間の活動と同じように歴史のなかで変わってきた．その変化はいったいどのようなものであるか．誤りを改善の方向に向け，現在の営みをきちんと評価していく．そうした社会福祉の歴史を論じる分野がある．誰かがきちんと整理して論じる歴史は，一方で社会福祉の現場にいるだけでは分からない「過去」であると同時に，他方，まさに現在のその現場を形づくっている重要な要素に違いない．現場の見渡し方が，単に空間的で

あるのではなく時間の軸も含むことを，歴史を論じることで確かめることができる．

しばしばいわれることだが，見渡すのは「ここから」でなければならない．「ここ」とはいろいろに語ることができるが，とりあえず「私」のことであるとしよう．そうすると，見渡すことができるためには，それが比喩的な表現であっても，「何をみているのか」を私が知覚していなければならない．

何をみているのかを「知覚する」？

それは，感じているだけでなくて，どこかで「何をみているか知っている」ということだ．この場合の「見渡す」というのは，そうした認識でなければならない．なぜなら，われわれは「社会福祉」にかかわる限りでの風景をみようとしているのであって，それ以外ではないからである．

そうすると，「社会福祉とは何だろう」「何が社会福祉なのか」．これが，空間にしろ歴史にしろ，見渡す人にとっての根本的な問いとなる．そしてそうした根本的問いこそは「哲学的問題」であるといえよう．社会福祉学にとって哲学が登場してくる場面のひとつは，このようにして社会福祉学全体を見渡す場面である．哲学は，社会福祉学の基礎（言い方を変えれば「原理」）を巡って現れてくる．

2．哲学的に考える

そうしたいい方には，もしかしたら，抵抗があるかもしれない．だが，その心理的抵抗を解きほぐすことはこの稿の本務ではない．しかし，より抵抗が少ないと思われる仕方で事柄を言い直そう．われわれは社会福祉学を見渡そうとする時に，知らず知らずのうちに「哲学的に」考えているのだ，と．

たとえば，援助の対象が決まってしまえば，その後の援助法は社会福祉学の中心的課題である．だが，遡って，そもそも誰が社会福祉援助の対象者なのかを決めるのは，そうした個別の方法論ではない．社会福祉が「貧困生活の改善」ならば，子どもの一部が援助対象となるが，「弱者へのあらゆる援助」で

あれば，子どもすべてが社会福祉活動の対象となる．方法論の議論は論理的にこうした対象の決定の後にはじまるであろう．そして，繰り返すが，社会福祉とは何かとは，優れて哲学的問いなのである．

「哲学的」であるかどうかの指標はさまざまにあげられようが，(一般にいう)「論理的である」というのは実は本質的ではない．扱う問題によっては説明の論理的整合性よりも，何らかの直感や「感じ」の方が優先されることもあろう．むしろ大事なことは，問題への関心の方向が「事柄自体に即して」「よりよい結論」へと向かっている点，あるいは問題についての議論が，「より真である結論」へと向かっている点にあろう．その時に，「論理(性)」はひとつの有効な手段として用いられる．しかしながら，論理的であることが「最善の結論」や「結論の真」に優先するわけではないのである．

もうひとつの重要な特徴は，哲学の「領域を超え出る」役割，あるいは学際ともいえるその働きに見出される．すなわち，「児童福祉」であるとか「援助技術」であるといった個別の領域を超えて，領域に限定されない場所で，問題を感じて，考えを進めて，そして行為する．こうした「全体的」「根本的」あるいは「本質的」な考察と行動とを「哲学的」とよぶことができよう．

3．社会福祉活動に従事する「私」

こうした哲学の特徴が如実に現れるのは，福祉の対象領域よりもむしろ社会福祉の活動に従事する者(「私」)の「全人的な」性格が問題になる場合である．社会福祉が，優れて人の善き生活，言い換えれば「幸福」にかかわる活動である以上，その対象領域においても容易に既存の学の範囲を逸脱する．それゆえにこそ，翻って，社会福祉の活動に従事する「私」は，その感受性の面でも，価値観の面でも，あるいは他人と対話をし論理的な思考と寛容さとを併せもつといった素養をいろいろな局面で求められる．とりわけ「深い人間理解」といわれるような，歴史上哲学にこそ求められてきた課題を背負うことになろう．つまり，社会福祉の活動全般において，単なる「専門家」と違った仕方

で,社会福祉にかかわる個人は「私自身」を問題としなければならなくなる.もはや哲学との関わりを疑う余地はないであろう.

社会福祉に従事する者は,しばしば,自分の仕事がその領域を超えて普遍的な人間の価値に接するのを感じるはずである.そうした場合に,「社会福祉」の領域を超えた場所での感覚,考察,そして行動を身に引き受けているのであり,またそうしたことが必要ともなるであろう.社会福祉学にとって哲学とは,実践の上でも研究の上でも,そうした社会福祉を基礎づけたり超え出たりする場所で重なりあうことになるのである.

第2節　社会福祉従事者にとっての哲学的課題

1．ビジョンの共有：「社会福祉とは何か」を繰り返し問う

前節の考察より,社会福祉従事者にとっての哲学的課題も明らかであろう.

まず何よりも「社会福祉とは何か」という問いが不断に新しい問いとして繰り返し問われなければならない.言い換えれば,それぞれの人にとっての幸福とは何かという根本的な問いが常に新しい問いとして社会福祉従事者の前には横たわっているということである.たとえば,そうした問いかけによって,われわれは施設への囲い込みから,健常者と同じ日常のなかでの生活へと,社会福祉サービスの方向を転換してきたという歴史を知っている.

しかしながら,「幸福とは何か」の答えは,直接定義できないこともまた,長きにわたる哲学の歴史が明らかにしている.したがって,「社会福祉とは何か」の問いにも,慎重な態度で考察を進める必要がある.むしろ,「福祉」「幸福」という大きな課題を睨みながら,われわれの思考と実践はより個別の場面へと移ることになるであろう.

まず,第1に社会福祉が,全体として何を成し遂げるべきか,何をめざすかといった,目的論の議論を具体的な課題のひとつとして数えることができる.

目的論の議論は,たとえば全人口に占める高齢者の比率が危機的に上り続け

る現在，ますます必要になってくるであろう．なぜなら，全体の目的（ビジョン）を多くの従事者が共有することがなければ，社会福祉サービスは数の議論によって高齢者に偏るということが生じ得る．実際に，対処療法的な方策がさまざまな場面でとられて，結局，問題の解決が遅れる，あるいは悪い意味で副作用を起こすということが起きている．

だが，こうした目的論の議論は口でいうほど易しいプロセスではない．なによりも，社会福祉の目的が何かは，算数のような仕方で答えが出るとは保証されない問題である．それでもなお，いや，それだからこそ，深い人間理解と愛情とに裏打ちされた言論による議論を重ねなければならない．

目的の議論と連動する課題は制度制定にかかわる．これは「法哲学」や「社会哲学」といった，法学や社会学が哲学と重なっている部分の問題である．

たとえば，社会福祉があくまで「社会福祉」として公共の場で行われる以上，実現されるべき幸福の状態も「公共的な正義」「公共の資源」の観点を無視できない．また，福祉が人間と人間との間で行われることから，単に援助を受ける人間だけに注目すれば足りるということはない．社会福祉は「共同（協働）作業」としてのみ実現されるからである．ところが「公共性」や「共同性」の概念は現在でも再検討の余地があることが知られている．

「公共性」や「共同性」の概念の把握の違いは，紙幅の都合で今は詳述できないが，公的扶助や保険制度，各援助者と被援助者との関係把握を根底から覆すことになりかねない．このような社会福祉全体にかかわる概念的課題は，他にも「契約説」と「功利主義」，あるいは「共同体説」の選択．また，「よき生 (well being)」と「欲望」「ニーズ」の関係，「自由」と「公共の福祉」の対立の問題等にみられる．いずれも，福祉活動全体の方向性を決定的に変えてしまうという点で，研究者が卓上で議論するというのにとどまらない影響があり，多くの社会福祉従事者が関心をもつべき問題であろう．

2. マニュアルからの開放

　さらに，より社会福祉従事者個人の実践にかかわる課題を検討しておこう．

　現在の社会福祉の現場では，従事者の負担軽減もあって，十人十色の個別ニーズの把握をマニュアル化する方向で動いている．だが，援助技術の事例研究が示すように，個別のニーズはマニュアルの想定をしばしば逸脱する．逸脱してしまうのに，無理にマニュアルに当てはめようとすれば，それはマニュアルのもつ負の面，機械的で冷たい応答を援助対象者に向けるということになりかねない．マニュアルの無理な適用は，共同性に基づく協働作業を壊してきた．社会福祉の宿命として，一方で，その制度に活動が縛られる．だからこそ制度や法・ルールを守る道徳性が従事者に求められるのだが，他方，社会福祉活動の目的が制度の遂行ではなく，あくまでも援助対象者にとっての生の「よさ(well)」（それがなんであるにせよ）である以上，その「よさ」を実現する「実践的な知」としての倫理性が同じように重要視されねばならない．現場においてそれは，制度と目的との間のジレンマとして現れる．そのジレンマに対するできる限り適切な対応こそがここでいう「実践的な知」なのである．

　繰り返しになるが，マニュアル化できない部分にこそ，「よく生きる」あるいは「幸福に生きる」ことへ向けての豊かな感受性と，思考力，そしてその実践が求められるであろう．こうした社会福祉従事者における倫理性は，単に道徳的な援助技術の知識に還元できない以上，制度論や技術論で論じきることはできない．いわゆる「職業倫理」をガイドラインやマニュアルから解放する点で，哲学的な倫理学の課題だといわざるを得ない．

3. 倫理：社会福祉従事者の人格

　ところで，従事者の側に倫理性が失われれば共同性は成立しない．同時にまた，援助対象者においても倫理が求められる．繰り返せば，社会福祉活動は一方通行ではなくて，協働の作業なのだ．

　たとえば，援助対象者が自ら主張するニーズが仮に単なる「欲望の充足」で

あり，それが限りある公共資源の観点からして不公平な要求であるならば，援助者はその真意を問いただしつつも，場合によっては勇気をもって（＝「倫理的振る舞い」！）毅然とした態度で断ることが必要になる．そして，理想的には，援助者と援助対象者との間で対話による福祉のビジョンの共有が始められねばならないであろう．それがなければ結局協働作業に支障が出るからである．

　もちろん，被援助者とビジョンを共有する作業は，すべての援助者ではなくて，ケアマネジャーといった立場にいる者の役目であるかもしれない．だとしても，少なくとも倫理性があらゆる援助者に求められるという事情は変わらないであろう．どんな小さな場面であっても，人を相手にする仕事である以上，社会福祉従事者はその全人的な人格が援助活動において試されてしまう．全人的な人格が哲学的な課題でなくて何であろうか．

第3節　社会福祉実践に求められる哲学

1．哲学的センス：独善を超えて

　社会福祉の実践に求められる哲学が「実践的な知」である以上，従来の教科「哲学」とは違うことは明らかである．哲学者や思想家の名前や名言を暗記したところで，直接の力にはならない．同様に，『福祉原論』の教科書に沿って，既成の概念や歴史を覚えたからといって，前節までに確認された課題に答えられる保証はどこにもない．また，マニュアルには十分な利点があるが，限界も存することは自明である．

　実践に必要なのは，社会福祉の目的へと向けて現実問題の最善の解決を図っていく哲学の力である（近年，こうしたタイプの哲学に「臨床哲学」という名称が使われることがある）．

　それは単純にいえば，事柄に向き合って（社会福祉の場合は「一人ひとりの生」に向き合って）その全体を捉え直す活動である．しかしながら，これを単

に思弁的な活動に極言することは不毛である．哲学的活動の実際は，「生」へと向き合う構えの下で問題を感受し，最善の答えへと一歩ずつ近づく努力をしつつ，実践的に働くという一連の活動でなければならない．「ケア」とよばれる活動はこのようなものではなかったか．こうした一連の活動を支える一人ひとりの「構え」を「哲学的センス」とよぶことにしよう．

なぜそれが「センス（感性・思慮・意味内容）」とよばれるのか．

それは，まず「あることが問題であると感じ取る」ということからすべてが始まるからである．われわれは，残念なことに，しばしば社会福祉の現場で「独善」や「独りよがり」，あるいは「マニュアルのみ」の援助をみかける．彼らは現場で本当の問題（何が求められ何が求められていないか）を「感じること」ができていない．だから，彼らに反省や考察もありえないだけでなく，何より，十全な福祉の実践を行い得ないであろう．

われわれは，個別の現場で現れる実践的な課題に開かれた感受性をもたなければならない．さらに現場ではそれらの課題を，多くの場合，複数の人間と協力して考えていかなければならない．そこにもまた，鋭い嗅覚とそれを的確に表現する言語感覚とが必要になるであろう．だからこそ，相手の意見を聞いて，相手の発言や態度の示す意味内容を感じようとする意志と努力とが哲学的なセンスを養う訓練として必要なのである．この相手を理解する力は，単に議論の場面にとどまらず，援助活動においても大事な素養である．

かくして，哲学的センスは，まず，領域に捉われない朗らかな感性と，同じく偏らない思考とによって支えられることになるであろう．実際，そうした哲学的センスをもった社会福祉従事者は，機会あるごとに自分自身や自分たちの姿をみつめ直し，お互いに議論をしながら，最善の道を模索する試みる実践と訓練とを重ねている．

2．哲学を学ぶ

ここにきて，われわれは哲学的センスの涵養のために必要な事柄のいくつか

を数え上げることができる．それは，ひとつには体験を経験へと昇華させる訓練である．ある出来事の「意味」を，教師や年長者は繰り返し生徒に明らかにし，現場では「感じた者」が，感じていない者に伝えなければならない．さらに，2つ目は，話し合うとか議論することを日常にしなければならない．対話を厭う（ミソロゴスな）社会福祉従事者は，援助対象者とも，同僚とも結局は理解しあったり，最善の道行きを見出し協働することができないであろう．3つ目は，それに関連して，言葉や振る舞いに対する学的好奇心である．この時はじめて古今東西の文献，あるいは先人の言葉（いわゆる「哲学書」も含む）が，血となり肉となる仕方でそれぞれの人のなかに染み込んでいくであろう．他人の言葉や振る舞いから学ぶ態度を失った時，その人のその閉じこもった感性がどれだけ哲学的センスを，ひいては社会福祉の活動を阻害するか計り知れない．

　社会福祉の活動は，いわば普遍的な価値（善さ）に触れる貴重な活動のひとつではないだろうか．そうした普遍的な価値に触れるに当たって，われわれは繰り返し「私自身」と世界とをみつめ直していかなければならないであろう．

【参考文献】
朝日新聞論説委員室・大熊由起子『福祉が変わる　医療が変わる　日本を変えようとした70の社説＋α』ぶどう社，1996年
鷲田小彌太『鷲田小彌太《人間哲学》コレクション②　働かない身体　新福祉倫理学講義』彩流社，2005年
野矢茂樹（文）植田真（絵）『はじめて考えるときのように　「わかる」ための哲学的道案内』PHP研究所，2001年
村上学『会話と思考の作法』創言社，2001年

第12章 社会福祉と教育学

第1節 社会福祉と教育学の関係性

1. 社会福祉と教育の学問的近似性

　日本国憲法第26条(教育を受ける権利,教育の義務,義務教育の無償)には,第1項「すべて国民は,法律(教育基本法第三条第二項)の定めるところにより,その能力に応じて等しく教育を受ける権利を有する」

　第2項「すべて国民は,法律(教育基本法第四条)の定めるところにより,その保護する子女に普通教育を受けさせる義務を負ふ.義務教育は,これを無償とする」と明示されている.

　「教育」はその国の礎であり,政治,経済,文化など多様な要素から影響を受け,相互に関連しつつ発展してきた学問と捉えることができる.

　これに関連して,社会福祉理論学者である髙田眞治は,社会福祉の究明について,社会構造を変革していく方法を検討する必要性を指摘し,そのためには政治,経済,文化の力動を構造的に捉え分析する視点を提示している.つまり,現実の社会福祉の構造は,政治,経済,文化など多様な混成の影響を受けて形成することから,「社会福祉混成構造」の概念を提起している[1].さらに髙田は,これら社会福祉の構造性を説明した上で,どのような具体的な要因が働き,影響し合うことで混成概念が国民にとって,社会福祉サービス利用者にとってふさわしい構造になるのか.加えて,これら構造が望ましい方向に内側から動き,働くことが不可欠であるとの見解から,「社会福祉内発的発展」の概

念を新たに提唱している[2].

これら，高田の指摘から，「社会福祉」と「教育」は互いに政治，経済，文化など多様な社会構造から相互に影響を得ながら発展する学問の性格であることが理解できる．すなわち，両学問はきわめて近似性をもち，裾野を分かつ位置関係にはないことが明らかである．

2．社会福祉と教育の相違性

一方，教育学者である汐見稔幸は，福祉と教育を「近くて遠い関係」として問題提起している．汐見は，制度的には，出発時から目標や社会的位置づけが違い，教育の所管官庁は文部科学省であり，福祉は厚生労働省が管轄し，この2つが近くにいながら積極的に交流し合わないできた歴史的制度要因を指摘している．同時に教育がうまくいかないケースの後始末のような業務を福祉が担っている関係性を散見すると指摘している[3].

たとえば，汐見は「育児支援」をテーマに以下の見解を述べている．

「文部科学省や中央教育審議会などは，子どもを育てるのはあくまで親の責任であり，それをきちんと果していないのは親の責任放棄であるから，親にきちんと家庭教育をするように働きかけなければならないとの意見を述べる．これに対して，厚生労働省は，親の責任意識を高めるというよりは，親の育児を社会がサポートしていかなければならないという姿勢が強い．親自身が親として期待されるだけの力が発揮できない状況にあるのだから，親はむしろサポートされる立場であると考えるのが社会福祉である」と述べ，社会福祉と教育の相違性を指摘している．

3．社会福祉と教育の接近

上記のとおり，社会福祉と教育の相違性が指摘されたが，同時に汐見は，教育の側のこれまでの発想では頻発する子どもたち・若者たちの育ちの諸問題に的確に対応できなくなってきた，または，時代の変化に対応した学力や能力を

これまでの教育発想では育てられないということを，教育関係者自身が認識し始めたとして，社会福祉と教育の並行的ないし対立的な関係は，ここ最近，急速に変化しつつあることを述べている[4]．

たとえば，汐見は「不登校」を例に以下のとおり指摘している．

「教育のスタンスの変容として，学校側が期待している行動パターンと生徒がもっている資質や行動特性が大きなミスマッチを起こす時，生徒が学校に行けなくなるケースが多いということを認めつつ，その原因や責任を関係のあり方にではなく子ども自身に求めることはけっして教育的ではないということに，当の教育関係者が合意し始めた」ことを示している．

さらに，「これを機に当時の文部省も登校拒否という言い方を変え，学校に行かない子どもには多様な理由があることを指し示すために，新たに『不登校』という呼称を用いるようになった．また，学校への適応に困難を感じている子どもたちに対して，臨床心理士などの資格を有する学校カウンセラーの配置を進めるなど，従来とは明らかに原理の異なる対応を始めた」ことを指摘し，社会福祉と教育の接近について提言している[5]．

以上の社会福祉と教育における両者の「学問的近似性」「相違性」および「接近」の各項についていえることは，教育が福祉的に発展していることが特徴のひとつとして示されよう．すなわち，従来の一方通行的指摘，上下関係，強者から弱者へ，単方向コミュニケーション[6]などと表現され，そのイメージが強かった「教育」的傾向よりもむしろ，近年では，相互理解，平行関係，強者と弱者とともに，双方向コミュニケーションなど，「社会福祉」的イメージとその対応が求められる時代へと急速に社会的変遷がなされようとしている．このことは，文明社会における国民の多様性，個別性，主体性の尊重を重視する平和的文化社会としての昨今の動向に反映されたものであり，共存・共生・協働をテーマとする「社会福祉」と「教育」の連携の必要性がより一層求められることを示唆しているといえよう．

第2節　社会福祉と特別支援教育

1．障害への理解

　現在わが国では，なんらかの障害を有する児童・生徒への教育を専門的に行う学校を「特殊教育諸学校」と定め，①盲学校，②ろう学校，③養護学校（知的障害・肢体不自由・病弱虚弱）と3つに分類し，子どもの能力に応じた教育が可能になるよう努めている．

　社会福祉と特別支援教育の連携についても昨今，その必要性がとくに指摘され，学校教育の延長線上に，教育課程を終えた後の「生活者」としての障害児・者の生活サポートの多様なニーズが浮上してきている．

　自らの思考で自らの生活を選択し，自己決定することが困難な児童・生徒に対して，彼らの長い生活を保障するための「社会福祉」のあり方は，今後より一層その対応性と責任性が求められる．加えて，支援における人間観・倫理観・価値観の堅持を伴う真の福祉専門職としての志が彼らの人生を左右するともいえよう．

　今後の社会福祉と特別支援教育に共通していえることは，本人自身のエンパワーメントへの支援とその環境を形成する援助者と周囲への正しい障害理解およびノーマライゼーション思想の浸透であろう．

2．新たな特別支援教育のあゆみ

　文部科学省は，近年の学習障害（LD）や注意欠陥・多動性障害（ADHD）などをも含めた子どもの障害に対応できるよう，先に示した盲・ろう・養護学校の教員免許制度を根本から改める方針である．これにあわせて，教諭に高い専門性を身につけてもらうために，特殊教育免許をもたなくても特殊教育諸学校の教諭になることができる現行の特例措置を50余年ぶりに廃止する方向である[7]．

　このような障害児・者を取り巻く社会の変動のなかで，近年，教育界では相

互扶助，共存，共生を支える体験的プログラムを教育課程に取り組むプログラムの導入が注目を集めている．そこで，次節においては，学校教育における福祉教育のあり方について学習を進める．

第3節　社会福祉実践に求められる福祉教育

1．福祉教育の意味[8]

　Aボランティアセンターでは，2002年に県内の小・中学校に対して「福祉・健康」を課題にした総合学習の計画の有無を尋ねたところ，小・中学校ともに6割以上の学校が「計画あり」と回答した．学校現場において福祉教育，ボランティア活動のニーズが高まってきていることがうかがえる．

　大橋謙策によると福祉教育とは，「歴史的にも，社会的にも疎外されてきた社会福祉問題を素材として学習することであり，それらとの切り結びを通して社会福祉制度，社会福祉活動への関心や理解をすすめ，自らの人間形成を図りつつ，社会福祉サービスを利用している人びとを社会から，地域から疎外することなく，ともに手をたずさえて豊に生きていく力，社会福祉問題を解決する実践力を身につけることを目的に行なわれる意図的な活動である」と定義されている．

　この福祉教育を学校教育で具体的に展開するひとつにボランティア体験学習や高齢者・障害者の擬似体験学習があげられる．しかし，これらの体験学習は，高齢者や障害者の車椅子利用法や不自由動作の擬似体験が学習の中心となっている場合が少なくない．近年，これらの活動は，結果としてマイナスイメージを与える危険性があると報告され，ある意味「貧困的福祉観の再生産」を誘発する恐れがあると指摘されてきている．

　これらの指摘を回避する方策のひとつとして，事前学習があげられる．児童・生徒が事前に福祉教育の意味や高齢者や障害者の生活の実態について十分な理解と知識を得る機会が必要である．さらに，この体験学習を通して得られ

た児童・生徒のリアリティショックやさまざまな感情を「共生」イメージへと転化させることが必要である．そのため，学習後において児童・生徒の感想文などを新たな教材として，正しい福祉の理解や他者を思いやる心を育む場面設定が福祉教育の重要な柱となろう．

したがって，福祉教育とは，① 事前学習，② 体験学習，③ 事後学習の各学習段階が整合性をもち循環する一連のプロセスといえよう．以下，それぞれの学習段階における留意点について『福祉施設訪問ハンドブック』を参考とし確認したい．[9]

2．社会福祉活動の留意点[10]

1）事前学習
① 市町村社会福祉協議会との連携

(1) 学習をはじめる前に，まず市町村社会福祉協議会（以下，社協とする）に相談することが大切である．

(2) 学校の年間事業計画等を福祉施設や社協に知らせておく．日頃から福祉教育担当教師と施設・社協の担当者が連携を取り合う習慣づくりが大切である．社協・施設の年間事業計画も学校から請求すれば，相互に体験学習の機会を設定しやすくなる．

(3) 体験学習受け入れには，準備の都合上1ヵ月は必要である．依頼の際は，① 担当教師氏名と連絡先，② 活動の目的，③ 日時と時間帯，④ 対象学年と人数，⑤ 体験内容・プログラムを明確にした上で行うことが肝要である．

(4) 活動に必要な人材・機材のリストアップを行い，同時に施設・社協側との役割分担を行う．なお，現地確認を行うことで，より具体的な準備が可能となる．

(5) ボランティア活動保険・ボランティア行事用保険，一日旅行保険などを施設や社協に確認して，必要な備えをしておく．

(6) 施設, 社協などから, 福祉教育のための派遣人材リストや貸出機材リストの提供を受けていれば, 学習内容がより深まる.
(7) 移動中や活動中の対人・対物および自らの事故の保障として, ボランティア保険に加入して, 賠償などの際の備えをしておくことがとくに大切となる.

② 指導者依頼
(1) 指導者派遣を依頼する場合は, 指導者スタッフの確認・備品チェックをしておく. また, 指導者派遣に経費負担が発生する場合があるので, そのことを事前に確認しておく必要がある.

③ 施設との連携
(1) 施設訪問の際は, 公文書が必要な場合があるので, 施設の要請にしたがって早目に公文書の発送を心がける必要がある.
(2) 施設は利用者が24時間過ごす「生活の場」である. 訪問の際は, 利用者の状態や施設側の状況を最大限に配慮し, 節度ある行動ができるよう事前確認をしておく必要がある.
(3) 欠席者やプログラムの変更事項などが生じた場合は, 必ず事前連絡を行うことが大切である. また, 施設側の準備物や道具等の数の変更確認を行ない, 責任をもった対応を行うことが肝要である.

④ 児童・生徒への指導
(1) 福祉教育を行う意味や意義を十分に児童・生徒に伝えておく必要がある.
(2) 児童・生徒が出し物を企画する場合は, 十分な練習を行い, 企画や活動が利用者の生活に支障をきたさないかなどの注意をしておく.
(3) 児童・生徒への動機づけを高めるために, 学習の目的, 疑問や質問などをまとめるフェイスシートを作成するなどの工夫を行う.

⑤ **教師の心構え**

(1) 訪問の際は，事前に施設行事計画などとの関係を踏まえた上で，電話連絡だけではなく，実際に教師が事前に施設・機関を訪問し，施設担当者とともに学習内容の確認を行うことが大切である．

(2) 実際に教師も事前体験を行い，日常的な福祉学習と行動を意識しておくことが必要である．また，教師が体験した内容を児童・生徒に実体験として伝え，利用者の生活実態や守るべきマナーなどについて，十分なシミュレーション学習をしておく．その際，マイナスイメージだけではなく，利用者のプラスの視点に着目することが大切である．

(3) 回ごとの目的を明確にし，活動が深まり，継続性が高められるよう工夫する．

(4) ボランティア活動が報道機関にて広報されることは，児童・生徒の励みとなり，地域の協力が得られ，保護者の参加促進にも繋がる．必要に応じて報道機関に対して1週間前までに連絡しておくことが望まれる．

(5) 実施日前日には，関係者間の受け入れ体制の確認が必要である．学校側の担当者が施設に直接伺うか，または電話連絡を必ずするよう心がける．

2）体験学習

① 生徒と教師がともに学習する姿勢が大切である．よって，教師は臨場して自らも福祉の現場を学ぼうとする意欲が求められる．

② 体験中は挨拶，礼儀，言葉遣いなどに気をつけ，時間を守って活動することが大切である．

③ 施設側，学校側双方の役割分担を確認しながら，児童・生徒および利用者に事故や怪我がないように，細心の注意を払い，安全環境に努める．

④ 活動の様子を写真やビデオに撮って記録することを心がけ，事後学習の貴重な教材として記録を活かしていく．ただし，プライバシー等の問題があるので，施設への事前承諾が必要である．

3）事後学習

① 反省会は児童・生徒のリアリティショックやマイナスイメージを「共生」イメージに転化する重要な機会である．児童・生徒の気づき，反省，感情や心の動きを整理し，感想文や発表会などを通して，体験学習をしっかりと心に留める機会とする必要がある．その際，施設の担当者や利用者および福祉の専門家を学校に招くと，福祉理解がさらに深められ学習効果が高められる．

② 次回の活動に向けて施設側と学校側双方の担当者が事後の相互連携を取り合うように努める．

③ 学校や社協の広報誌および新聞記事などに掲載された活動内容を教材として，ふりかえりの学習機会をもつとともに，次回活動への児童・生徒の動機づけへと学習内容をさらに深めていくことで学習効果が期待できる．

以上，福祉教育におけるボランティア体験学習では，他者を受容する力が養われ，人間の存在を強さや光のみでなく，弱さや影をも含めて理解する視野を培うことができよう．さらに，「生きた学習」を通して，豊かな人間性と社会性が育まれるといえよう．福祉教育の本来の意味は，福祉の知識や情報の伝達，および技術の習得や模擬体験だけではなく，それらの根底にある「福祉の価値・倫理や共生思想」を十分に児童・生徒に身につけさせることであり，「生への畏敬」の学習とも考えられる．

この意味から，社会福祉と教育学の接点は，次世代を担う子どもたちの将来を進展させる希望を育み，わが国の恒久的平和の実現への倫理と思想を樹立する可能性をたぶんに有する相互関係性にあるといえよう．

なお，本文は，拙論「社会福祉教育と教育の連携に関する一考察～障がい理解と福祉教育実践の視点から～」（『日本福祉図書文献学会研究紀要』，第5号，2006年所収）を一部修正・加筆したものであり，佐賀県社会福祉協議会ボランティアセンター運営委員として委嘱された小・中・高校教諭ならびに高齢者・障害者・児童施設の施設長およびソーシャルワーカーらに聞き取り調査およびグループ討議を経て得

られた資料を基にまとめた．また，著者も本運営委員として福祉教育のあり方検討に参画した．

【注】
1) 髙田眞治『社会福祉混成構造論——社会福祉改革の視座と内発的発展——』海声社，1993年
2) 髙田眞治『社会福祉研究選書① 社会福祉内発的発展論』ミネルヴァ書房，2003年
3) 汐見稔幸「社会福祉と教育——ケアするとはどういうことか——」『社会福祉研究』通巻第90号記念特大号，鉄道弘済会社会福祉部，2004年，p.173
4) 同上書，p.174
5) 同上書，p.175
6) 諏訪茂樹「単方向と双方向——一方的と相互的——」『援助者のためのコミュニケーションと人間関係（第2版）』建帛社，1997年，pp.119〜127
7) 『朝日新聞』2005年5月15日付朝刊
8) 滝口真監修『福祉施設訪問ハンドブック』佐賀県社会福祉協議会，2005年，p.1
9) 同上書，pp.1〜11
10) 同上書，pp.1〜3

第13章　社会福祉と医学

第1節　医学とは

　医学とは「生命の科学」である．しかし未知の領域は広く，未完成の科学である．したがって，医療において科学的論理性は非常に重要であるが，一方で医学に対してあまり過大な期待を抱くべきではない．まず医学の歴史から，医学の本質を探ってみる．

1．医学の起源

　近代西洋医学の源流はギリシャ・ローマ時代に求められる．ギリシャのヒポクラテス（Hippokrates, B. C. 460～375頃）はソクラテスやプラトンと同時代人であるが，その足跡は明確ではない．しかしヒポクラテス派の著作を中心に編纂された70篇におよぶ『ヒポクラテス全集』は科学的客観性にすぐれ，それまでの宗教的医術とは一線を画している．またこの全集を貫く医師の倫理性に関する記述は今日にいたるまで医療職の道徳律として普遍的妥当性をもっている．続くローマ時代には，マルクス・アウレリウス帝の侍医であったガレノス（C. Galenus, 130～201）が，解剖学的観察と生理学的理解の重要性を唱え，膨大な著作を遺している．彼は呼吸における横隔膜と胸壁の役割や神経と筋肉の支配関係を実験的に証明した．しかし当時は人体解剖が禁じられており，動物解剖による類推では限界もあった．ガレノスは，血液が食物消化の結果，肝臓で作られ，そこで"自然精気"を与えられて全身に循環するとした．しかし肺循

環は想定していなかった．その後ローマ帝国は衰退し，カトリック教会と封建制度の台頭のもと，中世が終わるまで千年以上にわたって医学のみならずすべての自然科学は停滞した．

2．近代医学への布石

医学の世界で近世の扉を開いたのはヴェサリウス（A. Vesalius, 1514～1564）である．彼は自ら人体解剖を行い，それまで軽視されていた観察に基づく正確な記述を尊重し，系統解剖学の基礎を築いた．1543年の著書『人体の構造に関する7つの書』は，その後のあらゆる解剖学書の原典となった．続いてイギリスのハーヴェイ（W. Harvey, 1578～1657）は『動物の心臓および血液の運動について』を著し，心臓のポンプ作用と血液循環についてガレノス以降の誤った知識を修正した．

3．感染症との戦いと医学の進歩

ヴェサリウス，ハーヴェイらによって実証的解剖・生理学には夜明けが訪れたが，臨床医学における科学的展開にはさらに2世紀を要した．

当時に至るまで臨床医学の主な対象は感染症と外傷であった．感染症については，人類はそれまでペスト，天然痘，コレラ，赤痢等に苦しんだ歴史があるが，病原微生物の存在にすら気づいていなかった．感染症の原因が病原微生物であることを実証したのは，フランスのパスツール（L. Pasteur, 1822～95）とドイツのコッホ（R. Koch, 1843～1910）の二大巨人である．パスツールは炭疽菌，コッホは結核菌やコレラ菌を発見するとともに人体に対する病原性を証明した．感染症の予防や治療についても，イギリスのジェンナー（E. Jenner, 1749～1823）が種痘を開発して能動免疫，ベーリング（E. von Behring, 1854～1917）と北里柴三郎（1852～1931）が抗毒素血清を発見して受動免疫療法への道を開いた．さらにイギリスのフレミング（A. Fleming, 1881～1955）が青カビからペニシリンを発見し，抗生物質による治療により人類は感染症を克服するかに思

われた．一方，外傷については，ヒポクラテス以前の時代にも縫合や切除，焼灼といった治療の記録が残っているが，外傷治療においても感染対策が課題であった．イギリスのリスター（J. Lister, 1827～1912）は石炭酸消毒を行い無菌手術の先駆けとなった．

感染症対策の進歩とともに，精神疾患や慢性病にも焦点が当てられるようになる．精神病者に対する扱いは，ヨーロッパ中世の魔女狩り等虐待と差別の歴史であったが，フランス革命後，ピネル（P. Pinel, 1745～1826）がビセートル病院やサルペトリエール病院で精神病者を鎖から開放した．またドイツのクレペリン（E. Kraepelin, 1856～1926）らにより疾患単位が確立されるとともに臨床精神医学の基礎が築かれた．さらに1952年にドレー（J. Delay, 1907～1987）らによって統合失調症の治療にクロルプロマジンが導入されて薬物療法の道が開かれ，精神科治療は一変した．

4．現代医学の展開

20世紀後半に入ると医学は加速度的に進歩し，多方面の展開がみられる．以下に主な事項を列記する．

① 化学療法の発展と多剤耐性菌の出現：抗生物質の開発競争とMRSAやVREなど多剤耐性菌の出現．新興・再興感染症の出現．抗がん剤やがんの免疫療法の発展．
② ホルモン療法の進歩：インスリン，成長ホルモン，副腎皮質ホルモン等の治療への応用．遺伝子組み換えによるホルモンの製造．
③ 栄養学の進歩：中心静脈栄養や経管栄養の開発．
④ 核医学，医用電子工学の進歩：CTスキャン，MRI，SPECT，PET等による放射線診断や放射性同位元素の診断・治療への応用．ファイバースコープ，超音波，レーザー，胸腔・腹腔鏡下手術等々医用電子工学の臨床応用．
⑤ 生化学的診断の進歩：生化学の進歩とその臨床応用．
⑥ 臓器移植の発達や人工臓器の開発：免疫抑制剤の開発や脳死の容認．

⑦ 予防医学の発展：生活習慣改善による疾病予防（1次予防），早期発見・早期治療のための健診（2次予防），リハビリテーション（3次予防）．

⑧ 遺伝子工学の発展：1953年，ワトソン（J. Watson）とクリック（F. Crick）によるDNA二重らせんの解析．遺伝子診断や遺伝子治療の発展．ヒトゲノムの解読．

以上のように現代医学は細分化，専門分化が進んでいる．また遺伝子工学の発達によって，生命も精神もすべて物質的理解が可能な時代に近づいている．こうした方向性は一見還元論に傾斜しているようであるが，より広い視野から判断すると，人類は人間理解の本質に迫りつつあるといえる．

第2節　社会福祉と医学

1．社会福祉と医学の接点

社会福祉と医学の接点は，疾病や障害があって社会福祉の援助を必要とする人びとである．「疾病は貧困を生み，貧困は疾病を生む」ので，社会福祉の発展段階においては疾病と貧困との連関を社会福祉的介入によって断ち切ることが重要であった．その後，社会福祉援助が専門化するにつれ，病院にソーシャルワーカーの活動の場が出てくる．

英国では1895年，ロンドンのロイヤルフリー病院の外来に慈善組織協会（COS：Charity Organization Society）からスチュアート（M. Stewart）がアーモナー（almoner）として派遣された．アーモナーとは，医療費支払いについて施し（alms）を必要とするかどうかを判定する人という意味である．つまり，支払い能力がある患者の医療費不払いを防ぐ目的で配置されたものである．米国の先駆者はボストンのマサチューセッツジェネラルホスピタルの医師キャボット（R. Cabot）である．彼は正確な診断・治療には患者に関するあらゆる情報の収集が必要と考えていた．キャボットはボストン児童救済協会でのケース会議やケース記録におけるソーシャルワーカーの手法を病院で活用しようと，1905

年に同病院にソーシャルワーカーを配置した．英米のこれらの先例がメディカルソーシャルワーカー（MSW：medical social woker）の起源となった．

　MSWの初期の目的は病院経営者や医師の援助にあったが，その後の社会保障制度や医療保険制度の発展に伴い，次第に患者の側に立った援助者として独自の役割が生まれてくる．すなわち，社会資源との調整や社会問題の側からみた患者の援助である．また直接援助のみならず間接援助の手法も徐々に用いられるようになった．さらに専門分化も進み，とくに精神科では社会福祉援助の必要性が高く，精神科ソーシャルワーカー（PSW：Psychiatric Social Worker）として独立した．わが国においても1998（平成10）年，精神保健福祉士が医療ソーシャルワーカーに先だって国家資格となった．

　以上のような変遷を経て，MSWは疾病に起因する社会・経済・心理・文化・医学的問題を抱える個人や家族を援助するプロフェッショナルとして発展してきた．

2．医療ソーシャルワーカーの業務

　MSWの具体的業務については，わが国では厚生省より1989（平成元）年に提示され，2002（平成14）年に厚生労働省により改訂された「医療ソーシャルワーカー業務指針」に示されている．この業務指針は，病院，診療所，介護老人保健施設，精神障害者社会復帰施設，保健所および精神保健福祉センターに勤務するMSWについて，業務を例示したものである．そこでは，(1)療養中の心理的・社会的問題の解決，調整援助，(2)退院援助，(3)社会復帰援助，(4)受診・受療援助，(5)経済的問題の解決，調整援助の5項目があげてある．

3．医療ソーシャルワーカーの視点

　MSWは医療職か福祉職かとの議論がある．しかしこれら職種の役割は，患者・利用者が抱える問題を解決するために，医療と福祉の橋渡しを行うことにあり，そうした議論は本質的なものではない．MSWの視点は，患者・利用者

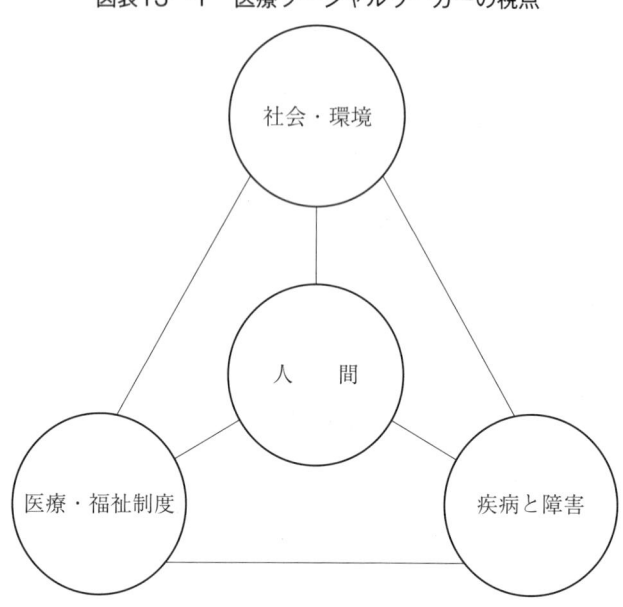

図表13－1　医療ソーシャルワーカーの視点

```
          ┌─────────┐
          │ 社会・環境 │
          └─────────┘
               │
          ┌─────────┐
          │  人　間  │
          └─────────┘
         /           \
┌─────────┐         ┌─────────┐
│医療・福祉制度│         │ 疾病と障害 │
└─────────┘         └─────────┘
```

としての人間を中心に，その人に関わる社会・環境，医療・福祉制度，疾病・障害についての情報を収集，分析し，理解するところに置かなければならない（図表13－1）．

① 人間の理解

人間とは何かという命題は，4つの要因のなかでもっとも難しくもっとも重要な問題であり，心理学，哲学，宗教学，医学とくに脳科学等の知識が求められる．また人間理解とは，人間一般の理解とともに患者・利用者・家族個人の人格，成熟度，趣味，生活歴，病歴等を把握することも意味する．と同時にソーシャルワーカー自身も自己覚知に努めなければならない．

② 社会・環境の理解

社会・環境については時・空間的理解が求められる．たとえば，近年の米国ではドラッグやイラク帰還兵のPTSD等の問題が援助対象となっており，日本とは状況が大きく異なる．世界のなかの日本，そして自らがかかわる日本の

なかの特定の地域について，歴史，社会，政治，経済学等の知識をもとに，現在の法や制度，慣習とそこに至る経緯を理解しなければならない．一方で，身近な家庭や職場の環境，家族や友人等との関係についての情報収集が必要になる．

③ 医療・福祉制度の理解

MSWのみならず，すべてのソーシャルワーカーは医療・福祉制度を正しく理解し，運用しなければならない．一方で医療・福祉制度の不備や矛盾から不利益を蒙っている人びとを擁護（advocate）する機能も担っている．また他の医療・福祉機関や関連職の役割と専門性について理解し，連携に努めなければならない．

④ 疾病と障害の理解

ソーシャルワーカーは，疾病と障害について，臨床的知識はもとより，疾病や障害の与える心理・社会・経済的影響までも理解する必要がある．しかも急性期から慢性期さらにリハビリを含めての経時的理解，あるいは個人の生活史からみた疾病や障害の位置づけについても把握しなければならない．

以上の4要因は相互に関連するが，医療ソーシャルワークとは，それらの情報を患者・利用者の健康の確保や生活の質（QOL）の改善を目的に，ケースマネジメントの手法で統合して行う対人援助である．そこにはシステム理論やエコロジーの観点が求められる．さらに患者・利用者を一方的に庇護するだけではなく，自力で問題に対処できるよう援助するエンパワーメント（empowerment）にも配慮しなければならない．

第3節 社会福祉実践に求められる医学

医学や医療の側から社会福祉をみると，社会福祉援助を行う上で重要な医学知識としては，医療倫理，医事・福祉法制および疾病と障害についての理解があげられる．

1. 医療倫理

　医療倫理 (medical ethics) に対して，生命倫理 (bioethics) という言葉がある．医療倫理は本来，医師（医療関係者を含む）と患者（家族を含む）間での倫理を指すが，生命倫理は生命・生存に関わるすべての倫理を対象とする．

　医療倫理の起源は「ヒポクラテスの誓い」に求められるが，そこでは医師は患者の利益を優先し，道徳的に医療を実践すべきことが述べられている．しかしその判断はあくまで医師が行い，医療についてもっともよく知るものは医師であるという前提がある．こうした思想をパターナリズム (paternalism, 父権主義) という．ナイチンゲール誓詞や 1948 年の第 2 回世界医師会総会で採択された「ジュネーブ宣言」，1949 年の「医の倫理に関する国際規定」等に示された医療倫理は基本的にはパターナリズムの論理を超えていない．

　これに対し，1964 年の「ヘルシンキ宣言」には，生物・医学的実験という状況の限定はあるが，被験者に対する十分な説明と自由意思による選択，すなわちインフォームド・コンセント（説明と同意）の思想が加えられている．そしてその後，1973 年のアメリカ病院協会による「患者の権利章典」，世界医師会の「リスボン宣言」の 1995 年改訂版，さらに日本医師会生命倫理懇談会の各報告書等には，患者の「知る権利と自己決定権」に関する記述がみられるようになる．

　一方，この間，生命科学と医療技術の飛躍的進歩によって，個々の医師・患者間の判断を超える生命倫理に関わる問題が現れてくる．人間が生まれてから亡くなるまで，「生」・「病」・「死」のそれぞれの段階で，次のような生命倫理が課題となっている．

①「生」と生命倫理：クローン，胎児診断と選択出産，人工授精，体外受精，減数手術

②「病」と生命倫理：がん告知，遺伝子診断，遺伝子治療，再生医学，人工臓器

③「死」と生命倫理：脳死と臓器移植，安楽死，尊厳死，リビング・ウイル

さらに，治療以外への医療技術の応用（エンハンスメント：enhancement）といった新手の倫理問題まで派生している．こうした状況は，人権尊重，人命至上主義，平等主義といった，従来，当然とされてきた価値に変動をもたらしつつあり，次のような問題が出現している．ひとつは，これまでの価値観では単純に答えが出せない問題，つまり，科学の加速度的進歩に議論や法整備が追いついていない事象である．いまひとつは，財政問題から派生する事柄，つまり英国のNHS改革や米国のマネジドケアにみるまでもなく，先進諸国は医療の普遍的供給を断念せざるを得なくなっており，経済的理由から倫理に制約を受ける場面が増加している．患者・利用者中心主義では解決のつかないこれらの問題の出現により，医療倫理や生命倫理にパラダイムの転換が求められる時代となっている．

2．医事・社会福祉法制

　医療や福祉的援助は倫理に基づいて行わなければならないが，法治国家である以上，現実には法の範囲で援助を行うことになる．わが国の医療に関する法は，医事関係法規と保険診療関係法規に大別される．医事関係法規としては，医療施設（医療法等），医療従事者（医師法，保健師・助産師・看護師法等），疾病予防（感染症法等），保健（地域保健法，精神保健福祉法等），薬事（薬事法等），環境衛生（環境基本法等）等に関する法規がある．一方，保険診療関係法規としては，医療保険（健康保険法等），公費負担（生活保護法等），診療報酬等に関する法規がそれぞれある．さらに介護保険法をはじめ福祉の法制も不可分の関係にあるが，他章で詳述されている．

3．疾病と障害

　近代医学では一般的に疾病を臓器・器官別に分類する．ソーシャルワーカーにとって重要な器官系は神経系，運動器系，感覚器系，呼吸・循環器系等である．なぜならこれらの器官系の疾患はADLに支障を及ぼす可能性が高いから

である．具体的疾患としては，成・老人の脳血管障害，認知症，神経変性疾患，脊髄損傷，視力・聴力低下をきたす疾患，虚血性心疾患，慢性閉塞性肺疾患等である．また小児では脳性麻痺や先天性疾患等があげられる．臓器別とは別に，精神疾患と感染症に関する知識も重要である．精神疾患については疾患自体が原因で福祉援助の対象となるだけでなく，他の疾患や障害と併存している場合があり，PSWのみならずすべてのソーシャルワーカーにとって重要である．また，年代別のメンタルヘルスの知識も必要となる．幼・小児の発達段階や老人の特性，男女の違い等に関する知識も必須である．

一方，障害については，WHOによる1980年の国際障害分類（ICIDH）およびその改訂版である2001年の国際生活機能分類（ICF）が重要である．ICIDHにおいては，障害を機能障害（impairment），能力障害（disability），社会的不利（handicap）の3段階に分類していた．これはあくまで医療や援助する側からの分類であり，「何ができないか」という点を問題としていた．一方，ICFにおいては，それぞれ機能障害を心身機能・身体構造（Body Functions & Structure），能力障害を活動（Activity），社会的不利を参加（Participation）と言い換え，自ら活動し社会参加するためにはその人が「何を必要としているか」という視点に立っている．活動のレベルを上げるためにはリハビリテーションが手助けとなり，社会参加を促進するためにソーシャルワーカーは医師やリハビリスタッフと連携する．その過程でソーシャルワーカーは理学療法，作業療法，言語・聴覚療法等についても十分理解していなければならない．

疾病と障害の理解に当たっては，インターネット等も十分活用して最新の知識を入手し，真実や真理を追究する姿勢が必要である．また知識を深めるだけではなく，他人のこころやからだの痛みはけっして真に理解することはできないということを深く認識し，患者・利用者のこころの言葉に謙虚に耳をかたむけることが大変重要である．

第14章　社会福祉と法学

第1節　社会福祉と法学

1．社会福祉法の体系

　社会福祉の目的は憲法第 25 条の生存権と憲法第 13 条の幸福追求権に峻別される．社会福祉関係法はこの憲法の理念のもとに，子ども・障害者・高齢者・低所得者等の分野別の個別法（特別法）を時代の要請に基づき制定してきた．しかし，社会福祉六法（生活保護法・児童福祉法・身体障害者福祉法・知的障害者福祉法・老人福祉法・母子及び寡婦福祉法）等社会福祉関連法の個別法（特別法）を総合的にまとめ，個別法の指針となる「一般法」が障害者基本法（昭和 45 年 5 月 21 法律 84 号）以外は確立されていなかった．ようやく高齢社会対策基本法が 1995（平成 7）年 11 月 15 日に制定された．同法の前文に「高齢社会対策の基本理念を明らかにしてその方向を示し，国をはじめ社会全体として高齢社会対策を総合的に推進していく」と明記している．さらに，同法の基本理念は，国民が生涯にわたって，就業・社会的活動可能な社会，社会構成の一員・地域社会の自立連帯の社会，健やかで充実した生活の社会として位置づけている．少子化社会対策基本法は，2003（平成 15）年 7 月 30 日に制定された．同法は前文にあるように，「少子化社会において講じられる施策の基本理念を明らかにし，少子化に的確に対処するための施策を総合的に推進するため」に制定された．さらに国・地方公共団体・事業主および国民の義務が明示された．

図表14—1 社会福祉法関係一覧表

分類	法律名	一般法・個別法
社会福祉一般・専門職	社会福祉法	個別法
	社会福祉士及び介護福祉士法	個別法
	精神保健福祉士法	個別法
	民生委員法	個別法
	地域保健法	個別法
生活保護・低所得者	生活保護法	個別法
	ホームレスの自立の支援等に関する特別措置法	個別法
児童・女子・家庭	少子化社会対策基本法	一般法（基本法）
	子ども子育て応援プラン	個別法
	児童福祉法	個別法
	児童虐待防止法	個別法
	児童買春・児童ポルノ法	個別法
	母子保健法	個別法
	母子及び寡婦福祉法	個別法
	配偶者からの防止及び被害者の保護法	個別法
	児童扶養手当法	個別法
	特別児童扶養手当	個別法
	児童手当	個別法
高齢者の保健福祉・介護保険	高齢社会対策基本法	一般法（基本法）
	老人福祉法	個別法
	老人保健法	個別法
	高齢者・身体障害者が円滑利用特定建築物法	個別法
	高齢者・身体障害者公共交通機関移動法	個別法
	福祉用具の研究開発・普及法	個別法
	介護保険法	個別法
障害者の福祉	障害者基本法	一般法（基本法）
	身体障害者福祉法	個別法
	知的障害者福祉法	個別法
	精神保健及び精神障害者福祉に関する法律	個別法
	発達障害者支援法	個別法
	障害者自立支援法	個別法
	障害者雇用促進法	個別法

図表14—2　法の分類

（公法・社会法・私法の三つの円が重なるベン図）

　図表14—1は，基本法と個別法をまとめた社会福祉法関係一覧表である[1]．この法律を分野別に分類すると，5つに大別できる．つまり，①社会福祉一般・専門職（社会福祉法，社会福祉士及び介護福祉士法，精神保健福祉士法等），②生活保護・低所得者（生活保護法・生活福祉資金等），③児童・女子・家庭（児童福祉法・児童虐待防止法・配偶者からの防止及び被害者の保護法等），④高齢者の保健福祉・介護保険（老人福祉法・老人保健法・介護保険法等），⑤障害者の福祉（身体障害者福祉法・知的障害者福祉法・精神保健及び精神障害者福祉に関する法律等）の5つである．

2．社会福祉法と公法・私法の関係

　次に，社会法と公法・私法の関係で考察してみよう．現代社会は，図表14—2のように，公法・私法・社会法が相互に関連しあって人びとの生活支援をなしている．たとえば，介護保険制度の両輪として制度化された成年後見制度について考えてみよう．本制度は，判断能力の低下した認知症高齢者・知的障害者・精神障害者等の財産管理や生活支援（身上監護）をする制度である．制度の根本は民法（私法）であり「私的自治」の法則が貫かれている（利用料本人負担）．しかし，認知症・知的障害者等の利用者に，社会法の視点から制限付きではあるが成年後見制度利用援助事業がある．また成年後見制度を補完す

212　第Ⅱ部　社会福祉の隣接学問

る制度として，地域福祉権利擁護事業（福祉サービス利用援助事業）がある．行政法（公法）の視点からは，成年後見制度のワンステップ相談窓口として，地域包括支援センター（介護保険法に規定）が制度化された（2006（平成18）年4月実施）．

　以下，法学について概説する．

第2節　法学とは

1．法の背景

　法学とは，という前に，法と常識についてふれることにしたい．かつて「漢の高祖は，殺すなかれ，傷つけるなかれ，盗むなかれ，という3つの法，いわゆる法3章をもって国を治め，非常な善政とたたえられたといわれている[2]」．このことは，今日の社会では人びとの社会生活の常識として誰もがもっている知識である．法の常識は私たちの生活のなかに時代的背景とともに発展してきているといえよう．

　反面，今日の複雑な現代社会では，常識では解決できないさまざまな問題が発生する．そこには専門的技術的な法の解釈・運用が求められるとともに，法治国家としての「秩序」が確立されなければならない．この秩序を正しく保持するために規範が必要となる．

　法は社会秩序の維持のための最小限度の必要をみたす規範であり，違反が行われた時には力による制裁を加えることになる．つまり，法は社会における組織された力による強制と結びついた行為規範に含まれるのである．法学とは，この行為規範の法を対象として理論的体系的に理解するための学問である．では法以外の行為規範の諸形態はどんなものがあるか整理してみよう．図表14－3のように，ひとつ目は「流行」である．服装・言葉使いに代表されるように，流行が人びとの行為を左右することもある．2つ目は「風習」がある．挨拶を交わす行為は風習の代表的なものである．3つ目は組織・集団の「しきた

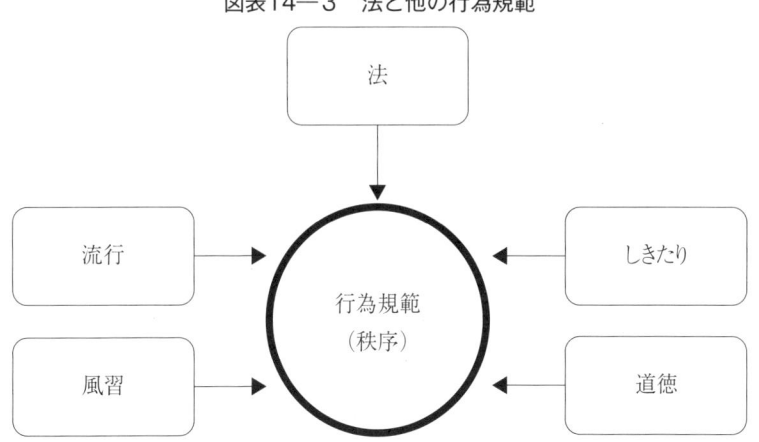

図表14—3　法と他の行為規範

```
            ┌─────┐
            │  法  │
            └──┬──┘
               ↓
┌─────┐      ┌─────┐      ┌──────┐
│流行 │ →   │行為規範│  ← │しきたり│
└─────┘      │(秩序) │    └──────┘
┌─────┐      └─────┘      ┌─────┐
│風習 │ →           ←     │道徳 │
└─────┘                    └─────┘
```

り」がある．昔武士道，現在会社訓等の規範がある．4つ目は「道徳」がある．これは人間の行為基準を良心においた規範である．[3]

　そこで，道徳と法との関係をもう少し掘り下げてみよう．現代社会での犯罪や不法行為について道徳心の低下がみうけられる．したがって道徳教育の充実との意見もある．不法行為の成立（故意・過失を区別しない）の例をとってみても，道徳と法は密接な関係がある．しいて，違いをあげるとすれば，道徳（倫理を含む）は人の良心が基本であり人の内面の価値観に左右される．一方，法は，客観的な行為の結果が強制的な刑罰や損害賠償という外的側面の規範である．つまり，両者の違いは「強制力の有無」にある．

2．法の目的と体系

　次に法の目的についてみてみよう．図表14—4のように，法の目的のひとつは，「法的正義」である．つまり，人びとが平等に扱われ，人びとの間に平等な関係が存在する平等の意味が正義である．この正義は均分的正義といわれている．さらに，人の価値に応じて物が配分されるという正義を配分的正義といわれている．2つ目は，「法的安定性」である．法それ自体の安定性と法に

図表14—4　法の目的

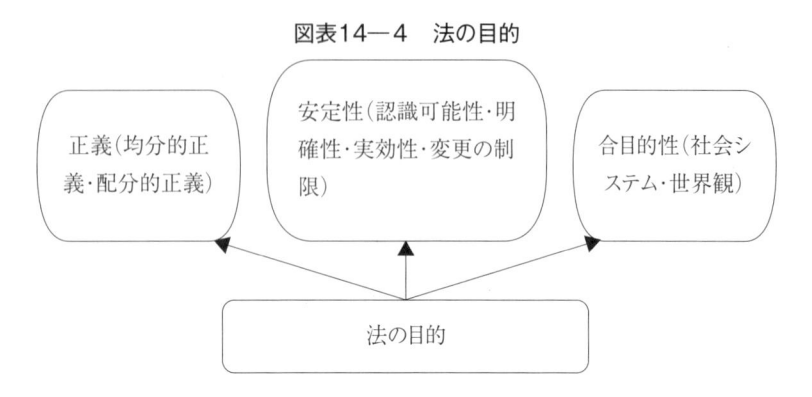

```
┌─────────────┐  ┌─────────────────┐  ┌─────────────┐
│ 正義(均分的正 │  │ 安定性(認識可能性・明│  │ 合目的性(社会シ│
│ 義・配分的正義)│  │ 確性・実効性・変更の制│  │ ステム・世界観) │
│             │  │ 限)              │  │             │
└─────────────┘  └─────────────────┘  └─────────────┘
        ↖              ↑              ↗
            ┌─────────────────┐
            │     法の目的      │
            └─────────────────┘
```

よって社会が安定する2つの意味をもっている．3つ目は，「合目的性」である．法の目的は実際にはその国の主権者によって決定される．日本は個人主義的世界観（日本国憲法第13条）にたちながらそれは，公共の福祉（憲法第12条）の前では制約されることになっている[4]．

次に法の分類についてみてみよう．法治国家のわが国では，憲法（法律の王様といわれている最高法規）・民法（法律の女王といわれている）・刑法・商法・民事訴訟法・刑事訴訟法を基本六法（六法全書）という．とくに憲法のもとに法治国家としての規範が確立されている．さらに公法（憲法・行政法・刑法・訴訟法分野等），私法（民法・商法等），社会法（生活保護法・労働基準法・男女雇用機会均等法・消費者契約法等）に分かれている．さらに，法策定の上下関係として，憲法・法律（国会が制定），政令（内閣が制定），省令（各省庁が制定），条例（地方自治体が制定）と，一般法（人・場所・事柄に制限無し）と特別法（一部についての効力）に分けられる．

以上のように法は，社会秩序を正しく保持するための行為規範に含まれるものとして位置づけ，さらに法学とは，この行為規範の法を対象として理論的体系的に理解するため学問である．

以下，社会福祉実践と法学について概説しよう．

第3節　社会福祉実践に求められる法学

1．社会福祉実践力と法制度

　社会福祉実践の究極の目標は法学では，憲法の生存権と幸福追求権に修錬される．現在，社会福祉関係法は，政策立案の多くが行政（国・地方公共団体）に委ねられている．その結果，措置費基準・介護保険給付基準・支援費支給基準・身体障害者手帳交付基準・療育手帳交付基準・精神保健福祉手帳基準，各種手当支給基準等に代表されるように，利用対象者の「制限の秩序」に法が使用されている．もちろん従来の「給付行政」から今日では，高齢者・障害者・子ども・地域福祉等「計画行政」へと変遷していることも事実である．しかし各社会福祉関係の計画行政の場合も国のガイドライン（指針）が「行政通知」として，地方公共団体に通達される．つまり，「わが国の社会福祉は公による施策，すなわち法律社会福祉が主流」との見方もあるくらいである．[5]

　社会福祉の実践方法の場合，利用者に対する「社会資源の活用」の視点から社会福祉関係法の利用方法が福祉現場から紹介される．たとえば介護保険制度下のケアマネジメントの場合も，利用者の支援のためには，各種の社会福祉サービス法を組み合わせ支援するケアプランが立案される．

　社会福祉サービスを必要とする人びとに対し，社会福祉士および介護福祉士をはじめとする専門家がその「代弁権」の行使として，利用者やその家族等とともに社会福祉関係法令（条例・要綱等含む）を立案する力量が必要である．福祉の第一線の現場から福祉関係の法制化を図るため，法学の制定技術を体得することが必要である．そのためにはまず，現存の制定法を熟知することが求められる．図表14－5の制定法と児童福祉法のとおり，児童福祉法を例にとって説明する．

2．社会福祉実践力と立法技術

　全文72条からなる児童福祉法は，1947（昭和22）年12月12日国会で議決さ

図表14—5 制定法と児童福祉法

制定法	法律名	条文数
法律（国会の議決　憲法第41条）	児童福祉法	全文72条
政令（内閣制定　憲法第73条6号）	児童福祉法施行令	全文51条
省令（厚生労働省制定　国家行政組織法第12条1項）	児童福祉施行規則	全文56条
	児童福祉最低基準	全文94条
条例・規則（地方公共団体制定　地方自治法14条.15条）	各地方自治体で制定	

注）条文数平成17年度現在

れ，1948（昭和23）年1月1日から施行された．児童福祉法施行令は，内閣が1948（昭和23）年3月3日に制定．同年3月31日厚生省令として児童福祉法施行規則が制定され，さらに同年12月29日児童福祉最低基準が制定された．そして厚生省は児童福祉法に関する各種取り扱いの通達を発することになる．条例・規則は法令に違反しない限り，地方公共団体（都道府県・市区町村）が定めるものである．

　法令や条例等の読み方は，本則（児童福祉法の本体）と附則（児童福祉の施行期日等）に区分される．さらに，編・章（児童福祉法第一章総則）節（児童福祉法第一節定義）に区分される．さらに条文（児童福祉法第1条）は分ける場合，項（児童福祉法第1条②）を用いる．項は算用数字1.2.3または①.②.③で表記する．条や項のなかでいくつかの事項を列記する場合，漢数字一.二.三をつける．これを号（児童福祉法第四条一（乳児の定義），二（幼児の定義），三（少年の定義））という．

　これからの社会福祉実践に求められる法学は，社会福祉の現場で働く専門家集団が，利用者（当事者）の生活の質の向上をめざすため，利用者のアドボカシーを成文化（条例案・法律案）[6]する手段として活用することが期待されている．

【注】
1）ミネルヴァ書房編集部編『社会福祉小六法（平成17年版）』ミネルヴァ書房を

参照し筆者が分類した．
2）伊藤正己・加藤一郎編『新版現代法入門』有斐閣，1985 年，p.1
3）同上書，pp.8 〜 10
4）川翔平『現代法学入門』一橋出版，1995 年，pp.2 〜 3
5）福祉士養成講座編集委員会編『新版社会福祉原論』中央法規出版，2005 年，p.81
6）法学・法律という意味を厳格に使い分けることが必要であるが，本稿では，法律は国会の立法手続を経て成立したものを指し，法はこの法律を含めた一般的意味も法律すべてを表すものとする．

【参考文献】
小林雅彦編『地域福祉の法務と行政』ぎょうせい，2002 年
佐藤進・児島美都子『私たちの社会福祉法』法律文化社，2003 年
硯川眞旬編集代表・石橋敏郎・柿本誠編『社会福祉法制度』金芳堂，2004 年
河野正輝『社会福祉法の新展開』有斐閣，2006 年

第15章　社会福祉と経済学

第1節　社会福祉と経済学

1．社会福祉と経済学とのかかわり

　社会福祉とは，個人が社会生活を営む上で遭遇する障害や困難を，いかなる形態であれ解決しあるいは緩和するための諸活動の総体であると考えると，それは個人が必要とする衣類，食物，住居，自動車，本，道路や橋，医療サービス等々の財（財貨・サービス）を消費することにより高い生活水準を実現し，身体的精神的に健康で豊かな生活を可能にすることである．そこには何をどれだけ生産すればよいかという問題が生じる．財を生産するには原材料（資源）が必要であるが，資源には限りがある．たとえば，土地という資源は限られており，土地のすべてを住居のために利用すると，田畑や病院を建設する土地がないために食物や医療サービスを生産できず，われわれはこれらの財を消費できなくなる．豊かな生活のためにはすべての財が必要であり，そのためにはどれだけの土地を食物の生産のために利用するか，どれだけを住居に使うか，あるいは病院に利用するかという土地の割りふりをしてできる限り効率的に利用する必要がある．労働や石油などの他のすべての資源についても同じことがいえる．この割りふりによって何がどれだけ生産されるかが決定されることになる．また，資本主義経済では，財を消費するためには代価を支払って購入しなければならない．したがって所得や富が多い個人は多くの財を消費でき，低所得者は十分な財を消費できないことになる．しかも，所得の格差は拡大する傾

図表15—1　フロー・ダイヤグラム

⟶　：財貨・サービスの流れ
⇢　：貨幣の流れ

[生産要素市場]
- 土地・労働・資本のサービス／所得
- 生産要素

[個人・家計] — 租税／公共財 — [政　府] — 租税／公共財 — [企　業]

[生産物市場]
- 財貨・サービス
- 生産物

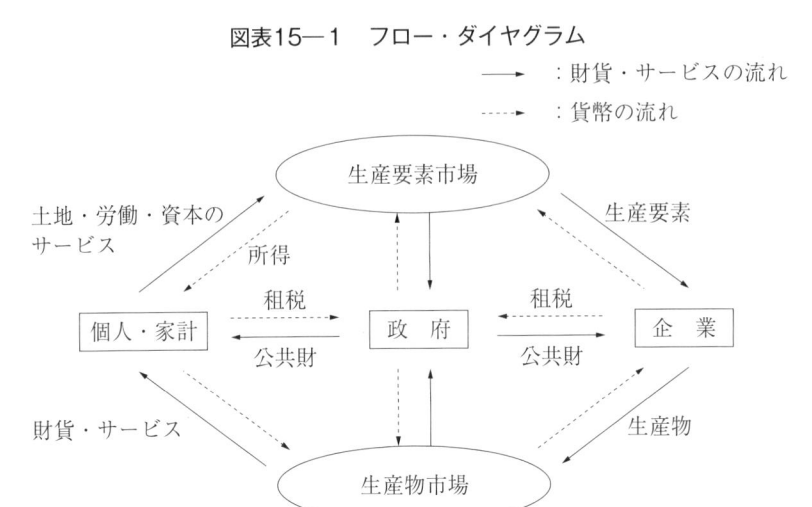

向を持つ．経済学は，このような資源の効率的な割りふりや所得や富の格差を是正し，公平な所得と富の分配状態を達成する方法を研究する学問体系であり，社会福祉と密接なかかわりをもつ．

2．資本主義経済の仕組み

　われわれが生活している資本主義経済は市場経済として特徴づけられる．すなわち，個人（消費者）は自分のもつ資源（多くの人は労働）を企業に売却（就職）して所得を稼得し，その所得で必要な財を購入して消費する．そのとき，種々の財の消費から受ける心理的満足度である効用が最大になるように消費活動を行う．一方，企業（生産者）は生産要素（原材料）として労働・資本・土地のサービスを購入し，生産した財を市場で販売することにより利潤を得る[3]．企業はこの利潤が最大となるように生産活動を行う．また，政府はその運営に必要な費用を調達するために国民から租税等を徴収し，国民にとって必要だが民間企業では供給しえない財を国民に提供することにより国民の幸福を最大にしようとする．

生産要素は生産要素市場で，生産された財（生産物）は生産物市場で取引され，そのときの価格は販売される数量（供給）と購入される数量（需要）により決定される．たとえば，供給より需要が大きければ，その財は品不足となり価格は上昇傾向をもつ．また，価格が変動することにより供給と需要が調整されていく．たとえば，価格が高くなれば，消費者はその生産物の購入を控え，したがって需要は減少する．このようにして市場では需要と供給が等しくなるように非人為的に価格が調整されていく．市場経済はこのような価格の働き（市場メカニズム）をもち，限りある資源の割りふりが効率的に行われる．

しかし，個人の所得（地代・賃金・利子や配当）はその個人が所有する土地・労働・資本の大きさとその質に依存している．たとえば，長時間の労働ができる個人，レベルの高い労働をもつ個人ほど多くの所得を稼得できる[4]．しかも，所得の少ない個人は所得のほとんどを生活のために費やさなければならないが，所得の多い個人はその一部を生活に費やし残りは富の増加となる．したがって，富裕な個人はますます富裕になり，富者と貧者の所得と富の格差は次第に拡大する傾向をもつ．

3．政府の役割

政府の役割は国民がより幸福により豊かな生活ができるようにすることであり，憲法をはじめ刑法，民法，商法等々の法体系の整備，国防や警察サービスおよび行政サービス等の提供，そして貨幣制度や金融システムの構築等により，国民の生命と財産を保護し治安を維持することである．

資本主義経済社会においては経済成長を促進することも必要である．経済成長とは GDP（Gross Domestic Product：国内総生産）の増大である．GDP は一定期間に国内でどれだけ多くの財が生産されたかを示すもので，高い経済成長率を実現すれば国民はより多くの財を消費でき，より豊かな生活を享受できることになる．

また，経済は好況と不況を繰り返して変動し，景気が過熱するとインフレー

ション(持続的物価上昇)を,不況期には失業が発生しやすくなる.物価の上昇は所得が貨幣額で固定されている人,あるいは資産を貨幣で所持している人に強い打撃を与え,その所得や貯蓄で購入できる財の量が減ってしまい生活が苦しくなる.勤労者にとって失業は生活の保障である所得を無くすことである.したがって急激な物価の上昇や失業の発生を防ぐことにより国民は安心して生活できるようになる.これが政府の行う経済安定政策である.

さらに,政府はその運営費用を調達するために国民や企業から租税を徴収する.そのとき,高所得者からはより多くの租税を徴収し[5],低所得者には給付金を支給することにより所得の格差を是正すると同時に低所得者に対して生活の保障を行う.

そして,市場経済を補完する役割も果たさなければならない.資本主義経済は基本的には市場の働きで,効率的に資源の割りふりをする仕組みをもっているが,市場ではうまくできない場合がある.これを市場の失敗という.ひとつは不完全競争市場の場合である.市場が完全競争市場,すなわち,売り手も買い手も多数いる場合はその供給と需要により価格が決定されるが,独占市場のように,たとえば,売り手が1企業だけの場合や寡占市場[6]とよばれる売り手が少数企業の場合はそれらの企業がある程度価格を操作することができる.したがって,効率的な資源の割りふりを歪める結果となる.2つには公共財の場合である.公共財・公共サービスとは非競合性と非排除性という2つの性質をもつ財である.非競合性とは,たとえば,ある人が国道を利用しているとき他の人もその同じ国道を利用できる,いいかえると共同消費ができるという性質である.また,非排除性とは料金を支払わない人をその消費から排除できない,あるいは排除しようとすると莫大な費用がかかってしまうという性質である.国道を通る人から通行料を徴収しようとするとすべてのわき道に料金所を設け係員を配置しなければならず,そのためには莫大な費用を要することになる.このような性質をもつ公共財・サービスは採算が取れないため民間企業では供給できないが国民にとっては必要なので政府が供給することになる.3つには

費用逓減産業である.たとえば,電気は今や国民の生活にとっては必要不可欠であるが,電力産業は営業当初に発電所や変電所の建設,高圧線の敷設のため膨大な費用を要する.そのため,ある程度の企業規模にならないと採算が取れないので例外的に地域独占を認めているのである.この他に情報が不完全である場合,不確実性がある場合は市場メカニズムがうまく機能しない.

政府がこのような役割を果たすことにより国民はより豊かな生活を享受できる.しかし,市場の失敗が生じるとき政府が経済問題を解決する役割を担うが,政府の意思決定や政策の実施にあたって,たとえば,議員や官僚が消費者としての個人と同様に効用を最大にするように行動するのであれば政府も経済問題を解決できないこと(政府の失敗)があることに留意しておく必要がある.

第2節　社会福祉の経済的問題

1．社会福祉の経済的側面

20世紀の後半,日本の経済社会は日本的経営,日本的家族形態のもとで生産力の拡大に力を注ぎ経済大国として発展し,物質的福祉を向上させてきた.その反面,資源やエネルギーの浪費,さまざまな公害問題,大気汚染や水質汚濁等の環境問題を発生させた.

いま,経済は安定成長となり,人口構造の劇的な変化(少子化・高齢化),家族形態・機能の急激な変化(高齢者世帯と独居老人世帯の増加・介護機能の低下・育児教育機能の低下),情報技術の急速な発展,資源・環境制約の拡大(エネルギー資源問題・地球温暖化問題・大気汚染や水質汚濁)に直面している[7].

このような状況のもとで政府は国民の基本的人権,文化的で最低限度の生活を保障する責務を負っている.そのために国防や警察サービス・道路や公園等の公共財の供与,食品や医薬品の安全性の確保,公衆衛生水準の向上,廃棄物

の適切な処理等を行う．2つには，経済的弱者に対する所得の保障が求められる．資本主義経済は所得や富の格差の拡大傾向をもち，同時に障害者や高齢者は就業機会の制約のために低所得となる傾向がある．そのために，公的扶助や児童手当などの諸手当の給付，住宅サービスや医療サービス・教育サービスの供与，高齢者に対する年金制度を設けている．しかし，わが国の年金制度は現役世代の年金保険料で現在の年金支出をまかなう仕組みになっているため，急激な少子高齢化は現役世代の労働人口の減少と年金受給者の増加をもたらし，年金基金の不足を招き，保険料の増加・支給額の減額あるいは年金制度自体を再検討する必要性が顕在化している．3つには財の供与である．とりわけ社会的弱者である障害者や高齢者が健常者と同等の社会生活を営むノーマライゼーションのために必要な財貨・サービスの供与はその財の質，すなわち一定水準の安全性と機能を確保し，政府が供給すべきか，あるいは民間企業が供給すべきかを検討しなければならない．一般的に生産活動は政府よりも市場原理に従う民間企業の方が効率的であるから市場メカニズムを利用できる財の供給は民間企業に委ねるべきであろう．しかし，障害の状況や程度により必要とされる財貨・サービスが異なる，あるいはその機能が異なるので[8]，多品種少量生産となり，たとえ効率的生産ができる民間企業でも高コスト・高価格とならざるをえないものもある．また，バリアフリーの問題は生活圏の一部だけをバリアフリーにしてもその効果は十分ではないので，個人や企業の所有部分はその個人や企業が行い，公有部分（道路や歩道橋・公園など）は政府が行わなければならない場合もある．4つには，社会生活におけるさまざまなリスクあるいは不確実性への対応である．疾病や負傷，障害や高齢化による要介護，失業，あるいは台風や地震等の災害などが現実化した場合に生活の安定を図るセイフティネットが必要となる．そのために健康保険等の社会保険制度，勤労者に対する労災保険・雇用保険制度を設け，老人医療・保健の推進などの社会保障を行っている．

2．経済的問題

　以上のように政府は直接的な所得移転や教育・医療サービス等の財貨・サービスの供与（現物給付）によって所得の再分配を行っているが，国民がすべて文化的で最低限度の生活を実現できるためにはどれだけの所得の移転をすればよいのか，すなわち，どのような分配状態が公平といえるのか，明確な基準は存在しないし必ずしも国民の合意が成立しているとも思えない．この基準をどのように考えるかが重要な問題のひとつである．また，福祉向上のための各種の財貨・サービスを政府が生産し供給すべきか，民間企業が供給すべきか，あるいは第三セクターのように政府と民間企業の共同形態で供給すべきかを検討しなければならない．たとえば，政府が供給している財貨・サービスは直接に代価を支払わないので多くの供給を望むが，その費用は最終的には国民への課税強化となることを認識しておかねばならない．もうひとつの問題は政府の財政問題である．政府の2000年度末の政府債務残高は約645兆円に達し，2000年度一般会計89兆円のうち21兆円，約4分の1は国債費である．一般会計の社会保障関係費は1980年度の約9兆円から90年度約13兆円（38％増）さらに2000年度には約20兆円（55％増）に増加している．また，医療保険，老人保健や労災保険の医療給付，生活保護の医療扶助，厚生年金，国民年金等の公的年金，恩給および労災保険の年金給付，社会福祉サービスや介護対策に係る費用を含む社会保障給付費は80年度に25兆円，90年度には47兆円（88％増），2000年度には78兆円（66％増）と急増している．その内，年金については80年度に10兆円，90年度には24兆円（140％増），2000年度には41兆円（70％増）となっている[9]．この膨大な政府の借金は将来の国民の負担となるし，厳しい財政状況と急増する福祉水準向上のための政府費用をどうするかを十分に検討しなければならない．

第3節　社会福祉におけるこれからの経済的視点

　これまでの福祉に関する経済的な評価は国民がいかに多くの財を享受できるか，また障害者や高齢者等の社会的弱者が十分な福祉関連の財貨・サービスを享受できるか，低所得者等の経済的弱者が十分な財貨・サービスを享受できるか，そのための公平な所得の分配が達成されているかという物質的福祉を中心として考えられてきた．しかし，いま日本はさまざまな問題に直面し，福祉に対する新たな考え方・視点が生まれてきた．ひとつは，消費できる財が増えることは確かに福祉の向上と考えられるが，近年急増している若年者の殺傷事件や自殺の一因は人への思いやりや心の安らぎの欠如であり，効率性追求による物質的福祉向上の弊害とも考えられる．したがって，これからの福祉は安心や安らぎ，生きがいといったこころの福祉を向上させ評価することが重要である．2つには，依存型福祉から自立型福祉への移行である．健常者と同じように行動できない者には援助者や介護者による対人サービスを供与するばかりでなく，リハビリやトレーニングに重点を置いて対応し自立的行動ができるようにする．あるいは失業者や高齢者などの低所得者に対しては職業教育・訓練，職業紹介等を通して一定水準の所得を稼得できるようにすることが必要である．3つには，対処的福祉から予防的福祉への移行である[10]．これまでは遺伝的に障害をもつ，また疾病や事故・災害等により障害をもったとき，その障害に対して事後的に対処してきたが，技術進歩が目覚しい今日，遺伝子治療・新薬の開発や安全管理の強化による薬害の防止・工場廃棄物の管理強化による公害等の防止・生産管理や商品管理の強化等による事故や欠陥の防止・台風や地震の予測による被害の縮小等々の予防的福祉に重きを置くべきである．4つに，国際福祉の視点である．いうまでもなく，国際間の格差は著しく大きく，一方では豊富な財を享受し，他方では餓死・伝染病の発生や紛争を生じている．これまでさまざまな国際援助が行われてきたが，より実効性あるものにするために援助の方法を再検討する必要がある．このような福祉の考え方により社会的

弱者・経済的弱者を減らすことができれば，より効率的に福祉水準の向上が図られ，結果的に政府の福祉関連費用も軽減でき財政状況も改善されることが期待できる．最後に福祉水準のチェック機能の強化である．量的な福祉に対して質的福祉・こころの福祉を測ることは非常に困難であるが，それゆえに一定期間ごとに福祉水準をチェックし，その結果を以後の福祉政策にフィードバックするシステムの構築が重要である．

【注】
1) 『社会福祉用語辞典』ミネルヴァ書房，2000年参照．
2) われわれが社会生活のなかで，商品・物・物質等とよぶものを財といい，財貨とサービスに分類している．現物があるものを財貨といい，サービスとは用役であり理容・美容サービスや輸送サービスのように貨幣で取引をする対象である．
3) 市場（しじょう）とは，財・サービスを商品として供給しその代価として貨幣を得ようとする供給者と，消費のために財・サービスを購入しようとする需要者が取引をするところである．市場（いちば）は，取引をする特定の場所を示す言葉である．
4) 高校卒業者の賃金より大学卒業者の賃金が高いのはこのためである．
5) 高所得になるほどより高い税率で課税する累進所得税制度を採用している．
6) 寡占（かせん）市場とは，自動車産業やかつてのビール産業のように，市場における供給者あるいは需要者の少なくとも一方が2人～数人で構成されている市場である．
7) 駒村康平『福祉の総合政策』創成社，2001年，p.1参照．
8) たとえば，自動車は障害によって両手で運転できる自動車，また右手・右足で運転できる車が必要となる．
9) データは，総務省統計局ホームページより．
10) 駒村康平，前掲書，p.97参照．

【参考文献】
浅羽隆史『手にとるように財政のことがわかる本』かんき出版，2001年
稲毛満春・牛嶋正・藤井弥太郎編『現代社会の経済政策』有斐閣，1985年
加藤寛編『入門　公共選択―政治の経済学―』三嶺書房，1983年
加藤寛・丸尾直美編『福祉ミックスの設計』有斐閣，2002年
駒村康平『福祉の総合政策』創成社，2001年
坂田周一『社会福祉政策』有斐閣，2000年

嶋田啓一郎監修，秋山智久・高田真治編著『社会福祉の思想と人間観』ミネルヴァ書房，1999年
武智秀之『福祉国家のガヴァナンス』ミネルヴァ書房，2003年
幸村千佳良『経済学事始』多賀出版，1993年
Sen, A. *Commodities and Capabilities,* Elsevier Science Publishers B. V., 1985.（鈴村興太郎訳『福祉の経済学―財と潜在能力―』岩波書店，1988年）
Buchanan, J. *The Demand and Supply of Public Goods,* Rand McNally & Company, 1968.（山之内光躬・日向寺純雄訳『公共財の理論』文眞堂，1974年）

第16章 社会福祉と心理学

はじめに

　社会福祉学は実践的な学問であるといえよう．そのため多くの学問と隣接しており，その力を応用しながら独自の理論化を図っていく途上の学問である．したがって，その理論過程では，さまざまな学問の応用部分を多く含んでいくことになるであろう．とりわけ心理学については，密接な関係性がある．なぜなら人間は生まれてから外部のさまざまな影響を受けることになる．生まれた場所，季節，境遇なども含めてである．それとは別に，その生まれた人間そのものが発達・成長していく精神や身体がある．この両者はその時々によって互いに作用しあいながら生活が営まれていくからである．たとえば，身体的あるいは精神的な不自由さを抱えてしまった場合，その不自由さを抱えながら暮らす生活，その不自由さがもたらすその人間自身の心理的状況に対して行う援助に関しては，社会福祉，心理学ともに共有しているものが多い．

第1節　心理学のあゆみと分野

1．心理学のあゆみ

　心理学は，とても幅の広い学問であり，現在においても急速な変化を遂げている．そのはじまりは，哲学の一領域としてギリシャ哲学に端を発しているといわれており，アリストテレス，ソクラテス，プラトンなどが有名である．ア

リストテレスは，現在の心理学の源流となる思想を樹立したといわれ，ヒポクラテスは生体の学問を研究し，心理学の生物学的アプローチの基礎になっている．

17世紀になると，近代哲学の父として有名なデカルトが，意識こそが心の本質であるとし，意識を研究の対象とした．その後17世紀後半から19世紀にかけて，人間は，知識のすべてを個人的経験から得られる，とした経験哲学のなかで成長してきた経験主義が主流となり，連合心理学の体系が誕生した．そして，心に関する組織的研究が始まり，心理学の誕生となっていった．

19世紀に入り，自然科学は著しい発展をみせていった．そのなかで，感覚や知覚の科学的研究分野では，ヘルムホルツが「聴覚論」と「生理光学ハンドブック」に自然科学者たちの成果を集大成し，フェヒナーは精神物理学をその頃に提唱している．また，ダーウィンの進化という考え方に，心理学もさまざまな影響を受け，比較心理学，機能心理学，発達心理学，個人差の心理学などが生まれた．その後，今までの主流であった内観という方法に，ヴントは実験の手法を心理学に導入した．ヴントは，ライプチヒ大学に1879年，世界最初の心理学実験室を創設し，それが心理学の独立の年とされている．

20世紀になると行動主義心理学，ゲシュタルト心理学，精神分析学の3つの学派が現れた．

アメリカのワトソンによって始まった行動主義心理学は，研究対象を客観的に観察できる行動に限定し，環境が特定の行動を強化することによって行動が作られるというものである．

ゲシュタルト心理学は，知覚の研究を通して進展してきた．大きさの判断や色の判断，動きの知覚などがそれにあたる．ゲシュタルト心理学の立場は，全体は部分の総和ではなく，全体は部分の関連性によってできている，というものである．代表的なものとしてはミュラーの錯視やレダインやボービングの地と図などがある（図表16−1）．

精神分析学は，精神科医のフロイトが，ヒステリーの患者に催眠療法を行うなかで，無意織という心的過程の存在に気づき，精神分析学を提唱した．この

図表16—1　長さの錯視と方向錯視

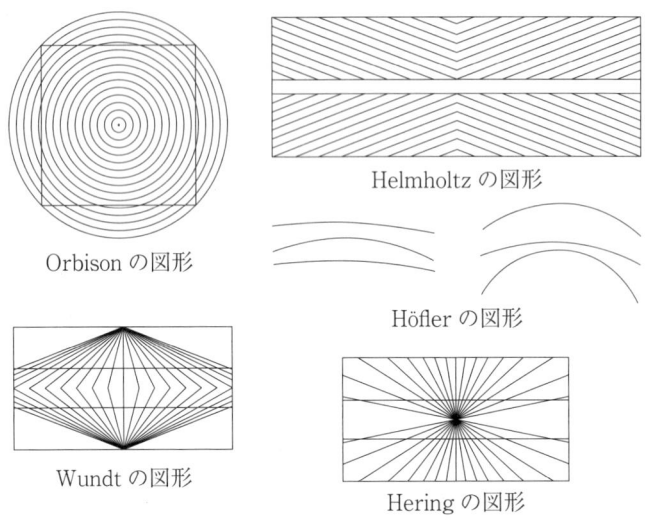

Orbison の図形

Helmholtz の図形

Höfler の図形

Wundt の図形

Hering の図形

直線・曲線の形の弯曲錯視

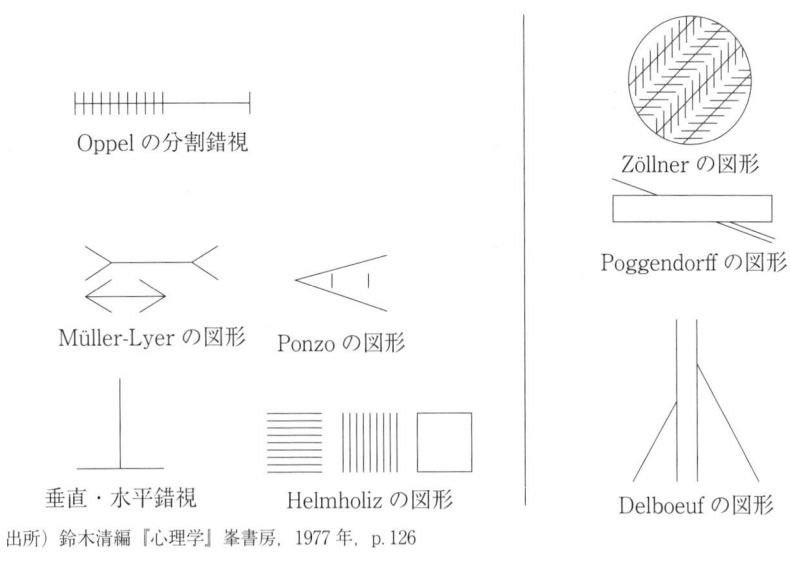

Oppel の分割錯視

Müller-Lyer の図形

Ponzo の図形

垂直・水平錯視

Helmholiz の図形

Zöllner の図形

Poggendorff の図形

Delboeuf の図形

出所）鈴木清編『心理学』峯書房, 1977年, p.126

無意識とは，自分が気づかない衝動，願望，動機づけ，態度，思考，情動などのことをいっている．そして心理療法の方法として，自分の心の思いつくままに，言葉にしていく自由連想法が生み出された．さらにフロイトは，精神内界の構造や力動を研究し，発達や障害の過程を理論化していった．

スキナーは，人は知覚などの刺激によって反応することだけではなく，自発的な行動もあるとした（オペラント条件づけ）．そしてこの流れは，行動療法やクライエント中心療法を生み出していった．

1950年代にシモンは，人間は情報処理をするものとみなし情報処理モデルを提唱した．1960年代には，認知過程の解明をとおして人間を理解しようとする認知心理学が登場してきた．そして認知療法が誕生し，現在に至っている．

2．心理学の分野

現代の心理学は，主に5つのアプローチがあるとされている．

① 生物学的アプローチ

行動と心を生物学的な視点から探求していくもので，人間などの行動と体内の電気的な流れ，化学物質の流れの関連などから探求していく．対象は脳や記憶である．

② 行動的アプローチ

観察できる刺激と反応の関係をみていくものである．

③ 認知的アプローチ

知覚，記憶，推論，決定，問題解決のような心理的過程を中心に探求していくもの．

④ 精神分析的アプローチ

行動は，無意識，信念，恐怖，欲望によって与えられるという立場で探求していくもの．

⑤ 現象学的アプローチ

人間の行動は，客観的なものでなく，その人間が知覚した世界の働きである

という立場に立ち，個人史，文化差，現在の状況が加味される．

現代の心理学のテーマは，心理学的かつ生物学的に心理学的現象をいかに理解するかといってもいいであろう．

心理学は大きく分けて基礎心理学と応用心理学の2つの分野がある．基礎心理学は，心理学における一般法則を研究するもので，実験で得られたデータを統計的に処理し，人間の心理を解明していくものである．応用心理学は，基礎心理学によって得られたデータ法則や知識を実際の問題に役に立てることが目的である．

① 基礎心理学の分野

実験を行い，人間がどのような反応を示すかを研究する実験心理学．生物学的な過程と行動との関連を研究する生物心理学．人間が社会をどのように知覚し，解釈するか，他者が行動，認知にどのように影響を与えるかを研究する社会心理学．精神発達を対象として，時間経過によって生じる発達変化に，一般的な特徴や法則性を見出すとともに，発達的変化を進める要因についても研究する発達心理学．人間を一種の高度な情報処理システムとみなし，相互に関連する情報処理系を仮定して実現される情報処理過程の解明によって心的活動を理解しようとする認知心理学．その他には異常心理学，学習心理学，神経・生理心理学，行動分析学などがある．

② 応用心理学の分野

学習のメカニズムと教授法を研究する教育心理学．心理学の原理を心の疾患や治療に応用する臨床心理学．チームワークや職業の適性検査などを研究する産業心理学．犯罪を心理学的に解明しようとするもので，犯罪者の心理，裁判官の心理，矯正の心理という3つの分野がある犯罪心理学．学校における児童の問題を研究する学校心理学．その他には成年心理学，家族心理学，工業心理学，経営心理学，対人関係心理学などがある．

以上，心理学のあゆみや分野についておおまかにみてきた．

社会福祉の援助実践をおこなおうとする上では，人間の持つ情動や人格，価

値観など多くの正確な情報を収集することが大切である．その一助になるのが心理学的アプローチの知識などではないだろうか．引きこもりの児童の援助を担当することになったとしよう．その児童に対して，この事態の情報を得ようとする時，緊急の度合いや状況の把握に努める．あわせてその児童にも面接を行うことになるが，どのようなときに言葉をかけたらよいのか，どんな言葉をかけたらよいのか，その児童との距離はどのくらいが現在はよいのかなど，児童の行動や表情などから瞬時に判断しなければならない時がある．このような時にも心理学の知識は必要かつ有用である．だからといって，心理主義的な援助に偏らないよう常に，その人なりの生活や暮らし方を尊重する姿勢を見失ってはならない．

第2節　社会変化のなかでの援助

　社会のなかで人びとは，さまざまな知恵と工夫を凝らし，安全で安心できる暮らしを，日々求めつつ生活している．しかし，時には病気や事故，人間関係など諸問題が生じ，生活と環境の均衡がくずれてしまうこともある．また，制度や政策によっても，生活と環境の均衡がくずれてしまい，不安や困惑などが起こり得る．

　2003年介護保険制度が改正され，支援費制度も諸問題を抱えながら動きだしている．2000年を皮切りに市町村の合併が行われ，制度上の運営と手続きが変わり，生活者の戸惑いと混乱が起きた．2004年は年金制度の改革が行われた．さらに介護保険法の法改正が2006年に向けて動き出し，2005年6月22日に介護保険法の法改正が成立した．高齢者も含め生活者の不安な材料がまたひとつ増えたように感じる．精神保健福祉の改革も中間報告に沿い実施され，地域福祉計画も実施されていくことであろう．2006年は，医療制度の診療報酬改正や権利擁護関連事業も変化していく．

　このような早いスピードで変化していく社会のなかで，生活者の暮らしはど

のように変化していくのか．また，生活者はその変化の内容を理解し，なじんでいけるのか．さまざまな改革や変化に対し，社会福祉の援助者や臨床心理学の援助者はどのように対応していくのか，専門的援助のさらなる技術向上が求められてきている．

1．社会福祉援助と心理療法の目的と役割

　専門的援助にはソーシャルワーカーの行う社会福祉援助と臨床心理士や精神科医から行う心理療法がある．ともに共通していることは，問題を抱えて苦しんでいる人を援助して，その問題を自ら解決していこうとする意思も含め，個別的および全体的な視点から援助することを目的とした活動である．両者には専門的立場（価値・倫理），理論，技法があり，それを修得した者が実践していくものであるが，そこには基礎となる共通したものがある．それは，すべての人もしくは問題を抱えて援助を必要としている人の人権の尊重関係と，要援助者と援助者相互の信頼関係の確立を活動の基礎とすることである．
　次に，それぞれの目的や役割についてみていくことにする．

1）社会福祉援助

　人びとが生活している環境には，物理的環境や心理的環境がある．そして，人びとの生活に大きく作用し，影響している．自らの力で生活の不均衡を調整することが困難になった人びとに対し調整し，人の生活が幸福で，充実した日々を送れるように支えていくことが社会福祉の立場からの援助である．国際ソーシャルワーカー連盟（IFSW）のソーシャルワークの定義は，ソーシャルワーク専門職は，人間の福利（ウェルビーイング）の増進をめざして，社会の変革を進め，人間関係における問題解決を図り，人びとのエンパワーメントと解放を促していく．ソーシャルワークは，人間の行動と社会システムに関する理論を利用して，人びとがその環境と相互に影響し合う接点に介入する．人権と社会正義の原理は，ソーシャルワークの拠り所とする基盤である．としてい

る．また，その解説では，さまざまな形態をもって行われるソーシャルワークは，人びととその環境の間の多様で複雑な相互作用に働きかける．その使命は，すべての人びとが，彼らのもつ可能性を十分に発展させ，その生活を豊かなものにし，かつ，機能不全を防ぐことができるようにすることである．専門職としてのソーシャルワークが焦点を置くのは，問題解決と変革である．したがってこの意味で，ソーシャルワーカーは，社会においての，かつ，ソーシャルワーカーが支援する個人，家族，コミュニティの人びとの生活にとっての，変革をもたらす仲介者である．ソーシャルワークは，価値，理論，および実践が相互に関連しあうシステムである（2000年7月27日モントリオールにおける総会において採択，日本語訳は日本ソーシャルワーカー協会，日本社会福祉士会，日本医療社会事業協会で構成するIFSW日本国調整団体が2001年1月26日決定した定訳）[1]．

　国家資格である社会福祉士や精神保健福祉士などの各種社会福祉関連学術団体は，この定義に基づき倫理綱領を作成している[2]．

2）臨床心理からの援助

　生活からおきるさまざまな原因から，不適応症状や社会的規範から逸脱する問題行動をあらわす人びとに対して行われる，精神療法やカウンセリングは，こころの健康をとりもどすことを目的とした，臨床心理学的立場からの援助活動である．これにあたる専門家は，臨床心理士や精神科医である．

　臨床心理学的な援助には，大きく分けるとフロイトが創設した精神分析的アプローチ，ユングによる分析心理学的立場，ロジャースの創設した人間性心理学的立場と行動療法の4つの流れに分けることができる．その他にも多くの理論と技法が存在している．これら4つの流れを大きく分けると，なんらかの問題を抱え悩んでいる人のこころの奥深いところまで立ち入り，その人の生きてきた過程や生き方，考え方などの改善や精神的成長を図っていくものと，表面に現れた行動に着目しその行動を変化させることによって，よりよい適応をもたらす働きかけをするものとになる[3]．

以上，社会福祉の援助と臨床心理の援助についておおまかにみてきたが，それぞれ援助の中身はより詳細で，奥も深い．前述したように両者は，基礎となる立場・理論が異なり，専門家としての教育，養成方法，制度や資格なども大きく異なっているが，基本的な技法の面でいくつか共通している点がある．それは，受容と共感などである．

 社会福祉援助では，バイスティックの7原則が有名である．この7つの原則は，①個別化（利用者の，個人として扱われたいという基本的欲求を満たすこと），②意図的な感情表現（利用者の感情の自由な表現を尊重すること），③統制された情緒的関与（援助者は，自分の感情を制御して意図的に反応することが大切である），④受容（利用者をあるがままに受け止めること），⑤非審判的態度（利用者に対し非難しないこと），⑥利用者の自己決定（利用者の自己決定を促し，尊重すること），⑦秘密保持（立場上知りえた利用者の情報は他者に漏らしてはならないこと）．これらの7つの原則が相互補完的に臨床のなかで守られることが重要とした．

 臨床心理の援助では，ロジャースは，「治療の必要十分条件」として，①二人の人間が心理的に接触している，②一方の人（クライエント）は，不一致の状態，すなわち傷つきやすい状態にある，③もう一方の人（セラピスト）は，この関係のなかで一致している（あるいは統合されている）—（純粋性：自己一致），④セラピストは，自分が無条件の肯定的配慮をクライエントに対してもっていること経験している—（受容），⑤セラピストは，自分がクライエントの内的照合枠を共感的に理解していることを経験しており，またクライエントにこの自分の経験を伝えようとしている—（共感），⑥クライエントには，セラピストが共感的理解と無条件の肯定的配慮を経験していることが，必要最低限は伝わっている[4]．そして，治療者にとってとくに重要なものは受容，共感，純粋性とした．両者の内容をみて，基礎的な技法の共通性として受容と共感があげられる．バイスティックの7原則では，「受容」．ロジャースの治療の必要十分条件では，「無条件の肯定的配慮」である．社会福祉援助者や臨床

心理の援助者など対人援助の場では，受容と共感は大切であることは十分に理解されている．しかし重要なのは受容することや共感することではない．つまり受容するこころや共感するこころの意識を持ち合わせているかどうかであり，単に受容や共感に努めることが重要ということではない．

　臨床心理や社会福祉援助者の職域は，教育機関や企業など，さまざまな機関で増加しており，人員も年々増加の一途をたどっている．社会からの必要度も高まってきており，今後の活動展開が期待されているところである．その活動展開の方策としては，それぞれ単独で活動することではなく，教育機関にみられる，スクールカウンセラーやスクールソーシャルワーカーのように協働を基本として，個人の援助のみに対応することなく，全体をみつめつつ包括的に活動することもあわせて必要である．他分野の専門職をも巻き込むネットワーク形成が，今以上に今後の中心的活動となっていかなければならない．

【注】
1）http://www.jasw.or.jp/date/file/html/011109.html「国際ソーシャルワーカー連盟（IFSW）のソーシャルワークの定義」
2）http://www.jacsw.or.jp/contents/data/04_rinrikoryo.htm「日本社会福祉士会倫理綱領」
3）http://www.u-netsurf.ne.jp/pajcp/general/rinri/index.html「日本心理臨床学会倫理綱領」
4）安藤治『福祉心理学のこころみ』ミネルヴァ書房，2003年，p.101

【参考文献】
安藤治『福祉心理学のこころみ』ミネルヴァ書房，2003年
ロージャズ，C.R.著，伊東博編訳『サイコセラピィの過程（ロージャズ全集第4巻）』岩崎学術出版社，1966年
岡田明・宮本文雄・山中哲志編『福祉心理学』ブレーン出版，2002年
鈴木清編『心理学』峯書房，1977年
早坂泰次郎・上野矗『心理学』メヂカルフレンド社，1990年
福祉士養成講座編集委員会編『〈三訂社会福祉養成講座⑧〉社会福祉援助技術総論』中央法規出版，1999年

第17章　社会福祉と建築

第1節　社会福祉と建築学

1．建築計画の始まり

　建築学のなかでも建築計画系の学問分野である建築計画学がとくに社会福祉に関連する学問分野となる．建築構造系や建築環境系も社会福祉の施設や住宅に関係することも部分的にはあるが，主としては計画系の分野との関連が強い．

　建築計画学の研究分野の成立を建築学会の活動でみると，1963年に研究委員会としての建築計画委員会の発足にみることができる．

　建築計画の研究者では，京都大学教授であった西山夘三の住宅の研究がその分野の始まりといわれている．それは，1941年に発表した「住宅計画の方法論」である．とくに，日本の建築計画学研究史上，西山教授の「食寝分離論」は，象徴的な役割をもっているといわれる．この理論は，戦時中の住宅不足を解決するために小住宅の建築計画の理論として当時の建築学界が提案した「転用論」を批判する内容であり，科学的で現実的な住宅計画理論であった．その理論は，「小住宅の計画には，大邸宅での住生活にみられる居室の転用でなく，一般市民住宅にみられる食事と就寝の分離の原則を最低限守らないと生活の秩序を維持できない」とするものであった．市民の住生活を科学的に研究することで導かれた建築計画のはじめての理論として後の公共住宅や一般住宅の計画に大きな影響力を与えたものとして現在でも評価されている理論である．

戦後（1945年以降）は、さまざまな欧米の生活様式を取り入れることになった。そのため建築計画は、公共施設（学校・図書館・病院や公共住宅など）を対象に科学的な視点で新しく施設計画を立案することが必要になった。この動きは、日本の伝統の良さが否定される可能性をもつため、新たな課題をもたらした。[1]

第2次世界大戦後の1952年に東京大学の吉武泰水教授は、建築計画の研究目標を設計の方針に課題があるとすると位置づけて「計画の研究について」を発表した。吉武研究室による一連の研究は、建物利用者の実態調査を行い、その調査分析から利用要求を捉えて生活と空間の相関関係に認められる法則性を説明したものが多い。

1960年代以降、建築計画学の研究者は増加してきた。青木正夫（学校や住宅）、浦良一（農村計画）、鈴木成文（集合住宅や地域施設計画）らが吉武研究室に依拠して建築計画の研究を発展させた。また、絹谷祐介（計画論）、扇田信（住様式や近隣空間）、巽和夫（住宅生産）らが西山研究室に依拠して建築計画の研究を進展させた。建築計画学の研究方法は、日本においては、欧米と異なる独自な方法論を形成して展開されたといわれる。その特色は、建築空間を利用する人の生活要求を実態的に把握して合理的な空間を探究する立場にあった。実態を解析する方法は、海外の研究から学んだ場合もあるし、日本で独自に開発したと考えられるものもあるといわれている。

2．海外の建築計画

イギリスでは建築の設計理論に関する研究が主流である。その設計理論は、設計方法論が中心であり、設計を行うに必要な情報理論や心理学的理論を用いて建築空間を設計するために合理的な判断がどのような手順で得られるかを考察する研究分野である。その分野のイギリスの研究者であるデビット・カンターの設計方法論は米国にも影響を与えているとされる。

一方、米国では、建築計画のなかに利用者を直接参加させる考え方にたった

計画手法論が盛んである．現在，日本にもその動きが顕著になりつつある[2]．

このように建築学のなかでも建築計画学は，人間の生活とその空間・環境との関係性を基によりよい建築を作り上げることを目標にしている．これは，社会福祉の環境整備に直結する情報を包含している．

3．居住福祉のキーワード

そこで，建築計画学と社会福祉学との関連性がとくに考えられる今後の「居住福祉」研究分野の「キーワード」をあげてみたい．

- 日本の公的共同住宅の「居住水準」は，これまでの住宅政策「住宅建設五ヵ年計画」からみるとくりあがってきてはいるが，より質の高い「誘導居住水準」達成世帯率がやっと半分ほどである．
- いまだに「日本住宅の耐久性は低い」．住宅建築の寿命が30年程度，欧米は，その2倍から3倍である．
- 家族形態は，核家族化し「独居高齢者世帯が増加」した．
- 女性の高学歴化と社会進出で「男女共同参画社会」を迎えつつある．よって，女性の家での役割が変貌してきた．
- 1973年は福祉元年といわれて久しいが，すでに高齢社会をむかえバリアフリーの「介護住宅」が標準になる．
- 1992年からの地価暴落，経済は低迷し1990年代は，「失われた10年」といわれた．民間だけでなく，国や地方自治体の財政は，現在も困窮している．「福祉予算の削減」が，少子高齢化にもかかわらず行われ問題が深刻化している．よって障害者施策にも影を落としている．
- マンションなどの「高層住宅問題」が出ている．そのなかに「コミュニティの喪失」が現れた．
- 社会の若年層の特徴として，「女性のライフサイクルの変化」，「未婚化」，「パラサイトシングル」の増加，「引きこもり」の増加，仕事に就かない「ニート」や「フリーター」が就職難やリストラの影響で増加してい

る．加えて「ワーキングプア」「自殺者の増加」も顕著に増えた．
○ 新しい家族の繋がりとして，「コレクティブ・ハウジング」，日本の「コーポラティブ・ハウジング」，アメリカの「シェアード・ハウジング」，「シニアハウス」が日本にも現れている．
○ バリアフリーが一般化し，住まいのバリアフリーだけでなく，福祉のまちづくりとしての「公共的施設のバリアフリー」や「交通アクセスのバリアフリー」，「ユニバーサルデザイン」による「共用品」の普及が進められようとしている．法的には，「ハートビル法」や「交通バリアフリー法」が，「努力義務」から「義務」に移行し，両者の「法律の一本化」が進められる．
○ 高齢者の資産活用で福祉支援する「リバース・モーゲージ」や高齢者福祉施設，障害者福祉施設，有料老人ホーム，「小規模多機能施設」などの動きが顕著になってきた．
○ 「高齢者向け優良賃貸住宅」が「高齢者の居住の安定確保に関する法律」の支援を受け，増加した．
○ 障害者の「当事者主権」が，「障害者の自立と地域での生活」の支援体制の運動を本格化させ，「ノーマライゼーション」「脱施設化や施設解体」に連動してきた．
○ 高齢者の「リロケーション（生活拠点の移動）」が問題化し，新しく検討された「ケアハウス」「グループホーム」「シニア住宅」「シルバーハウジング」が「環境適応型福祉付き共同住宅」として浸透しつつある．
○ 「住環境と認知症の関係」を研究したバリアフリーが必要になった．
○ 「介護保険住宅改修」の支給額が少なく，「介護負担を軽減」するためにも増額が要求されている．
○ 「家族の器：家」であり，パーソナリティ形成と家との関係が重視されている．
○ 高齢者の大型福祉施設の「ユニットケア」の長所，「病院の住環性の改

善」「個室化によるプライバシーの確保」「人に合わせた施設」が注目された.
○ 日本の「在来工法(木造軸組み工法)の再評価」とは,当初,在来工法は,バリアが多いと問題になっていたが,実際は改修しやすい「柔軟性のある構造」であることが見直され,その建材は,シックハウス症の多い新建材に比べ「健康建材(自然素材)」であると見直された.
○ 新しい「発達障害者支援法」(2005年4月施行)や「特別支援教育」と地域支援,災害に対応する社会体制づくりにおいて「NPO法人」の支援と「住民の社会資産」の活用が大きく貢献できる.

以上の「キーワード」が,新たな社会福祉と建築との繋ぎになると考えられる.

第2節 建築学とその研究分野

1. 建築学の研究分野

　建築学と建築工学は,重複する部分はあるが異なる分野の学問である.建築学は,工学以外に社会学や歴史学,地理学,文化人類学,人間科学,心理学,社会学,教育学,社会福祉学,医学,看護学,障害学など多くの人間にかかわる分野との関連がある学際的学問といえる.

　建築学は,大きく「計画系」と「構造系」に分かれており,建築学の最大学会である日本建築学会は,論文をこの2分野に分け,そのなかを細分化していた.しかし,その論文集は,2003年4月第566号より下記のように「構造系」「計画系」「環境系」の3分冊になった.また,査読希望専門研究部門として「災害」「文教施設」「地球環境」が追加された.

① 日本建築学会構造系論文集　掲載部門:「材料施工」「構造」
② 日本建築学会計画系論文集　掲載部門:「建築計画」「都市計画」「農村計画」「建築経済・住宅問題」「建築歴史・意匠」
③ 日本建築学会環境系論文集　掲載部門:「環境工学」,領域横断的部門:

「防火」「海洋」「情報システム技術」「教育」と「災害」「文教施設」「地球環境」³⁾

以上のように部門が分かれており，建築学も同様に学問が構成されていると考えられる．

また，『建築学大系』（彰国社）が1954（昭和29）年から発刊され建築学の知的集積になっていた．今日までに建築界の情報の内容が劇的に変貌したことにあわせ，1981年から『新建築学大系』（彰国社）が全50巻をめざし今日まで出版されてきている．建築学全般を詳しく学習する場合，大変参考になる．

社会福祉に関係する巻として，「住居論」「都市環境」「環境心理」「建築安全論」「建築規模論」「ハウジング」「都市・建築政策」「都市計画」「集落計画」「市街地整備計画」「住宅地計画」「地域施設計画」「建築企画」「建築計画」「環境計画」「住宅の設計」「病院の設計」「福祉施設・レクリエーション施設計画」があげられるが，いずれも建築計画系の学問分野になる．⁴⁾

第3節　社会福祉実践に求められる建築学としての居住福祉

1．居住福祉の始まり

社会福祉学のなかで「居住福祉」という用語は，まだ新しく使われだしたばかりといっても過言ではない．1973年3月に『住宅貧乏物語』（岩波新書）を著し，1978年に神戸大学に着任した早川和男教授は，その後，欧米の住宅事情を視察し，『欧米住宅物語』（新潮選書）を1990年にまとめた．また，神戸大学での研究調査活動をまとめ，『居住福祉の論理』（東京大学出版会，1993年）を刊行している．早川教授は，そのような研究経緯を通し，「居住の安定がなければ社会は成立しない」とし，「住居は人権であり，福祉の基礎である」と考えた．そのことを端的に表す言葉として，一番ケ瀬康子教授との議論のなかで「居住福祉」という概念が出てきたと著書『居住福祉』（岩波新書）に記してある．⁵⁾

2. 居住福祉の問題

　高齢社会の先進地である北欧の福祉では，住宅問題は，福祉問題であり，地域福祉，在宅福祉の受け皿として社会省で政策的に最初に取り組まれた．すなわち，住宅は，社会資産として公共性の高い存在になっている．しかし，わが日本では，住宅は，個人資産ということで，介護保険制度のなかでも「住宅改修」で支給される限度額は，わずかに20万円である．これで本当の個々の高齢者や障害者に対応する住宅のバリアフリーができるのであろうか．国家施策の基本的方針の改善が求められる．

3. 居住福祉の課題

　このように住宅政策からみて現在の国民の住宅状況は，けっして良好な水準を保障されているとはいえない．解決しなければいけない居住福祉の課題は，山積しているのが実態である．

　最近の傾向としては，建築計画学の研究者が社会福祉系の大学において，住居学，居住福祉のほか福祉工学，バリアフリー，ユニバーサルデザイン，福祉施設計画，地域福祉計画の講義科目を担当し，他の社会福祉やリハビリテーション関係の研究者と共同研究を行う傾向が顕著になってきている．このような各研究分野の協働がこの「居住福祉」には，とくに求められよう．しかし，現在のわが国の国土交通省の住宅施策においては，行政に「住宅は個人資産」の意識があり，「社会資産」として公的支援を行う姿勢が弱いのが実情である．「居住は人権である」という意識の下，欧米のような国民の生活を保障する「住居基準」を確立しなければならないであろう．バブル崩壊後15年経過した現在，国や自治体は，財政難を理由に福祉予算を削減しつつある．しかし，先進国のなかでの最低限の「住居基準」さえも確立してないわが国の「居住福祉」は，これまでの建築学や社会福祉学の研究成果を基に施策的実現へ向けて実働する時期にすでにきている．それは，生活基盤である「住宅」が，社会福祉の受け皿になる水準にまでなることが，国民の心身の健康と生活を保障する

ことを意味している.[6]

【注】
1) 日本建築学会ホームページ：http://www.aij.or.jp/aijhomej.htm, 2005年5月4日
2) 新建築学大系編集委員会編『新建築学大系』(23 建築計画), 彰国社, 1982年
3) 服部岑生「建築計画のはじまり」『改訂新版 建築計画』朝倉書店, 1993年, p.104
4) 前田尚美「研究の系譜」『改訂新版 建築計画』朝倉書店, 1993年, p.17
5) 早川和男『居住福祉』岩波新書527, 1997年, p.226
6) 西島衛治「居住福祉」硯川眞旬監修『社会福祉の課題と研究動向―専門分野・研究領域別』中央法規出版, 2005年, pp.215〜223

【参考文献】
袖井孝子『日本の住まい変わる家族―居住福祉から居住文化へ』ミネルヴァ書房, 2002年
西島衛治『高齢者・障害者を配慮した建築設計チェックリストと実施例』理工図書, 2004年
西島衛治「福祉環境と居住福祉」竹原健二編著『現代地域福祉学』学文社, 2006年
西島衛治「福祉環境と居住福祉」竹原健二編著『現代障害者福祉論』学文社, 2006年, pp.215〜223
福祉住環境検討委員会「福祉住環境コーディネーター2級合格ナビ＆受験対策問題」久美, 2003年
バリアフリデザイン研究会編「バリアフリーが街を変える」学芸出版, 2001年
家の光協会編「高齢者にやさしい住宅増改築実例集」㈳家の光協会, 1997年

第18章　社会福祉と情報学

第1節　社会福祉と情報学

　生活の質の向上（QOL）をめざし，社会福祉における情報学とは，業務支援・事業所の情報サービスの提供と情報通信機器の活用による社会参加の2つに分けられる．

1．業務支援とサービス情報の提供

　平成12年4月に介護保険制度がスタートし，急速に福祉の各事業所での事務処理がコンピュータ化された．高齢化社会における大きな課題は福祉サービスの充実であるが，新しいサービスや制度の改正により，業務が複雑かつ多様化する傾向にある．人と人が直接関わる業務だからこそ，複雑な事務処理の負担によりサービスの質の低下につながる可能性が高い．業務管理の情報化は，複雑な事務管理の負担軽減を実現し，業務を的確に遂行するために，総合的な管理とネットワーク化が不可欠であり，各種要求に対して迅速に的確に対応できるようになるため，利用者に質のよいサービスを提供することができる．
　サービス情報の発信は，新規に設けられたサービスや新制度の情報を広く利用者に伝える仕組みと，利用者一人ひとりが必要な時に必要な情報を享受できる仕組みが必要で，的確な情報を遅滞なく正確に伝える義務がある．そのためには従来のTV，新聞，広報誌などのメディアによる情報発信に加え，ITを活用した情報発信は，情報の伝達を素早く低コストに行えることが利点であ

る.

　厚生労働省では，社会福祉基礎構造改革の一環として，福祉サービスの質の向上と利用者の選択に資するために，福祉分野において第三者評価事業を導入した．平成10年11月に厚生労働省の社会・援護局長の私的懇談会として「福祉サービスの質に関する検討会」を設置し，平成11年3月には「福祉サービスの質の向上に関する基本方針」，12年6月には「福祉サービスの第三者評価に関する中間まとめ」を公表した．これは利用者におけるサービスの選択を支援するため，信頼できる第三者機関がサービスを評価し，評価結果が公表されることにより，サービスを受ける前に評価結果を参考に，それぞれの事業者が公開するサービスの内容についての詳細な情報を得ることができるため，利用者が満足できるサービスを選ぶことができる．事業者は評価結果に基づき業務改善の目標を明確にすることにより質の高いサービスの提供に向けて取り組むことができる．

　平成18年4月1日からの介護保険法改正に伴い，介護サービス事業者のサービス内容や運営状況を調査し，すべての都道府県において，基本的にすべての指定事業所を対象として，年1回，情報をインターネットなどで公表する「介護サービス情報の公表」が始まった．公表される情報は，介護サービスの利用者が情報を入手しやすいように環境を整備する．地域にあるすべての事業所について，同じ項目をもとに情報を比較・検討することにより，利用者が自らの意思で事業者を選択することが可能になった．

2．情報通信機器の活用による社会参加

　人間の情報処理を補うための道具であるコンピュータは，日常生活から仕事にも不可欠な道具となった．またコンピュータのネットワークにおいてはインターネットや電子メールの利便性により，時間や場所の壁を取り除いたといえる．そして情報化の進展に伴い，情報の果たす役割がより重要になった今，すべての人びとが必要な情報を円滑に入手できる時代をめざしている．インター

ネット利用者数は増大し，平成18年版『情報通信白書』によると2005年のインターネットの世帯利用人口普及率は66.8％，インターネットの利用人口はおよそ8,529万人（対前年581万人増）と報告された．

　情報化社会による情報メディアの変化は，TV，新聞，書籍などの固有のメディアとは異なり，情報を一元化したデジタルデータにして劣化することなく記憶することができる．コミュニケーションにおいては，携帯電話や電子メールを利用することにより，迅速かつ正確な情報伝達が行われた．誰もが情報通信の利便を享受できる情報バリアフリー環境の整備と推進により障害をもつ人の新たなコミュニケーションの手段となった．

　社会参加のツールとしてインターネットの利用について，総務省は平成18年の情報通信白書において，ウェブアクセシビリティの重要性を強調している．デジタルディバイドの解消および人材育成をめざし，平成16年に，「公共分野におけるアクセシビリティの確保に関する研究会」を開催し，具体的なウェブアクセシビリティの維持・向上のための運用モデルである「みんなの公共サイト運用モデル」を公表した．障害をもつ人のウェブ利用の様子を紹介するビデオ映像や，実際の取り組みの際に必要な手順書やワークシート等をホームページで公開している．また，障害をもつ人がアクセスを容易にするためのWWWの技術の標準化を図る目的で1994年に設立された国際的な非営利団体であるW3C（World Wide Web Consortium）は，ガイドラインを策定し，研究者・技術者および利用者を対象にして，WWWに関する技術の標準化や規約や指針，新技術を用いたアプリケーション開発等の活動を行っている．W3Cでは，WAI（Web Accessibility Initiative）という検討グループを設置し，ウェブの記述を標準化し音声操作や特別な機器で操作を可能とするソフトウェアの開発により，障害をもつ人がウェブ情報の利用に関する障壁を解消することを目的として，ウェブへのアクセシビリティを向上するためのガイドラインの作成を進めている．

　就労・勤務の新しい形態は，テレワークとよばれるパソコン等の情報通信機

器を利用し，時間や場所にとらわれずに自宅などで働く形態であり，SOHOという個人企業家や自営業者がネットワークやコンピュータを活用し，小規模な事務所や自宅兼事務所で，独立してビジネスに取り組む新しいワークスタイルにより，移動や外出が困難な障害をもつ人に働く機会を与えた．

しかし，平成14年厚生労働省より発表された「情報通信機器の活用による在宅就業実態調査結果」では，仕事を依頼している事業所の意見として，仕事成果の個人差や仕事の量，優秀な人材の確保が難しいとしている．また在宅での就業者はVDT作業による健康管理，勤務時間の自主管理など，労働管理，安定した仕事の確保，作業単価の安さ，報酬の支払い等に関するトラブルが多く，契約時における内容の不明確を指摘している．また，社外での作業による情報に関する機密性などの問題も抱えている．

第2節　情報学とは

情報学の起源は長期にわたる深い学術研究から生まれた．まずはウィナー（Norbert Wiener）が提唱した総合的な情報科学であるサイバネティックスの概念にあたる．この概念は機器装置による制御や処理以外に，視覚，聴覚，感覚など，生物が感知する刺激を含めて，すべてが情報であると提唱している．マクドノウ（A. M. McDonough）は社会学分野の立場で考え，データのなかに情報は含まれ，データとは，使用できるものも含まれるが，特定の状況下で，評価が定まっていないものであり，そのデータのなかから，その必要とするものに評価された価値のあるデータのことを情報であると提唱している．シャノン（C. E. Shannon）は情報科学の分野から情報量を通信の立場から数学的に定義し，さまざまな種類の情報をビットという共通の単位で表現した情報理論的な考えであり不確実性を減らすものが情報であるとしている．

いままで情報に関する学問は，計算機関連を主軸とした学問体系として形成されてきた．しかし，情報学は，情報に関する広範な研究領域に総合的に関わ

る学問であり,さまざまな学問が交差する学際的な分野であるといえる.最近では,社会科学系や人文科学系との関わりが深くなってきており,今後は,自然科学・技術分野から広い視野で基礎・基盤的な調査や研究が必要となるであろう.計算機を中心とする情報機器の開発技術,ソフトウエアの理論とその応用や,より高度なコンピュータを導入しネットワークを構築して利用する技術ではなく,その仕組みにより伝達される情報をどのように扱うかについて研究する学問のことである.

情報を処理することは人間の意思解決のプロセスであり,どの情報が必要かを見極め,情報を収集し,加工して,その情報を伝達するプロセスである.人間は昔から生きていく上で自分を表現し,自分が考えていることを他者に伝えようと努力してきた.社会生活を営む人間が互いに意思や感情,思考を伝達し合い,共有することでお互いを理解し合うコミュニケーションの重要性は,昔も今も同じであり,情報伝達の手段として狼煙や太鼓にはじまり,電話などの通信機器へと発展し,言語や文字の情報を確実に速く大量に,そして遠くに伝える工夫を重ねてきた.情報化社会の進展により,ネットワーク技術を活用し世界中の人びとに対し,地理的,物理的,時間的な壁を越えて画像や音声などを含む情報の伝達方法を可能にして自由に情報を送受信できる仕組みを作り上げた.私たちはさまざまなメディアを通して人びとの意見や感情,考えを表現できる能力,情報の関わりと情報の生産や伝達や消費のメカニズム,人間の行動に関する知識など,情報をやり取りすることができる.

情報学とは単に情報処理の技術・技能ではなく,情報と人間や現代社会との関係を考える学問であるといえる.

第3節　社会福祉実践に求められる情報学

世界中の情報を瞬時に得ることができるインターネットは,コミュニケーションや地域の活性化のツールとして積極的に活用されている.私たちは,マス

メディアと同じようにリアルタイムに情報を送受信することができる高い柔軟性と利便性をもったコミュニケーションツールを得た．社会福祉における実践に求められる情報学は次の4つである．

1．ウェブアクセシビリティの確保

　情報化により，福祉保健医療の分野や介護保険，障害をもつ人の自立支援における関連の情報は即時性と双方向性という利点で，インターネットというメディアを使っての情報提供が多くなった．しかし，多くのホームページから発信される情報やインターネットのコミュニティは，読みやすさ使いやすさを評価するウェブアクセシビリティの評価が非常に低く，現実には障害をもつ人びとは，情報を入手する手段として，通信や放送などを利用することに対して問題点も多く，必ずしも情報化による利便性の恩恵を受けていないのが現状である．この分野に掲載される情報は，すべての人びとが簡単にアクセスできる形にして提供しなければならない．そのためには，平成16年に制定された高齢者・障害者等配慮指針をもとにしたコンテンツの検証や，コンテンツ開発時における当事者の参加，音声ブラウザでの確認や，色彩識別のチェックツールを使った検証が必要である．しかし，情報化社会とはいえ，誰でもデジタル化された情報を閲覧できる環境にあるとは限らない．デジタル情報だけなく，紙面によるパンフレットや音声メディアによる情報，点字などを含めた多様な希望に応えなければならない．

2．デジタルディバイドの解消

　情報化の急速な進展に取り残されて，情報技術を活用できる層とできない層の間に社会的・経済的格差が生じている．インターネット上の情報源にアクセスするために必要とする情報通信機器や情報を参照するソフトウェアは，高齢者，障害をもつ人に配慮されたインターフェイスとはいえず，多くの情報においてアクセスの妨げになっている．

そのためインターネットなどの情報にふれる時間や機会における不平等が発生し，この環境が情報の障壁となり情報弱者を作りあげ，その格差を広げる恐れがある．高齢者・障害をもつ人に配慮した利用環境のユニバーサル化をめざすためには，公的な場での情報端末の設置，情報機器や通信費の低価格化，自立にむけたコンピュータ操作の教育の場の提供や，その障害に応じた操作補助の機材の提案，各種助成制度に基づく事業支援，障害をもつ人や高齢者を対象としたパソコンボランティアによるサポートセンターの設置などが必要である．

3．ITによる生活の支援

通信インフラの整備により，ヘルパーによる日常生活におけるサポートに加え，安心で安全な暮らしを支援するためのITの活用は先端の通信技術による遠隔医療により医療格差の解消と自宅に居ながら離れた場所の医療施設の診察を通院することなく，充実した診療が受診できる．また医療カルテの電子化による電子カルテにより，これまでの診療の情報を共有化することにより，大学などの先進医療などへの引き継ぎが容易となり，医療の質の向上をはかることができる．レセプトの電算処理により，診療終了後に瞬時に会計処理が完了し業務の効率化が図れている．また，介護者の負担軽減と緊急時の早期対応をはかるため，一人暮らしの生活状況が確認できるホームセキュリティによる監視システムや，外出時の位置情報を携帯電話や電子メールで家族や援助者に伝える徘徊保護システムサービスも開発されている．ただし，プライバシーの保護と，個人の尊厳を尊重した個人情報の保護について十分配慮する必要がある．

4．メディアリテラシーの育成

私たちの身の回りには膨大な情報が飛び交い，本当に信頼できる情報なのか，この情報が自分の問題解決や意思決定に役立つのか，情報の真実や，意図，内容を判断する能力を身につける必要である．そのためには，情報につい

て意味や意義を理解する受容能力と情報を正しく表現し他者に伝達する能力，情報を効率よく操作しメディアを活用する能力といったメディアリテラシーを身につける必要がある．コンピュータの操作スキルも必要であるが，情報社会における情報の扱われ方，パスワード等の重要性，情報犯罪に関する知識など，福祉関連の情報はとくに個人情報が扱われることが多く，情報公開による情報の掲載など最善の注意をはらい，情報に対する基本姿勢や判断能力を養う必要がある．

社会福祉における情報学とはアフォーダンス理論の考え方に沿うものであると考えられる．アフォーダンス理論は，ジェームス・ギブソンというアメリカの知覚心理学者によって，1960年代に発表された人工知能やインターフェイスの設計にも大きな影響を与える理論であり，情報はただ単にものを伝えるだけではなくて，人間を取り巻く実体あるものと視覚，聴覚，触覚，味覚，嗅覚の五感により感知した感覚や感覚で得た感情を経験という形で脳に蓄積される．ここで蓄積された経験は物事を判断するための情報となる．情報を社会福祉に役立てていくためには，必ず人間と人間が媒介するため，お互いが信頼し合いコミュニケーションの重要性を認識することが大切である．そして現代社会と人とのインターフェイスとして情報を扱うには，人間的な判断がとても重要であるといえる．

【参考文献】
トフラー，A. 著，徳山二郎訳『パワーシフト』（上・下），中央公論社，1993年
安田英理佳『教養　情報の科学』共立出版，1995年
森本佳樹『地域福祉情報論序説』川島書店，1996年
文部科学省「情報学研究の推進方策について（中間まとめ）」学術審議会特定研究領域推進分科会情報学部会，1997年
郵政省「インターネットにおけるアクセシブルなウェブコンテンツの作成方法に関する指針」1999年
東京大学社会情報研究所編『社会情報学Ⅱメディア』東京大学出版会，1999年
長田秀一『情報リテラシー教育』サンウェイ出版，1999年
郵政省「高齢者，障害者の情報通信利用に対する支援の在り方に関する研究会　報

告書」2000 年
清原慶子「高齢者・障害者の視点に立った情報バリアフリーの現実に向けて」『社会福祉研究』第 78 号, 2000 年, pp. 57〜64
後藤順久『福祉情報活用法〜介護保険制度と連携して〜』日本福祉大学福祉情報研究会, 2000 年
保健医療情報システム検討会「保健医療分野の情報化にむけてのグランドデザイン最終提言」2001 年
総務省『情報通信白書(平成 13 年版)』2001 年
厚生労働省「平成 13 年度福祉サービスにおける第三者評価事業に関する報告書について」2001 年
厚生労働省「情報通信機器の活用による在宅就業実態調査結果」2002 年
厚生労働省「平成 18 年度全国厚生労働関係部局長会議資料」2006 年
総務省『情報通信白書(平成 18 年版)』2006 年

索　引

あ　行

IL 運動 …………………………………… 120
ICIDH …………………………………… 114
ICF ……………………………………… 113
アウトソーシング ………………………… 85
青木正夫 ………………………………… 239
アフォーダンス理論 …………………… 253
アーモナー ……………………………… 202
アリストテレス ……………………… 13, 228
安心 ………………………………………… 44
安全 ………………………………………… 44
医学 ……………………………………… 199
育児支援 ………………………………… 190
池田敬正 ………………………………… 18
石井十次 ………………………………… 87
石井亮一 ………………………………… 87
いじめ …………………………………… 28
依存型福祉 ……………………………… 225
一番ケ瀬康子 ………………………… 23, 243
遺伝子工学 ……………………………… 202
一般法 …………………………………… 214
医療・公衆衛生 ………………………… 56
医療ソーシャルワーカー ……………… 171
医療電子工学の進歩 …………………… 201
医療倫理 ………………………………… 208
インターネット ………………………… 247
インフレーション ……………………… 220
ヴィンター, R. ………………………… 155
ヴェサリウス, A. ……………………… 200
ウェッブ, S ……………………………… 64
ウェブアクセシビリティ ………… 248, 251
ウェルビーイング（well-being） … 15, 234
welfare …………………………………… 15
ヴォルフェンスベンガー, W. ………… 120
浦良一 …………………………………… 239

ヴント, W. M. ………………………… 229
英国救貧法 ………………………………… 61
栄養学 …………………………………… 201
エコロジー ……………………………… 153
NCSW …………………………………… 155
エンゲル方式 ……………………………… 72
エンゼルプラン ……………………… 90, 96
エンパワーメント ……………………… 205
扇田信 …………………………………… 239
応能負担制度 …………………………… 129
太田義弘 ………………………………… 22
大橋謙策 ………………………………… 29
岡山孤児院 ……………………………… 87
小河滋次郎 ……………………………… 136
奥田實照国師 …………………………… 101
織田信長 ………………………………… 135
恩給・戦争犠牲者援護 ………………… 56
オンブズパーソン制度 ………………… 58

か　行

介護 ……………………………………… 102
介護支援専門員 ………………………… 172
介護住宅 ………………………………… 240
介護福祉士 ……………………………… 171
介護保険事業計画 ……………………… 105
介護保険制度 …………………………… 57
介護保険法 ……………………………… 109
カウンセリング ………………………… 154
科学的方法論 …………………………… 19
化学療法 ………………………………… 201
核医学 …………………………………… 201
格差縮小方式 …………………………… 72
笠井信一 ………………………………… 136
寡占市場 ………………………………… 221
家族形態 ………………………………… 39
過疎 ……………………………………… 42

価値理論	20	計画系	242
活動	208	経済学	218
家庭学校	87	経済保障制度	108
家庭教育	30	刑事訴訟法	214
家庭奉仕員	102	刑法	214
家庭養護婦派遣事業	102	ゲシュタルト心理学	229
過密	42	健康日本21	106
ガレノス，C.	199	言語聴覚士	173
環境	57	現象学的アプローチ	232
患者の権利章典	206	建築学	242
間接援助技術	156	建築計画学	238
感染症	200	建築工学	242
完全参加と平等	121	現物給付	224
カンター，D.	239	憲法	214
関連援助技術	159	権利擁護	109
ギッターマン，A.	153	行為規範	213
絹谷祐介	239	公営住宅	75
規範分析	18	公共財	221
キャボット，R.	202	国際人権規約	88
救護施設	101	構造系	242
救護法	63	高層住宅問題	240
95年勧告	47	交通バリアフリー	241
給付行政	215	公的扶助	61, 65
給付水準	79	行動主義心理学	229
QOL	113	行動的アプローチ	231
教育	29, 56	公法	214
教育環境の充実	30	合目的性	214
教育基本法	189	高齢社会対策基本法	105
行政通知	215	高齢者福祉	100
共同組合活動	139	国際家族年	86
共同募金運動	137	国際高齢者年	106
業務管理	246	国際ソーシャルワーカー	234
業務支援	246	国際労働期間	49
居住水準	240	50年勧告	47
居住福祉	243	子育て支援の強化	92
居宅生活支援事業	91	コーチング	164
近代医学	200	コッホ，R.	200
グランドデザイン案	125	子ども・子育て応援プラン	96
クリック，F.	202	子ども文化	27
クレペリン，E.	201	コノプカ，G.	155
ケアマネジメント	160	個別援助技術	152
ケアワーク	156	コーポラティブ・ハウジング	241
計画行政	215	コミュニティ・ケア	140

索　引

コミュニティケア……………………31
雇用情勢………………………………43
ゴールドプラン21
コレクティブ・ハウジング…………241
コンサルテーション…………………164

さ　行

災害救助………………………………75
再興感染症……………………………44
最低生活費……………………………68
作業療法士……………………………173
参加……………………………………208
産業構造………………………………42
三位一体改革…………………………145
三無主義………………………………27
シェアード・ハウジング……………241
GHQ……………………………………137
ジェネリック・ソーシャルワーク…165
ジェンナー，E.………………………200
支援費支給制度………………………58
汐見稔幸………………………………190
自己覚知………………………………13
自己実現………………………………13
市場メカニズム………………………220
次世代育成支援対策推進法…………98
慈善組織協会…………………………150
自治会…………………………………135
市町村地域福祉計画…………………142
実証科学………………………………6
実践科学………………………………6
GDP……………………………………221
児童委員………………………………136
児童家庭支援センター………………91
児童虐待件数…………………………86
児童虐待の防止等に関する法律……94
児童指導員……………………………174
児童自立支援施設……………………90
児童の権利宣言………………………88
児童福祉司……………………………174
児童福祉法……………………………52, 88
児童扶養手当法………………………94
児童養護施設…………………………90
シニアハウス…………………………241
新エンゼルプラン……………………96

私法……………………………………214
資本主義経済…………………………221
　――社会……………………………220
シモン…………………………………231
社会……………………………………2
社会活動………………………………160
社会事業………………………………21
社会秩序………………………………212
社会手当………………………………74
社会的不利……………………………208
社会哲学………………………………184
社会福祉………………………………2, 21
社会福祉運営管理……………………159
社会福祉援助…………………………234
　――活動……………………………22
社会福祉援助技術……………………149
社会福祉計画法………………………160
社会福祉協議会………………………137
社会福祉サービス……………………3
社会福祉士……………………………171
社会福祉事業…………………………51
社会福祉従事者………………………167
社会福祉主事…………………………174
社会福祉制度…………………………4, 53, 54
社会福祉調査法………………………158
社会福祉の概念………………………31
社会福祉法……………………………51
社会福祉六法…………………………52, 209
社会扶助制度…………………………54
社会保険………………………………61
　――制度……………………………54
社会保障関連施策……………………56
社会保障制度に関する勧告…………21
社会保障の概念………………………46
社会保障の範囲………………………49
社会保障法……………………………46
社会連帯………………………………48
ジャーメイン，C.……………………153
ジャンピングボード…………………81
住居基準………………………………244
重症心身障害児施設…………………90
住宅……………………………………57
住宅建設五ヵ年計画…………………240

集団援助技術	155	スーパービジョン	163, 175
恤救規則	62	生活環境	14
出生率	38	生活の質（QOL）	205
ジュネーブ宣言	206	生活福祉資金貸付制度	75
障害基礎年金	116	生活保護受給者	80
障害児相談支援事業	91	生活保護申請権	81
障害者基本法	114	生活保護法	52, 64
障害者自立支援法	58, 124	生活問題	6
障害者プラン	119	生産物市場	219
障害程度区分認定システム	131	生産要素市場	219
情緒障害児短期治療施設	90	精神科ソーシャルワーカー	172, 203
聖徳太子	100	精神障害者	115
少年事件	28	精神分析学	229
情報通信機器	247	精神分析的アプローチ	231, 235
商法	214	精神保健福祉士	172
省令	214	生存権基本権	21
条例	214	生存権幸福権	24
職業倫理	185	成年後見制度	211
シュワルツ，W.	155	青年文化	27
自立型福祉	225	生物的学的アプローチ	231
自立支援プログラム	83	セイフティネット	223
資力調査	70	生命倫理	206
シルバー人材センター	108	政令	214
新救貧法	62	世界人権宣言	87
人口動態	34	セーフティネット	60
親権	30	全国社会福祉協議会	138
新興感染症	44	専門技術	23
人口ピラミッド	34	専門知識	23
新障害者プラン	122	相互理解	13
心身機能・身体構造	208	双方向コミュニケーション	191
新成年後見制度	58, 144	組織的処置	23
身体障害者	115	ソーシャルサポート・ネットワーク	164
──福祉司	174	ソーシャルワーカー	24
──福祉法	52	SOHO	249
心理療法の目的	234	た　行	
水準均衡方式	72	大勧進養育院	101
スキナー，B. F.	231	第三者評価事業	247
スクールカウンセラー	237	第三者評価制度	145
スクールソーシャルワーカー	237	対処的福祉	225
鈴木成文	239	代弁権	215
スチュワート，M.	202	ダーウィン，C. R.	229
スーパーバイザー	163	髙田眞治	189
スーパーバイジー	163	滝乃川学園	87

脱施設化と障害者プラン……………… 121
巽和夫……………………………………… 239
WAI ……………………………………… 248
W3C ……………………………………… 248
地域援助技術……………………………… 156
地域社会づくり…………………………… 146
地域福祉…………………………………… 134
地域福祉権利擁護事業……………… 110, 212
地域福祉増進事業………………………… 145
地域福祉と福祉教育……………………… 32
地域包括支援センター…………………… 212
知的障害者………………………………… 115
　　——福祉司 …………………………… 174
　　——福祉法 …………………………… 52
地方分権一括法…………………………… 146
長寿社会対策基本法……………………… 106
長寿社会対策大綱………………………… 106
町内会……………………………………… 135
直接援助技術……………………………… 152
DV 防止法………………………………… 95
定率負担制度………………………… 129, 130
デカルト，R. …………………………… 229
デジタルディバイド………………… 248, 251
哲学………………………………………… 180
哲学書……………………………………… 188
哲学的……………………………………… 182
テレワーク………………………………… 248
電子メール………………………………… 247
特定非営利活動推進法…………………… 139
特別法……………………………………… 214
特別養護老人ホーム……………………… 111
都道府県地域福祉支援計画……………… 142
ドメスティック・バイオレンス………… 95
ドレー，J. ……………………………… 201
トレッカー，H. B. …………………… 155

な　行

内在的研究………………………………… 19
ナイチンゲール誓詞……………………… 206
ニイリエ，B. …………………………… 120
西山卯三…………………………………… 238
21世紀福祉ビジョン …………………… 104
ニート……………………………………… 80
乳児院……………………………………… 90

ニュースレッター，W. I. …………… 155
認可外児童福祉施設……………………… 92
人間………………………………………… 7
人間観………………………………… 9, 12
人間社会…………………………………… 6
人間福祉……………………………… 5, 8
人間理解……………………………… 8, 12
認知的アプローチ………………………… 231
ネットワーキング………………………… 162
農業共同組合……………………………… 139
能力障害…………………………………… 208
野口幽香…………………………………… 87
ノーマライゼーション……… 24, 119, 132

は　行

徘徊保護システムサービス……………… 252
バイスティック，F. P. ………… 154, 236
ハーヴェイ，W. ……………………… 200
橋木俊詔…………………………………… 98
パスツール，L. ……………………… 200
パソコンボランティア…………………… 252
パターナリズム…………………………… 204
発達障害者………………………………… 115
ハートビル法……………………………… 241
ハミルトン，G. ……………………… 153
林市蔵……………………………………… 136
バリアフリー ……………………… 113, 223
ハローワーク……………………………… 83
パールマン，H. H. ………………… 151
バンクーミッケルセン，N. ………… 119
ピネル，P. …………………………… 201
ヒポクラテス…………………………… 199, 229
ヒポクラテスの誓い……………………… 206
非保護世帯数……………………………… 76
費用逓減産業……………………………… 222
ピンカス，A. ………………………… 153
貧民幼稚園………………………………… 87
VDT 作業………………………………… 249
フィランソロピー元年…………………… 139
福祉元年…………………………………… 140
福祉観……………………………………… 9
福祉教育…………………………………… 193
福祉国家…………………………………… 7
福祉事務所………………………………… 70

福祉ニーズ............22
福祉文化............5
福祉倫理............23
ブース，C.............63-64, 158
二葉保育園............87
二葉幼稚園............87
不登校............29, 191
不服申立て............74
フレミング，A.............200
フロイト，S.............153
平均寿命............36
ベバリッジ，W. H.............64
ベバリッジ報告............46, 47
ベーリング，E.............200
ヘルシンキ宣言............206
ヘルムホルツ，H. L. F.............229
保育士............172
法学............209, 212
法定雇用率............117
法的安定性............213
法的正義............213
法哲学............184
訪問介護員............168
法律............214
保護開始世帯............77
保護業務............70
保護施設............68
母子及び寡婦福祉法............53, 94
母子生活支援施設............90
ホームセキュリティ............252
ホームヘルパー............103, 168
ホームレス............78
――対策事業............75
ボランティア元年............139
ボランティア活動............139
ボランティアセンター............138
ホリス，F.............153
ホルモン療法............201
本質的............182

ま 行

マーケット・バスケット方式............72
ミナハン，A.............153
民事訴訟法............214
民生委員............136
――法............143
民法............214
メディアリテラシー............252
メディカルソーシャルワーカー............203
メンタルヘルスの知識............208
目的論............183
森岡清美............39
森嶋峰............87

や 行

ユニットケア............241
ユニバーサルデザイン............241
ユング，C. G.............235
養老施設............101
吉武泰水............239
予防的福祉............225

ら 行

ライフサイクル............40
ラウントリー，B. S.............64, 158
理学療法士
リスク・マネジメント............159
リスター，J.............201
リスボン宣言............206
リッチモンド，M. E.............153
リバース・モーゲージ............241
リロケーション............241
臨床心理............235
臨床哲学............186
倫理綱領............25
歴史分析............18
老人福祉指導主事............175
老人福祉法............53, 108
老人福祉法第2条............103
老人保健福祉計画............104
老人保健法............109
労働............56
ロジャース，C. R.............236
ロス，M. G.............157
ロスマン，B.............155
論理的............182

わ 行

ワトソン，J. B.............202, 229

社会福祉学―人間福祉とその関連領域―

2007年4月10日　第一版第一刷発行

<table>
<tr><td>監修</td><td>硯　川　眞　旬</td></tr>
<tr><td>編者</td><td>河　内　昌　彦
立　石　宏　昭</td></tr>
<tr><td>発行所</td><td>株式会社　学　文　社</td></tr>
<tr><td>発行者</td><td>田　中　千　津　子</td></tr>
</table>

郵便番号　153-0064　東京都目黒区下目黒3-6-1
電話（03）3715-1501（代表）振替　00130-9-98842

乱丁・落丁本は，本社にてお取替致します。　印刷／株式会社亨有堂印刷所
定価は，カバー，売上カードに表示してあります。　〈検印省略〉

ISBN978-4-7620-1686-8